Collection Spirales

Cahier de Maths 1re Bac Pro

NOUVEAU PROGRAMME
Réforme de la voie professionnelle

Sous la direction de
Jessica Estevez-Brienne
Professeure à l'École hôtelière (Biarritz) et formatrice académique
et de
Isabelle Delaunay
Professeure au lycée professionnel Montpensier (Pau)
Bertille Voelckel
Professeure au lycée professionnel Philadelphe de Gerde (Pessac)

Claude Lavallée, professeur au lycée professionnel Charles Péguy (Eysines)
Vincent Samuel, professeur au lycée Honoré Baradat (Pau) et formateur académique
Marielle Fron, professeure au lycée professionnel Anatole de Monzie (Bazas, 33)
Laetitia Fortin, professeure au collège Serge Barranx (Montfort-en-Chalosse, 40)
Alexia Mourgues, professeure au lycée polyvalent Champollion (Lattes, 34) et formatrice académique

Nathan TECHNIQUE

Présentation du manuel

Au début du manuel

Vous retrouverez au début du manuel des **fiches méthodologiques** pour aider l'élève à organiser son travail et à apprendre à être plus autonome avec des techniques de mémorisation et d'analyse.

Pour développer la **compétence *Communiquer à l'oral***, un pictogramme identifie les exercices propices à une présentation à l'oral. Une fiche méthode dédiée à l'oral guide les élèves dans leur raisonnement et leur préparation de la présentation.

En ouverture de domaine

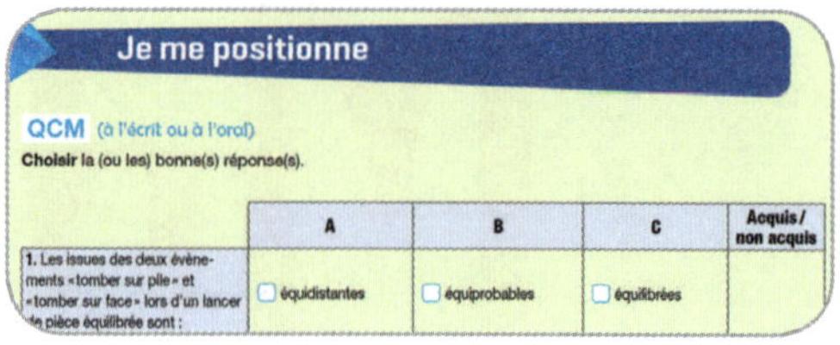

Chaque domaine de connaissances commence par une présentation sous la forme d'un schéma, les liens avec le cycle 4 et un QCM de positionnement des acquis des élèves sur le cycle 4.

Dans chaque chapitre

Vous retrouverez dans tous les chapitres la structure suivante.

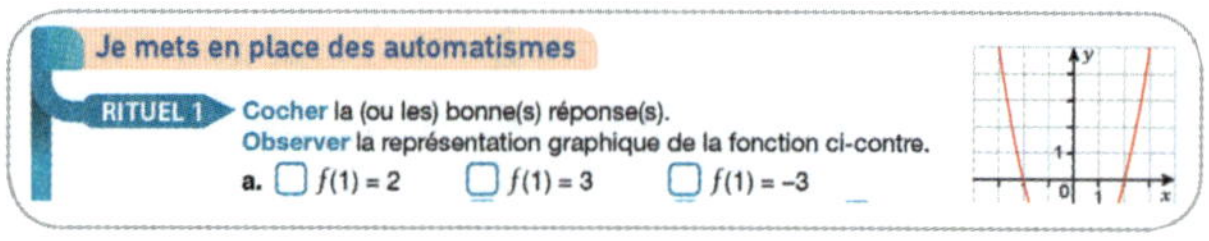

Un **rituel** permet de mettre en place des **automatismes** qui faciliteront l'accès à la compréhension. Un **plan de travail** est proposé, pour que l'élève organise son travail en autonomie.

Une rubrique «Je découvre des notions et des méthodes» propose plusieurs modalités de travail à partir d'activités diverses (documentaires, expérimentales parfois assistées par ordinateur, utilisant des logiciels). Une situation problème, définie dans un contexte de la vie courante ou professionnelle, permet de faire émerger une problématique. La mise en œuvre d'une démarche scientifique et les méthodes de travail collectif ou collaboratif sont mises en avant et pourront êtres transférées à d'autres disciplines et lors des séances en co-intervention. Des **coups de pouce** sont proposés pour **différencier** la tâche à réaliser.

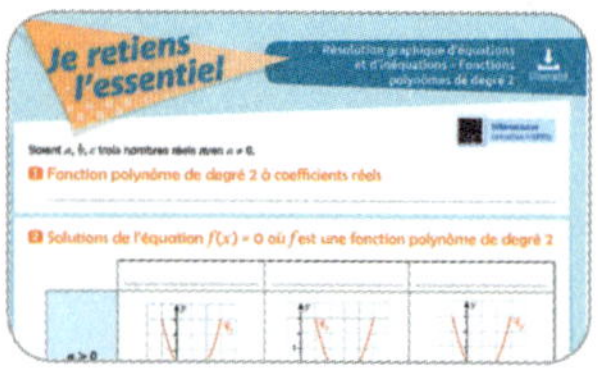

La rubrique «Je retiens l'essentiel» permet de structurer la **trace écrite des élèves.** Elle intègre des outils de **mémorisation** comme par exemple des cartes mentales et un exercice résolu qui peut servir d'exemple et aider les élèves à être autonomes.

Les **exercices** s'organisent en trois parties : une partie pour **vérifier ses connaissances** à l'écrit ou à l'oral, une partie pour **acquérir des capacités** et enfin une partie pour **développer des compétences.** Les exercices sont de difficulté croissante avec des objectifs précis. Ils traitent des situations dont le contexte est issu de la vie courante ou professionnelle. Le lien avec la physique-chimie est identifié par une mention. Certains peuvent être traités à l'écrit comme à l'oral.

À la fin de l'ouvrage

Des fiches d'automatismes et de calculs numériques peuvent être utilisées en rituels de 5 min, lors des séances de **consolidation** de mathématiques de l'**accompagnement personnalisé** et lors des séances de **co-intervention**. Les corrigés du rituel, des QCM et d'un exercice sont proposés à la fin de l'ouvrage. Ils permettent une auto-évaluation, un travail autonome et de cibler la remédiation.

Des pictogrammes pour vous guider

- Travail de groupe
- Travail individuel
- DIFFÉRENCIATION : Différenciation
- Exercices traitant du développement durable
- Exercices faisant appel à la manipulation d'un outil numérique
- Algo : Exercices d'algorithmique et de programmation en Python
- Physique-Chimie : Exercices en lien avec la physique-chimie
- Vocabulaire Ensemble et Logique : Exercices faisant appel aux notions de vocabulaire ensembliste et logique
- Des coups de pouce disponibles
- Exercices pouvant être traités à l'oral
- FICHE MÉTHODO : Renvoi vers les fiches Méthodologiques
- FICHE AUTOMATISME : Renvoi vers les fiches Automatisme

Avec ce livre, une licence i-Manuel 2.0

Le i-Manuel 2.0, un outil simple d'utilisation qui reprend l'ensemble des contenus de ce livre sous forme numérique et interactive.

Il permet d'accéder au contenu de ce manuel à tout moment et en tout lieu sur un ordinateur ou une tablette. L'utilisateur peut donc passer du papier au numérique et choisir le support qui lui convient le mieux selon le travail à faire et le lieu où il se trouve.

Une véritable interactivité entre l'enseignant et sa classe

- Piloter la classe : assurer le suivi du travail des élèves à distance et en cours (recevoir et envoyer du travail, faire des commentaires, intervenir en temps réel)
- Intégrer et envoyer à la classe, à un ou plusieurs élèves, des documents personnels
- Afficher les corrigés ou la correction individuelle du travail de l'élève
- Vidéoprojeter en classe les activités, les documents et les corrections pour animer les cours et travailler collectivement
- Télécharger la version papier pour une utilisation sans connexion
- Imprimer des documents pour mettre les élèves en situation d'examen

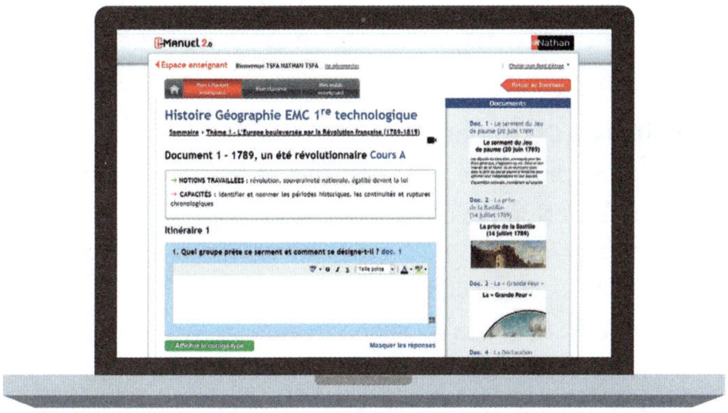

Des fonctionnalités innovantes pour favoriser l'intérêt, la motivation et l'implication des élèves

- Saisir les réponses en travaillant sur ordinateur ou tablette
- Faire les activités et les exercices, préparer ou réviser le cours en classe ou à la maison
- Accéder directement aux ressources numériques, vidéos, logiciels professionnels, fichiers élèves...
- Sauvegarder le travail effectué dans un dossier (classeur)
- Envoyer le travail à son professeur
- S'enregistrer, s'auto-évaluer et se former aux outils numériques

Toutes les infos et les tutos sur www.nathan.fr/i-manuel2

Des ressources numériques en accès direct

Flashez les QR Codes avec votre smartphone ou saisissez les mini-liens associés pour accéder à des vidéos, animations, QCM...

Sommaire

Fiches méthodologiques

ISBN : 978-2-09-167119-2

MIXTE
Papier issu de sources responsables
FSC® C022030

N° projet : 10261455 - Dépôt légal : Avril 2020
Achevé d'imprimer en Italie par L.E.G.O. S.p. A., Lavis (TN)

Travailler en co-intervention en mathématiques et enseignement professionnel

Définition

La co-intervention est une méthode d'enseignement dans laquelle un professeur d'enseignement professionnel et le professeur de mathématiques interviennent ensemble dans un même lieu et au même moment afin de proposer des activités liant les deux programmes.

Les activités proposées sont élaborées en commun afin d'atteindre les objectifs de compétences en enseignement professionnel et en mathématiques.

Ainsi, l'enseignement professionnel et les mathématiques se complètent, se croisent et interagissent.

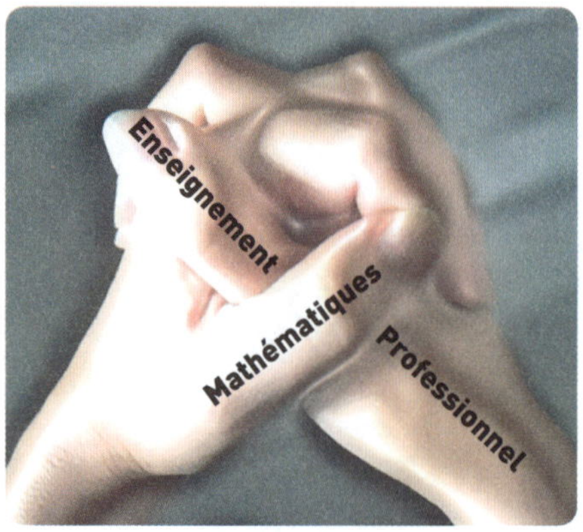

Intérêt

La co-intervention a pour but :

- de permettre aux élèves de mieux comprendre comment les mathématiques participent à leur formation professionnelle ;
- d'adapter la formation mathématique aux spécificités professionnelles ;
- de faciliter les apprentissages afin de mieux former les élèves à leur avenir professionnel.

Source : *Vade-mecum « Mettre en œuvre la co-intervention dans la voie professionnelle » (Éducation nationale).*

Exemple de co-intervention

1. Situation professionnelle problématisée

Vous effectuez votre période de formation en milieu professionnel (PFMP) dans une grande enseigne de bricolage à Pau. Vous accompagnez Manon, conseillère de vente carrelage, parquet et sol souple.
Léonie et Paul, un jeune couple, souhaite changer le parquet de leur salon.
Ils vous fournissent leur choix de matériaux : parquets chêne vernis naturel clair et marron foncé.
Afin de bien les orienter dans leur projet, vous devez réaliser certains travaux.

2. Compétences en enseignement général et capacités en mathématiques

Diplôme CAP Employé de vente spécialisé	
Compétences EP (enseignement professionnel)	Capacités MATHS
3.2. Rechercher les besoins, faire préciser la demande **3.3.** Présenter les produits correspondant aux besoins du client **4.3.** Développer les services liés au prix	– Proportionnalité – Facture

Fiches Méthodologiques

Sommaire

Fiche méthodologique

1 Les compétences travaillées

Compétences	Capacités associées
S'APPROPRIER	→ Rechercher, extraire et organiser l'information. → Traduire des informations, des codages.
ANALYSER RAISONNER	→ Émettre des conjectures, formuler des hypothèses. → Proposer une méthode de résolution. → Choisir un modèle ou des lois pertinentes. → Élaborer un algorithme. → Choisir, élaborer un protocole. → Évaluer des ordres de grandeur.
RÉALISER	→ Mettre en œuvre les étapes d'une démarche. → Utiliser un modèle. → Représenter (tableau, graphique...), changer de registre. → Calculer (calcul littéral, calcul algébrique, calcul numérique exact ou approché, instrumenté ou à la main). → Mettre en œuvre des algorithmes. → Expérimenter – en particulier à l'aide d'outils numériques (logiciels ou dispositifs d'acquisition de données...). → Faire une simulation. → Effectuer des procédures courantes (représentations, collectes de données, utilisation du matériel, etc.). → Mettre en œuvre un protocole expérimental en respectant les règles de sécurité à partir d'un schéma ou d'un descriptif. → Organiser son poste de travail.
VALIDER	→ Exploiter et interpréter les résultats obtenus ou les observations effectuées afin de répondre à une problématique. → Valider ou invalider un modèle, une hypothèse en argumentant. → Contrôler la vraisemblance d'une conjecture. → Critiquer un résultat (signe, ordre de grandeur, identification des sources d'erreur), argumenter. → Utiliser un raisonnement logique et des règles établies pour parvenir à une conclusion (démontrer, prouver).
COMMUNIQUER	**À l'écrit comme à l'oral :** → Rendre compte d'un résultat en utilisant un vocabulaire adapté et choisir des modes de représentation appropriés. → Expliquer une démarche.

Fiche méthodologique 2 Travailler à l'oral

Lorsque le pictogramme 💬 est affiché à côté d'un exercice cela signifie que votre professeur peut vous demander d'expliquer oralement votre démarche.
Un travail à l'oral ne se limite pas à lire à voix haute votre solution.
Il faut présenter chaque étape de son raisonnement.
Voici quelques consignes qui peuvent vous permettre de structurer votre intervention orale :

1. **Lire** l'énoncé et la première question à voix haute.
2. **Identifier** les informations utiles et les **noter** dans un coin du tableau.
3. **Citer** les connaissances qui permettent de répondre à la question, **noter** au tableau le nom, la formule, la propriété, la définition, etc.., que vous allez utiliser pour répondre à la question.
4. **Appliquer** le cours. Si vous faites des calculs **vérifier** les unités des grandeurs utilisées.
5. **Conclure** par une phrase. S'il y a une valeur qui a une unité penser à la noter.

Pour vous aider à la résolution d'un exercice ou d'une situation problème, voici une démarche :

Les étapes	Comment les réaliser
S'APPROPRIER LA SITUATION	1 **Lire** l'énoncé et souligner le vocabulaire que je ne connais pas. 2 **Surligner** les informations utiles. 3 **Reformuler** la problématique avec mes propres mots.
ANALYSER LE PROBLÈME	1 **Émettre** des conjectures, formuler des hypothèses. 2 **Me poser** des questions pour guider mon raisonnement : – Qu'est-ce que j'ai besoin comme connaissances ? **Trouver** un modèle mathématique de référence. – Qu'est-ce que je sais ? Quelles sont mes connaissances ? **Lister** mes connaissances sur ce sujet. – Quels sont les outils qui peuvent m'aider à résoudre ce problème ? 3 **Décomposer** mon objectif en étapes intermédiaires, **proposer** une méthode de résolution : – **Écrire** chaque étape et **associer** les infos, les connaissances et les outils repérés dans l'appropriation (**construire** un logigramme ou **élaborer** un algorithme). – **Créer** une image mentale de l'objectif à atteindre (**visualiser** le but de l'activité, **définir** où je vais et comment y aller). – **Choisir** un modèle mathématique approprié à la situation.
METTRE EN ŒUVRE MA DÉMARCHE	1 **Suivre** les étapes d'une démarche. 2 **Utiliser** le modèle choisi. 3 **Simuler**, **expérimenter** en particulier à l'aide de l'outil numérique. 4 **Effectuer** des calculs en respectant les règles opératoires, en portant attention sur les unités et les chiffres significatifs (chiffres qui ont un sens dans la situation étudiée).
VÉRIFIER LA COHÉRENCE DE MON RÉSULTAT	1 **Faire preuve d'esprit critique**. Est-ce que mon résultat est possible dans la situation étudiée ? 2 **Comparer** mon résultat avec l'hypothèse que j'avais émise lors de l'appropriation
CONCLURE	**Rédiger** une solution argumentée : **écrire** une phrase en revenant dans le contexte de la situation et **justifier** à partir de l'interprétation des résultats obtenus.

Fiche méthodologique

3 Apprendre à apprendre

Pour apprendre, il faut prendre en compte les quatre piliers de l'apprentissage.

Je dois donc :

- **être attentif** (lire et écouter les consignes, se concentrer sur ce que je dois réaliser…) ;
- **m'engager activement** dans les activités proposées (participer, tester, réfléchir…) ;
- **analyser** mon expérience : identifier les erreurs et les réussites, et les comprendre ;
- **consolider** ce que j'ai appris en m'entraînant et en révisant régulièrement.

1. Conseils pour être attentifs

→ Avoir un espace de travail rangé et organiser. La table sur laquelle vous travaillé ne doit contenir que de quoi écrire.

→ Travailler dans le calme sans téléphone, tablette ou téléviseur qui pourraient vous distraire.

→ Des petits exercices de mise au calme des esprits peuvent contribuer à apaiser le climat de la classe ou l'angoisse avant une évaluation. Ils favorisent la centration sur l'objectif. Une simple et grande inspiration suivie d'une longue expiration est un premier pas.

2. Conseils pour s'engager activement

Je planifie mon travail en choisissant le parcours qui me correspond

→ Trois parcours sont proposés : le premier permet de gagner en confiance, le deuxième a pour but de parvenir à la maîtrise des notions et méthodes du thème abordé, le troisième a pour objectif de consolider les notions et méthodes du thème abordé.

→ Sur la page d'ouverture du domaine, le QCM « Je me positionne » vous aide à choisir le parcours le mieux adapté à vos besoins. La correction du QCM à la fin de l'ouvrage vous permet d'identifier une partie de vos points forts et de vos faiblesses. La différenciation des parcours facilite une avancée à votre rythme de façon autonome.

Vous pouvez vous autoévaluer tout au long du chapitre avec une autocorrection de la partie « Je vérifie mes connaissances » et un des exercices. Vous pouvez changer de parcours en fonction de votre évaluation.

Travail individuel

Souvent le travail individuel peut faire peur, l'estime que l'on a de soi y est pour beaucoup. Pourtant il est indispensable. Il permet :

- **d'identifier** ses points forts et ses difficultés ;
- **de mettre en œuvre** des stratégies personnelles (être créatif) ;
- **de prendre le temps de réfléchir** par soi-même.

Voici quelques exemples de manière de parler à soi-même qu'il faut faire évoluer pour garder une bonne estime de soi.

Au lieu de dire….	Se dire….
Je suis nul(le).	De quoi ai-je besoin pour progresser ?
C'est trop difficile.	Je vais finir par y arriver, j'ai besoin de temps et de fournir des efforts.
J'arrête, je n'y arriverai jamais.	Je vais avancer pas à pas en utilisant des stratégies que je maîtrise. Où puis-je trouver les ressources pour m'aider ?
Les maths ce n'est pas pour moi.	Avec de l'entraînement je peux y arriver.

Travail en groupe

Le travail en groupe développe les compétences évaluées lors du contrôle en cours de formation (CCF) mais aussi des savoir-être transversaux. Ces compétences et ces savoirs sont transposables dans toutes les disciplines et en particulier lors de la co-intervention. Au sein du groupe, chacun a une responsabilité. Voici une proposition de répartition des rôles. Consultez la page 159 pour le détail des missions.

Les rôles	Capitaine	Archiviste	Porte-parole	Expert	Coach

Fiche méthodologique

4 J'apprends de mes erreurs pour progresser et j'identifie mes réussites

3. Conseils pour analyser son expérience

La trame du travail à l'oral permet l'explicitation de son raisonnement et aide à détecter ses points forts et ses points faibles. L'erreur est source d'apprentissage. Les réussites développent l'estime de soi.
Prendre le temps de comprendre ce qui nous a mené vers l'erreur permet de progresser.
Il faut dans un premier temps identifier les erreurs, puis dans un second temps les comprendre.
Voici quelques questions qui pourront vous aider à analyser vos erreurs et des propositions de remédiation.

Questionnement	Remédiation possible
Est-ce que j'avais lu attentivement la situation étudiée et la consigne ?	→ Je me **concentre sur le texte** à lire ou la consigne. → Je **repère les mots** de vocabulaire que je ne connais pas et les données utiles dans l'énoncé. → Je **reformule la consigne** avec mes propres mots.
Est-ce que j'avais pris le temps de réfléchir avant de répondre ?	→ Il faut **éviter de se précipiter**. → **Je dois freiner mon impulsivité pour prendre un temps de réflexion,** cela permet d'éviter les étourderies ou la mauvaise compréhension des attentes. → Je me **représente mentalement le travail** à effectuer.
Est-ce que j'avais compris ce qui était demandé ?	→ Je dois **avoir certaines connaissances** pour mieux comprendre. Je dois **apprendre le vocabulaire** pour comprendre une consigne. → Je dois **m'entraîner.** → Je peux **dessiner ou schématiser** ce que j'ai compris. → Je peux **décomposer en étapes le problème** posé pour identifier mes besoins et mes difficultés.
Est-ce que j'ai su trouver la méthode à utiliser ?	→ Je dois **m'entraîner** pour maîtriser les méthodes. → Je dois **rester concentré** pour suivre chaque étape de résolution. → Je peux **réaliser une carte mentale** pour mémoriser la méthode et comprendre les étapes.
Est-ce que j'ai su appliquer la méthode choisie ?	→ Je dois **identifier** l'étape qui m'a posé **problème**. → Je dois **vérifier** que j'ai bien **les connaissances** nécessaires pour mener à bien la méthode. → Je dois **m'assurer** que **chaque étape** du raisonnement est **bien claire** dans ma tête. → Je peux **demander de l'aide** lors de la phase d'apprentissage.

Après chaque séance d'exercice, vous pouvez prendre quelques minutes pour vous poser les questions ci-dessus. Mettre en évidence ses réussites vous permet d'identifier les bases sur lesquelles vous pouvez compter. **Compléter** un carnet de bord dans lequel « j'analyse mes erreurs pour progresser » et je note mes réussites est un outil d'apprentissage. Télécharger les fiches du carnet de bord ››› Site compagnon enseignant

4. Conseils pour consolider les apprentissages

Réviser régulièrement : 15 min chaque jour est plus efficace que 1 h une seule fois dans la semaine.
Prendre en compte la courbe de l'oubli :

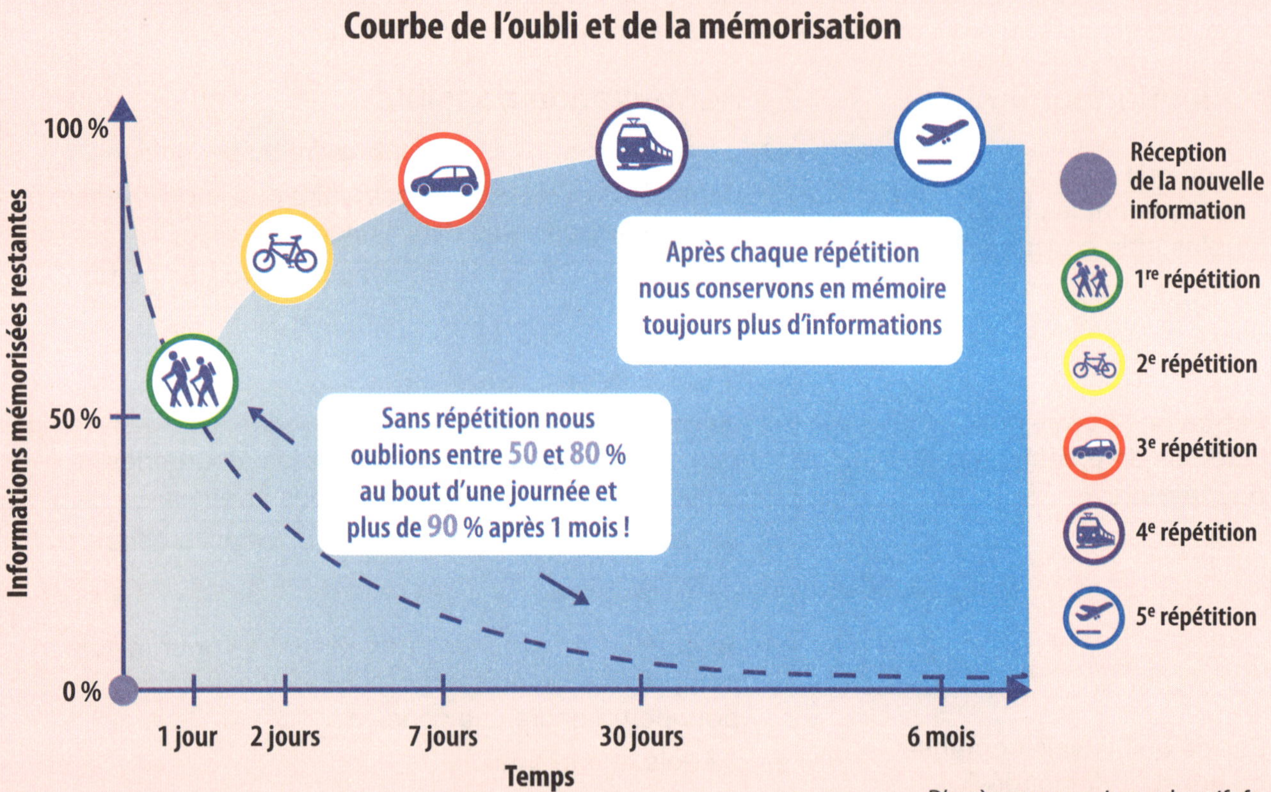

D'après www.mes-jeux-educatifs.fr
(courbe de l'oubli d'Ebbinghaus)

La mémorisation des contenus des cours est une phase essentielle de l'apprentissage.

Voici quelques propositions pour travailler la mémorisation des connaissances et des méthodes :

- **Formuler des évocations** (associer par la pensée l'un au moins des cinq sens à ce que l'on veut retenir) et se les repasser mentalement ;
- **Réviser** et **s'auto-évaluer** régulièrement ;
- **Lister les mots à retenir** et **formuler une série de questions** auxquelles ces mots répondent (voir la partie « j'étudie ma leçon » ci-dessous) ;
- **Reformuler** avec ses propres mots, des schémas, des dessins, des métaphores, associer d'autres situations qui elles, vous sont familières, créer des images mentales... (voir la partie sur « les cartes mentales » ci-dessous)
- **Faire des liens**, des regroupements, des associations entre ce qui est nouveau et ce que vous connaissez déjà.
- **Construire des repères** qui vous sont propres à partir d'exemples que vous choisissez et qui font sens pour vous.

Voici quatre outils pour favoriser la mémorisation :

1. Les rituels

Ils permettent de mettre en place des automatismes et de se remémorer des connaissances ou des méthodes. Même quand vous n'avez pas cours de mathématiques, cinq minutes chaque jour, de travail sur les automatismes (choisir des exercices dans la partie « automatismes » de l'ouvrage) vous aidera à prendre des réflexes et vous donnera plus d'aisance pour la compréhension des situations-problème.

2. J'étudie ma leçon

Le tableau ci-dessous est intégré dans chaque chapitre dans «je retiens l'essentiel». Vous devez formuler une question qui a pour réponse le mot à retenir. L'indice peut être un mot, un symbole un dessin, il dépend de ce que vous évoque le mot à retenir. Par exemple pour retenir le mot sommet, vous pouvez dessiner une montagne en indice si cela vous y fait penser.

QUESTIONS	INDICE	MOTS À RETENIR

3. Carte mentale

Une carte mentale est un graphique associant des idées, des tâches, des mots, des concepts et des illustrations qui sont liés entre eux autour d'un thème central. La carte mentale a des images, des couleurs, elle se déploie sur un espace pour un effet visuel, elle structure les idées. Elle peut avoir différents objectifs.

❶ Définir le thème : il sera l'image centrale de la carte.
❷ Autour de l'image centrale, des idées, des rubriques sont à disposer sous forme de branches.
❸ À chaque branche est associée une illustration ou une expression clé qui peut être dessinée ou écrite le long de la branche qui contient l'idée principale.
❹ Les idées secondaires sont représentées à la suite de la branche principale en branches secondaires.

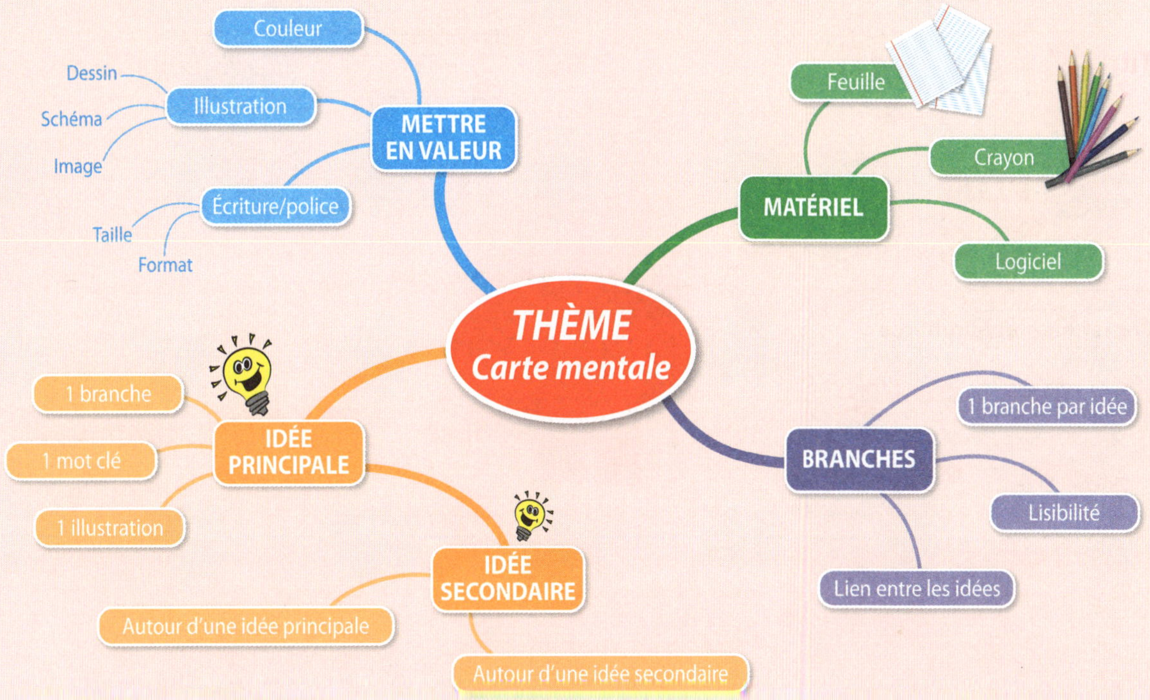

Le sketchnoting

sketchnoting est une prise de note visuelle. Il permet de se centrer sur l'essentiel de façon créative et concise.

sketchnoting stimule la créativité par la pensée visuelle, favorise l'attention et la concentration, permet la norisation de la prise de note en créant des affichages visuels attrayant.

7 points clés du sketchnoting

_e **lettrage** et la **typographie** : la taille des lettres, le choix entre majuscule et minuscule et le format de la p ce a pour objectif de mettre en avant le texte dans le skechnote et de proposer une hiérarchie de l'information : **titres** et les **sous-titres**.

a **structure** : elle sert à penser le parcours visuel et le sens de lecture.

es **bannières** et les **conteneurs** : ils sont utilisés pour entourer les mots et les textes courts.

es **séparateurs** : ils aident à structurer l'espace.

5 es **flèches** et les **puces** : les flèches mettent en lien les mots, les idées et guident le regard. Les puces pe ettent de créer des listes ou de hiérarchiser.

6 s **illustrations** et **personnages** : chaque illustration est composée de formes de base pour simplifier l'in e. Ces illustrations peuvent être des pictogrammes (objectif, attention...). Les personnages donnent du dyr isme et peuvent décrire une émotion.

7 s **couleurs** et **effets** : l'utilisation de couleurs reste sobre et au service du sens. La couleur stimule l'intérêt et a mente la mémorisation. Les ombres mettent en valeur certains éléments. La technique de brillance et de mo ment est l'ajout de petits traits au-dessus d'une tête d'un personnage ou tout autour d'un mot.

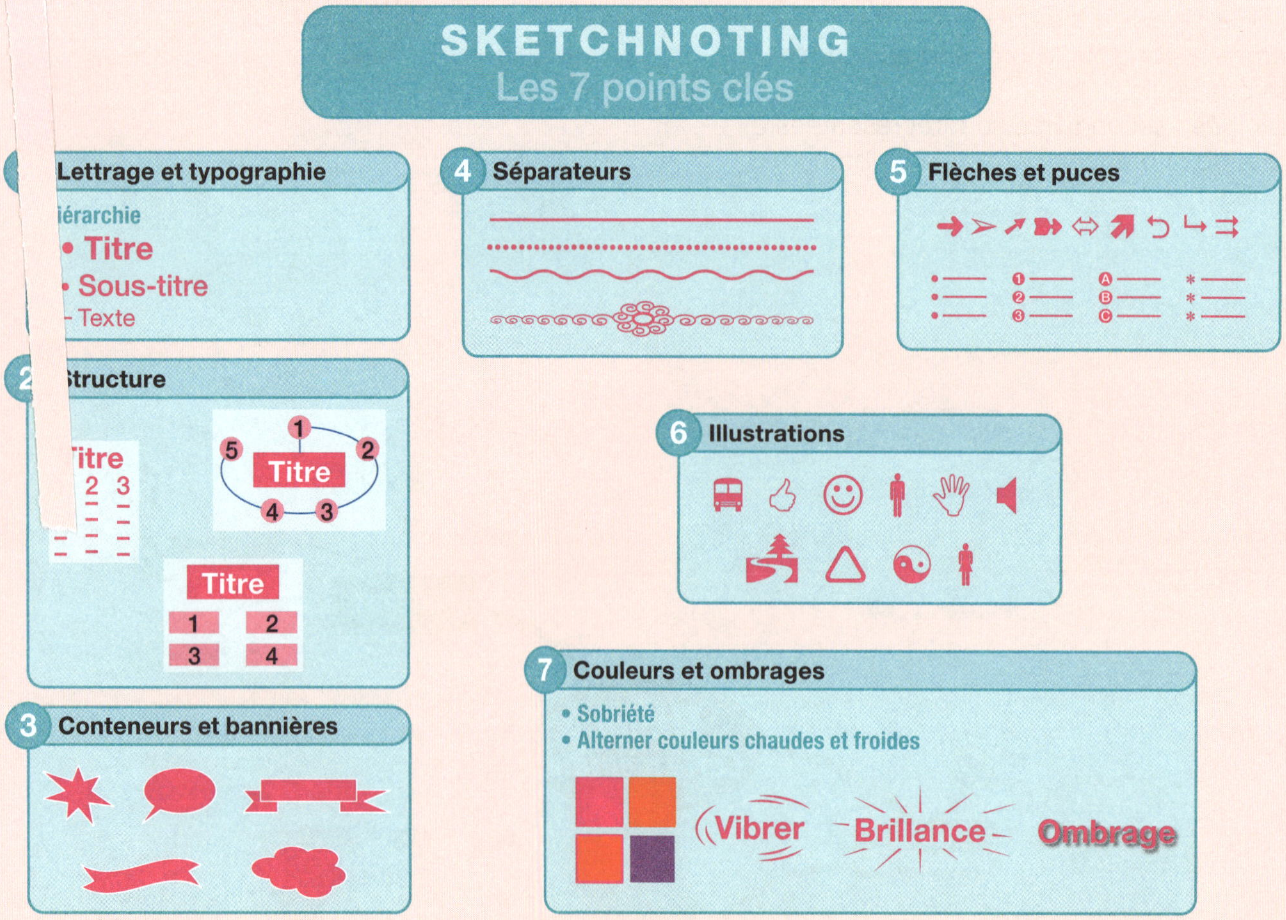

Fiche méthodologique

6 Je retiens l'essentiel de l'algorithmique et de la programmation

A ALGORITHMIQUE

1 Pseudo-code

....

....

....

....

....

2 Algorigramme (voir rabat du livre)

....

....

....

....

....

B PROGRAMMATION

....

....

....

....

....

....

....

1 Boucles et instructions conditionnelles

a) Conditions

....

....

....

....

....

b) Instructions conditionnelles

....

....

....

....

....

c) Boucle non bornée

d) Boucle bornée

2 Fonctions

3 Listes

Fiche méthodologique

7 Je retiens l'essentiel du vocabulaire ensembliste et logique

A VOCABULAIRE ENSEMBLISTE

1 Notions d'élément d'un ensemble

- Ensemble : ....
- Sous-ensemble d'appartenance : ....
- Sous-ensemble d'inclusion : ....
- Sous-ensemble de réunion : ....
- Sous-ensemble d'intersection : ....
- Sous-ensemble complémentaire : ....

2 Les symboles de base

- $\in$: ....
- $\subset$: ....
- $\cap$: ....
- $\cup$: ....
- $\cup$: ....
- $\bar{A}$: ....

3 La notation des ensembles de nombres et des intervalles avec a et b réels

- $[a\,;b]$: ....
- $]a\,;b[$: ....
- $[a\,;b[$: ....
- $]a\,;b]$: ....

4 La notion de couple

....

....

....

B VOCABULAIRE LOGIQUE

1 Les connecteurs logiques

- « et » : ....

Exemple : ....

- « ou » : ....

Exemple : ....

2 Les quantificateurs

- « quel que soit » : ....

Exemple : ....

- « il existe » : ....

Exemple : ....

3 Implications et équivalences logiques

- implication : ....

Exemple : ....

- équivalence : ....

Exemple : ....

4 La réciproque d'une implication

- la réciproque d'une implication : ....

Exemple : ....

5 Contre-exemple

- contre-exemple : ....

Exemple : ....

6 Raisonnements

- par disjonction des cas : ....

Exemple : ....

- par l'absurde : ....

Exemple : ....

C SYMBOLE "=" ET STATUT DES LETTRES

1 Symbole "="

....

....

2 Statut des lettres utilisées

....

....

Analyse - Algèbre

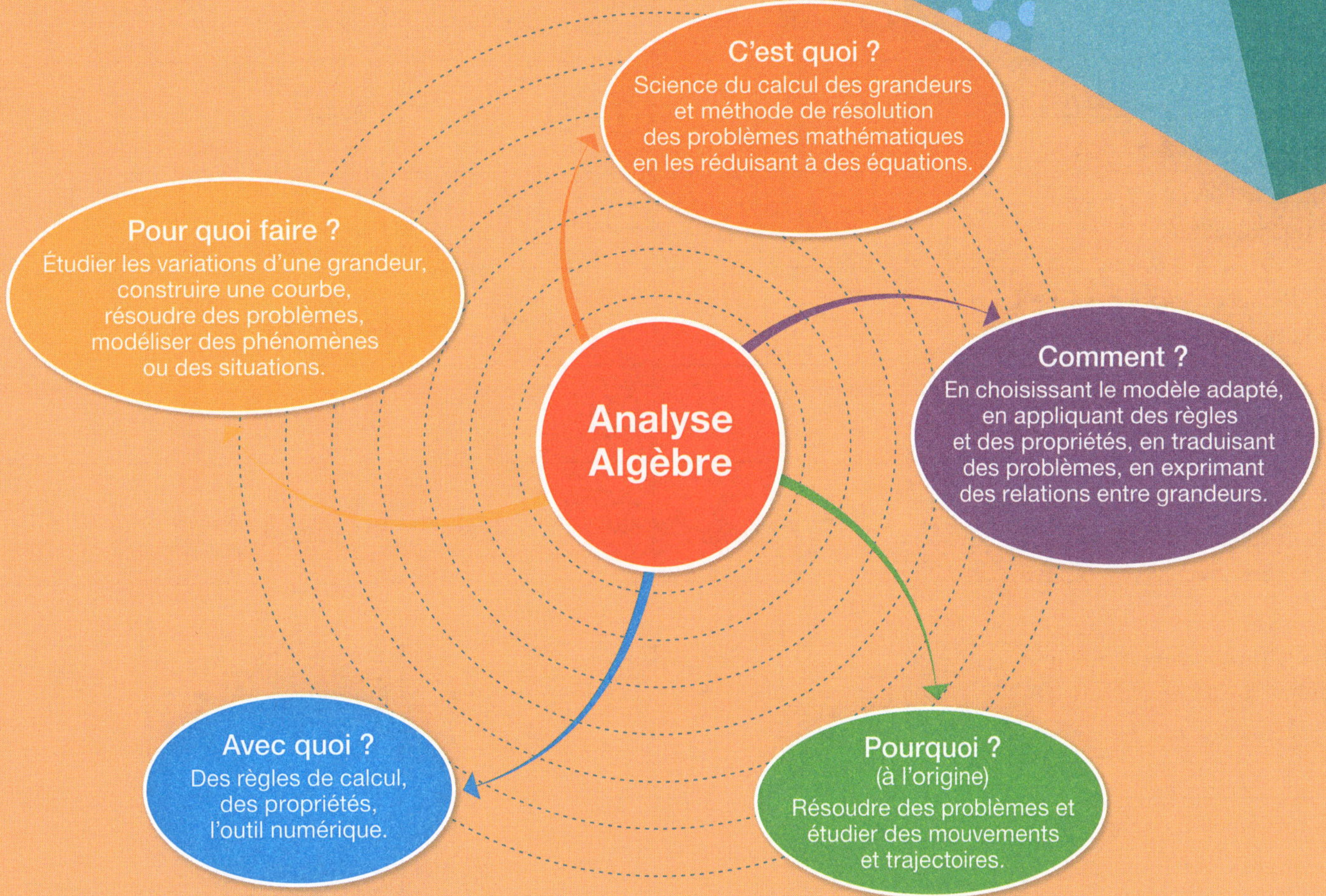

Sommaire

Le groupement 1 traite deux modules composés respectivement de 2 chapitres pour le premier et d'un chapitre pour le second :

Lien avec la Seconde

- En classe de seconde professionnelle, les élèves ont été confrontés à des exemples de fonctions définies sur ℕ pour modéliser des phénomènes discrets, ils ont étudié les fonctions affines et la fonction carré. Ils ont appris :
  - à déduire des variations d'une fonction f sur un intervalle donné, celles de la fonction kf où k est un réel donné ;
  - à résoudre des équations et inéquations du type $f(x) = g(x)$ et $f(x) \geqslant g(x)$ dans lesquelles f est une fonction affine ou une fonction du type $x \mapsto kx^2$ (avec k un nombre réel donné) et g une fonction constante ;
  - à représenter une fonction affine et à résoudre graphiquement des équations du premier degré.

Je me positionne

QCM (à l'écrit ou à l'oral)

Cocher la (ou les) bonne(s) réponse(s).

	A	B	C	Acquis / non acquis
1. Le développement de $(x+5)(x-3)$ est :	☐ $x^2 - 15$	☐ $x^2 + 2x - 15$	☐ $2x + 2$	
2. L'expression $5 + 3x + 6x^2 - 2x + 4 - 3x^2$ devient, après réduction :	☐ $13x^2$	☐ $9x^2 + 5x + 9$	☐ $3x^2 + x + 9$	
3. L'équation $7x - 3 = 3x + 5$ a pour solution :	☐ 2	☐ 0,8	☐ −2	
4. L'équation $-4x - 6 = 16$ est équivalente à l'équation :	☐ $-10x = 16$	☐ $-4x = 10$	☐ $-4x = 22$	
5. Une solution de l'inéquation $6x + 2 > 8$ est :	☐ −3	☐ 1	☐ 2	
6. La représentation de la solution de l'équation $3x - 5 \geqslant 7$ est :	☐ 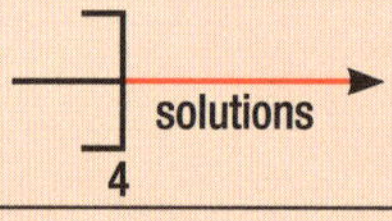	☐ 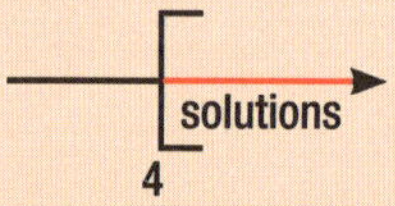	☐ 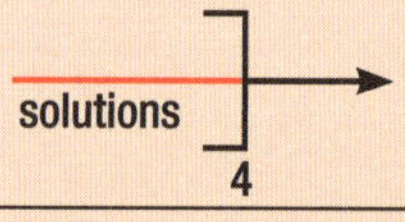	
7. Quelle est la représentation graphique de la fonction $f(x) = 2x - 1$?	☐ 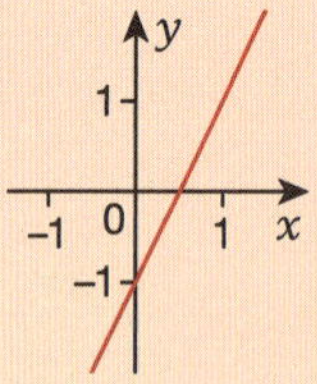	☐ 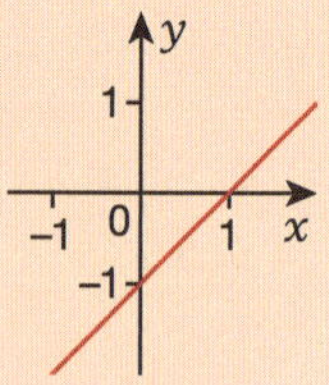	☐ 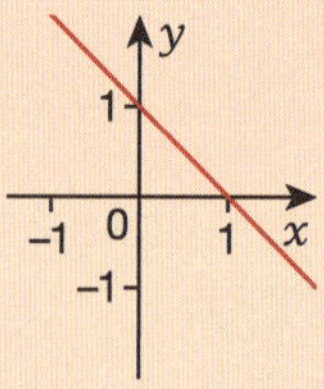	
8. L'ordonnée à l'origine de la fonction $f(x) = 2x - 1$ est :	☐ 2	☐ −1	☐ 1	
9. Deux fonctions affines ont le même coefficient directeur. Leurs représentations graphiques sont des droites :	☐ confondues	☐ perpendiculaires	☐ parallèles	
10. Si $x = -5$ alors :	☐ $x^2 = 10$	☐ $x^2 = 25$	☐ $x^2 = -25$	
11. La courbe représentative de la fonction $f(x) = x^2$ est une :	☐ hyperbole	☐ parabole	☐ padbole	
12. Quel est le tableau de variation de la fonction $f(x) = x^2 - 2$ définie sur l'intervalle [−3 ; 3] ?	☐ 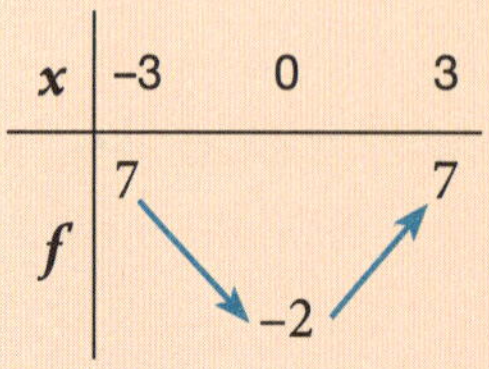	☐ 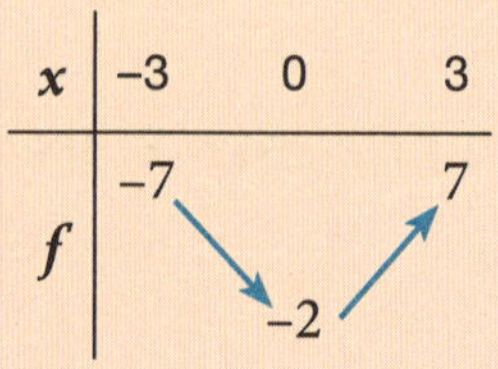	☐ 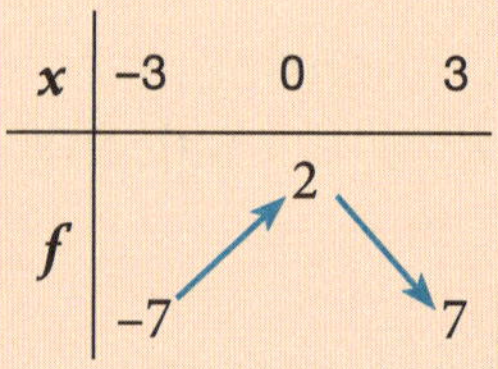	

Voir corrigés p. 149

Analyse – Algèbre

Résolution graphique d'équations et d'inéquations – Fonctions polynômes de degré 2

1

Objectifs

- Résoudre une équation du type $f(x) = 0$ où f est une fonction polynôme de degré 2. Situation problème p. 22
- Visualiser le nombre possible de solution(s) de l'équation $f(x) = 0$. Activité 1 p. 25
- Associer une parabole à une expression algébrique de degré 2 donnée, déterminer son sommet. Activité 2 p. 25
- Déterminer la 2ᵉ solution d'une équation du 2nd degré. Activité 3 p. 26
- Déterminer le sommet d'une parabole. Activité 4 p. 27
- Déterminer le signe d'un polynôme de degré 2. Activité 4 p. 27

Je mets en place des automatismes

RITUEL 1 **Cocher** la (ou les) bonne(s) réponse(s).
Observer la représentation graphique de la fonction ci-contre.

a. ☐ $f(1) = 2$ ☐ $f(1) = 3$ ☐ $f(1) = -3$

b. $f(x) = 0$ pour ☐ $x = 2$ ☐ $x = -4$ ☐ $x = -2$

c. Une expression de la fonction f peut être :
☐ $f(x) = x - 4$ ☐ $f(x) = x^2 - 4$ ☐ $f(x) = -x^2 - 4$

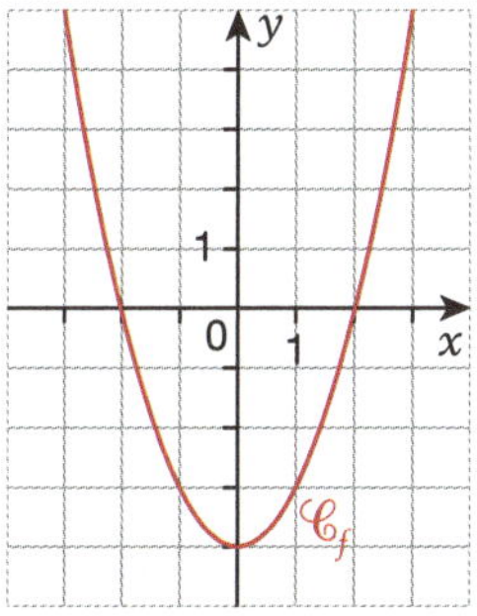

Voir corrigés p. 149

RITUEL 2 ....

....

RITUEL 3 ....

....

Je planifie mon travail en choisissant le parcours qui me correspond

FICHE METHODO 3

Parcours 1 - Je gagne en confiance sur le thème

	J'acquiers des capacités		Je développe des compétences		
Exercice n°	3	4	5	6	9
Fait le	...	...	...	...	...

Parcours 2 - Je suis à l'aise sur le thème

	J'acquiers des capacités		Je développe des compétences			
Exercice n°	3	4	5	6	7	8
Fait le	...	...	...	...	...	...

Parcours 3 - Je maîtrise le thème

	J'acquiers des capacités		Je développe des compétences				
Exercice n°	3	4	5	6	7	8	9
Fait le	...	...	...	...	...	...	...

Situation problème

Résoudre une équation du type $f(x) = 0$ où f est une fonction polynôme de degré 2

DIFFÉRENCIATION

À la découverte du nombre d'or

Un nombre mystérieux appelé « nombre d'or » est utilisé depuis l'Antiquité en géométrie, architecture, peinture…
Trouvant son origine dans l'observation de la nature, des artistes lui reconnaissent l'expression parfaite de proportions idéales.
Ce nombre est noté φ (phi) en hommage au sculpteur Phidias, qui participa à la décoration du Parthénon de l'Acropole à Athènes.
Le nombre d'or correspond à la longueur de la façade du Parthénon si sa hauteur était égale à 1.

Problématique : Quelle est la valeur du nombre d'or à 10^{-3} près ?

Je note mes travaux de recherche

FICHE MÉTHODO 3

....

Je complète à l'aide des échanges avec mes camarades

FICHE MÉTHODO 3

Coup de pouce
liennathan.fr/ld4a95

....

J'utilise l'outil numérique

La figure ci-contre représente deux vues de la façade principale du Parthénon.
L'une est horizontale, l'autre est verticale.

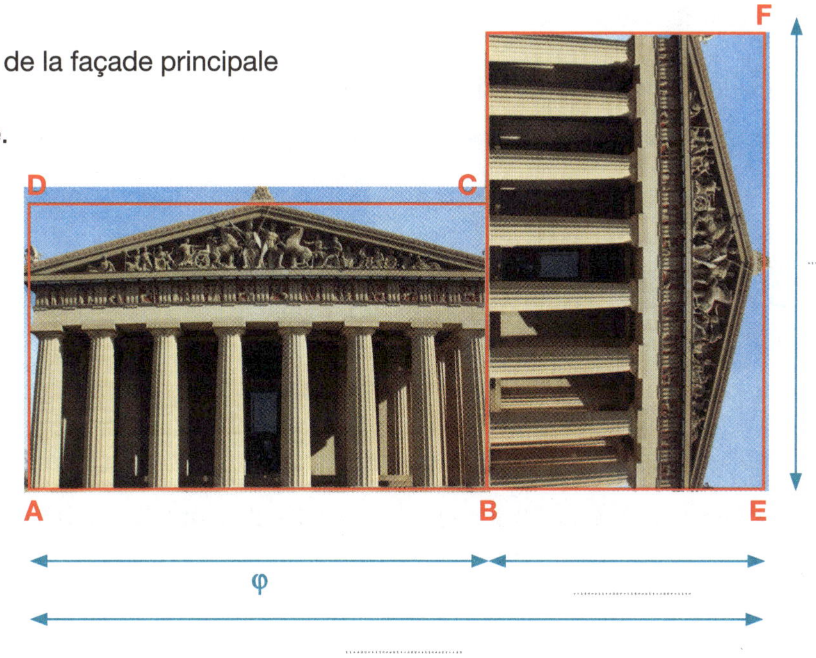

Le schéma n'est pas à l'échelle.

1) Tracer le segment AF.
Indiquer ce que l'on remarque :

....

....

....

....

....

Nous allons chercher la relation entre la largeur et la longueur de l'image représentant la façade du Parthénon. Nous noterons sa largeur 1 et sa longueur φ.

2) À l'aide de la figure, **déterminer** les longueurs :

BE = ... EF = ...

BC = ... AE = ...

3) À l'aide du théorème de Thalès, **compléter** l'égalité :

$$\frac{AB}{\dots} = \frac{BC}{\dots}$$

4) À l'aide de la question **2)**, **exprimer** ces rapports en fonction de φ.

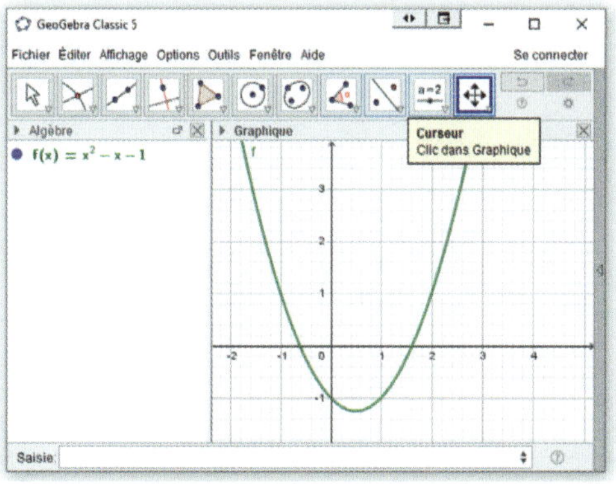

....

....

5) Montrer que cette égalité peut s'écrire sous la forme :
$\varphi^2 - \varphi - 1 = 0$.

....

....

6) À l'aide de GeoGebra, **tracer** la fonction : $f(x) = x^2 - x - 1$.

7) À l'aide de l'outil « *Intersection* », **déterminer** les coordonnées des points d'intersection de la courbe *f* avec l'axe des abscisses à 10^{-3} près.

....

Info Dans GeoGebra, l'arrondi des valeurs se règle en cliquant sur ***Options Arrondi.***

8) En déduire les solutions de l'équation du second degré : $x^2 - x - 1 = 0$.

....

9) Vérifier par le calcul que les deux valeurs trouvées sont bien solutions de l'équation : $x^2 - x - 1 = 0$.

....

....

Je conclus

Réponse à la problématique : Quelle est la valeur du nombre d'or à 10^{-3} près ?

φ étant une grandeur positive, **donner** sa valeur : φ = ...

Je fais le bilan de la situation problème

- L'équation $x^2 - x - 1 = 0$ est une fonction polynôme de degré 2 à coefficients réels.
- Résoudre cette équation graphiquement revient à tracer la fonction : $f(x) =$ ....
- Les solutions de l'équation $x^2 - x - 1 = 0$ sont telles que $f(x) =$ ....
- Les solutions de cette équation sont les .... des points d'intersection de la courbe représentative de la fonction f avec l'axe des abscisses.
- **Tester** que la valeur trouvée vérifie bien l'équation $x^2 - x - 1 = 0$:

$x =$ .... donc ....

- **Conclure :**

Le nombre d'or a pour valeur ....

....

....

....

....

....

....

Activité 1 — Nombre de solutions de l'équation $f(x) = 0$ où f est une fonction polynôme de degré 2

• Réaliser • Valider

Nombre de solutions
liennathan.fr/10rl9q

1 **Ouvrir** le fichier « *Nombre_de_solutions.ggb* ».

2 **Déplacer** les curseurs a, b et c de façon à tracer la courbe représentative de la fonction $f(x) = x^2 - 2x - 3$.

Rechercher le nombre de points d'intersection de cette courbe avec l'axe des abscisses.

....

Relever les abscisses de ces points d'intersection. ....

Déterminer le nombre de solutions de l'équation $x^2 - 2x - 3 = 0$.

En déduire la valeur de ces solutions ....

....

3 **Compléter** le tableau suivant en déplaçant, si besoin, les curseurs a, b et c :

Fonctions	$f(x) = x^2 - 2x - 3$	$f(x) = x^2 - 2x + 1$	$f(x) = x^2 - 2x + 3$
Nombre de points d'intersection avec l'axe des abscisses	....	....	....
Abscisse(s) du ou des point(s) d'intersection	....	....	....
Nombre de solution(s) de l'équation $f(x) = 0$	....	....	....
Valeur(s) de la (ou des) solution(s) de x	....	....	....

4 **Conjecturer** sur le nombre de solutions possibles d'une équation $f(x) = 0$ où f est une fonction polynôme de degré 2.

....

Activité 2 — Représentation graphique d'une fonction polynôme de degré 2 donnée sous la forme factorisée

• Analyser • Valider

Découper le jeu de cartes page 155.
Six fonctions sont représentées dans ce jeu.
Associer pour chaque fonction, les cartes « Forme développée », « Forme factorisée », « Représentation graphique » et « Solution(s) ».

Activité 3 — Déterminer la deuxième solution d'une équation du second degré possédant deux solutions dont une solution est connue

• Réaliser • Valider

« Le carré d'un nombre augmenté de son double est égal à 3. »

1 **Traduire** cette phrase à l'aide d'une équation : ......

......

2 **Écrire** cette équation sous la forme $ax^2 + bx + c = 0$:

......

......

3 **Identifier** a, b et c : $a =$ ...... $b =$ ...... $c =$ ......

4 Parmi les valeurs suivantes, **trouver** les deux nombres qui vérifient cette équation :

☐ −4 ☐ −3 ☐ −2 ☐ 0 ☐ 1 ☐ 2

> **Info**
> Un nombre vérifie une équation, si lorsque l'on remplace l'inconnue par ce nombre dans chaque membre de l'équation, l'égalité est vraie.

5 **Donner** les deux solutions qui vérifient cette équation :

$x_1 =$ ...... et $x_2 =$ ....

6 **Compléter** la phrase :

x_1 et x_2 sont appelées ....

7 **Calculer :**

– le produit des racines $P = x_1 \times x_2 =$ ....

– la somme des racines $S = x_1 + x_2 =$ ....

8 **Calculer** : $\frac{-b}{a} =$ ...... et $\frac{c}{a} =$ ....

9 À partir des résultats précédents, **exprimer** la somme et le produit des deux racines d'un polynôme du second degré en fonction des coefficients a, b et c.

$S =$ ...... ; $P =$ ....

10 **« Si l'on soustrait 4 au carré d'un nombre, on obtient son triple. »**

a) Vérifier que le nombre 4 est une solution possible : ......

......

......

......

b) Utiliser les formules établies à la question **6** afin de déduire la seconde solution possible :

......

......

......

......

......

......

Activité 4 — Sommet d'une parabole et signe d'un polynôme de degré 2

• Analyser • Réaliser

Lors d'une exposition, Marc doit préparer un espace jeu pour accueillir les enfants des visiteurs.
Pour délimiter cet espace, il dispose d'une corde de 20 m de long et de quatre poteaux, dont deux sont placés contre un mur, suivant le schéma ci-contre.

1 La longueur AB est notée « x ».
Déterminer les longueurs CD et BC en fonction de x : CD = ... BC = ...
Compléter le schéma.

2 **En déduire** l'aire de l'espace jeu en fonction de x : A = ...

3 **Développer** cette expression : A = ...

4 Marc souhaite ensuite que l'aire de l'espace jeu soit la plus grande possible.
À l'aide de GeoGebra, **construire** la représentation graphique de la fonction $f(x) = -2x^2 + 20x$ sur l'intervalle $[-2 ; 12]$.

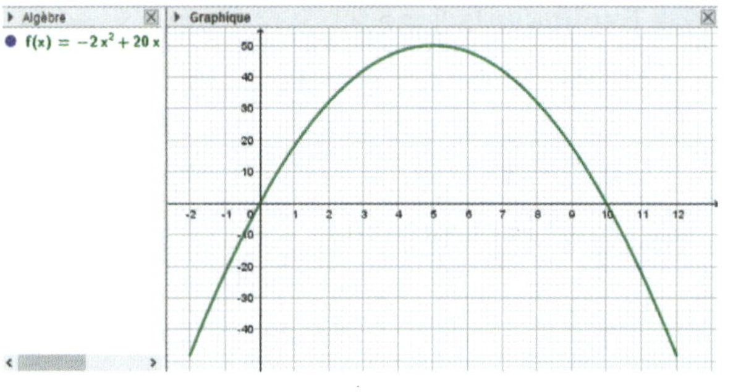

Info Dans GeoGebra, le sommet d'une fonction f définie sur l'intervalle $[a ; b]$ s'obtient à l'aide de la fonction $M = \max(f, a, b)$.

5 **Déterminer** les coordonnées du point M, sommet de la parabole.

....

6 **Calculer :** $\frac{-b}{2a}$ = ...

7 **Indiquer** ce que l'on peut en déduire : ....

....

8 **Dresser** le tableau de variation de la fonction f :

x	....	....	....
f			

9 **Déterminer** graphiquement l'intervalle sur lequel l'aire est positive : ....

10 Nous allons retrouver ce résultat à l'aide d'un tableau de signes.
Compléter le tableau de signes suivant :

x	-2	0	10	12
$-2x + 20$				
$x(-2x + 20)$				

En déduire l'intervalle sur lequel $x(-2x+20)$ est positif : ....

Activité 5 Python et polynôme de degré 2

• Analyser • Communiquer

Le programme ci-contre permet de chercher les solutions de l'équation $f(x) = 0$ par balayage sur un intervalle donné.

```
def f(x):
    return x**2 -2*x -3

def balayage(f,borneInf,borneSup):
    pas=0.1
    x = .............

    while x < .............
        if f(x)*f(x+pas)<0:
            print(x)
        x+= pas
```

1 **Relier** chaque expression à sa signification.

borneSup •	• Instruction
balayage •	• Incrémentation
While •	• Argument
x+= pas •	• Fonction

2 **Compléter** le programme.

3 **Expliquer** la ligne 9 : `if f(x)*f(x+pas)<0:`

4 **Tester** le programme.

Activité 6 Étude d'un bénéfice

• S'approprier • Réaliser

La société BATISTOC fabrique et pose des menuiseries en PVC. Le gérant décide de mener une étude afin de connaître la rentabilité d'un de ces modèles de fenêtre proposé au catalogue.
Ce modèle est vendu 420 €, fournitures et pose comprises.

1 **Calculer** le chiffre d'affaire réalisé lors de la vente et la pose de 20 modèles, de 40 modèles.

2 **Exprimer** l'expression de la fonction $A(x)$ représentant le résultat des ventes en fonction du nombre de fenêtres vendues x.

Les coûts C sont calculés en fonction du nombre de fenêtre x vendues et posées :

$$C(x) = -7x^2 + 700x + 1\,500$$

3 À l'aide d'un logiciel de géométrie dynamique, **tracer** les fonctions $A(x)$ et $C(x)$.

4 **Déterminer** pour combien de fenêtres vendues, cette entreprise réalise un bénéfice.

Je retiens l'essentiel

Différenciation

Différencitation liennathan.fr/d89f3y

Soient a, b, c trois nombres réels avec $a \neq 0$.

1 Fonction polynôme de degré 2 à coefficients réels

....

2 Solutions de l'équation $f(x) = 0$ où f est une fonction polynôme de degré 2

<table>
<tr><td></td><td>..</td><td>..</td><td>..</td></tr>
<tr><td>$a > 0$</td><td>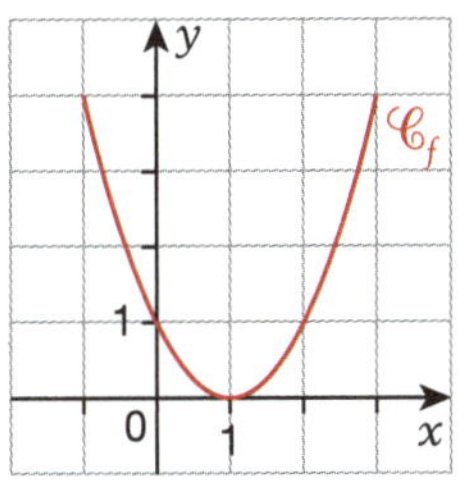
</td><td>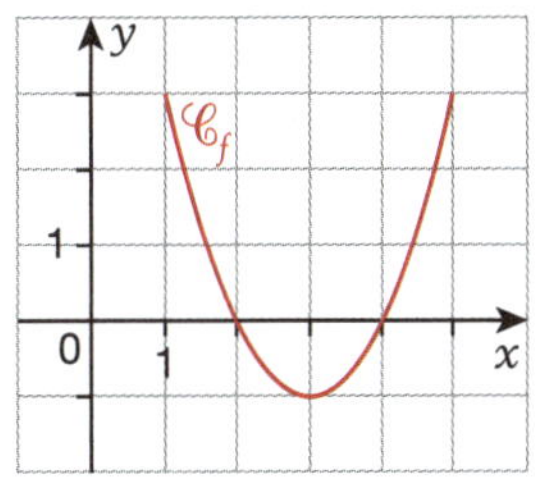
</td><td>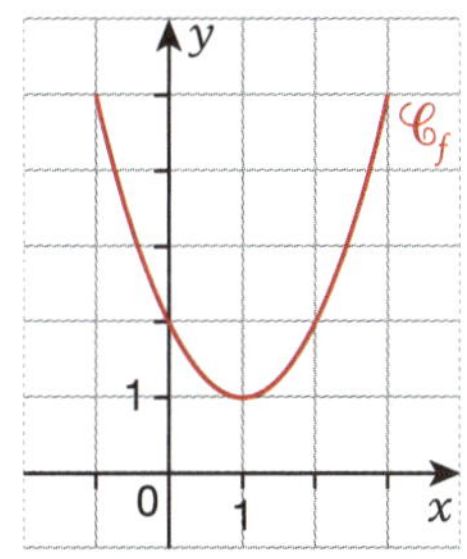
</td></tr>
<tr><td>$a < 0$</td><td>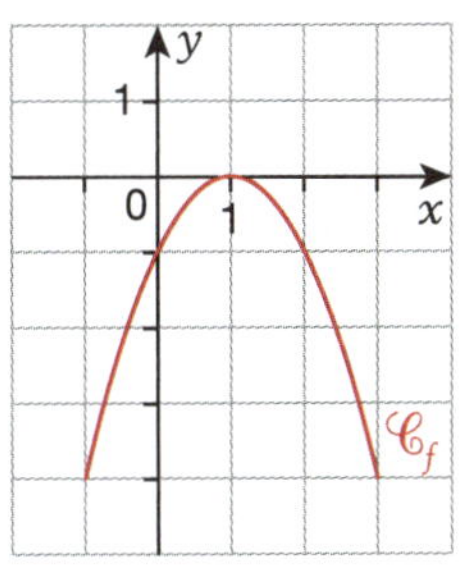
</td><td>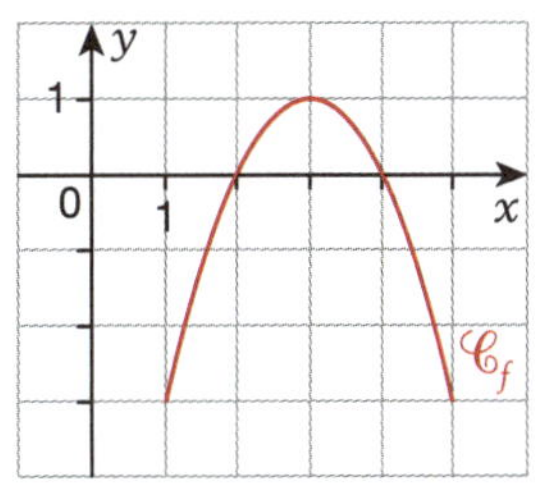
</td><td>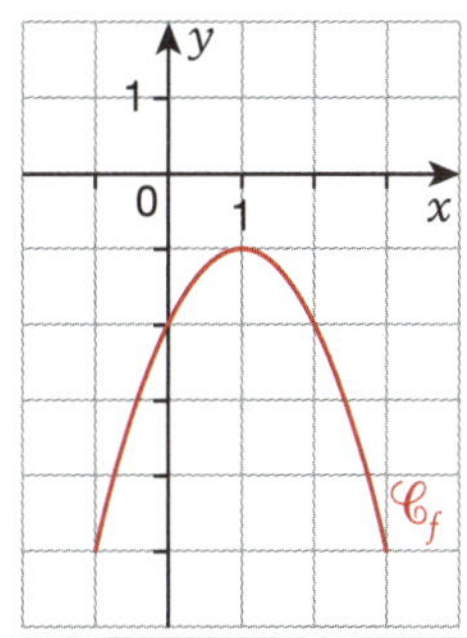
</td></tr>
<tr><td>$f(x)$ s'écrit</td><td>$f(x) =$ ....</td><td>$f(x) =$ ....</td><td>$f(x) =$ ....</td></tr>
</table>

....

....

3 Éléments caractéristiques de la courbe représentative d'une fonction polynôme de degré 2

....

....

4 Somme et produit des racines d'un polynôme du second degré

....

....

5 Résolution de l'équation $f(x) = g(x)$ – Résolution d'inéquation $f(x) \leqslant g(x)$

....

....

6 J'étudie ma leçon FICHE MÉTHODO 5

Compléter le tableau suivant.

Questions	Indices	Mots à retenir
....	....	Forme factorisée
....	....	Racine
....	....	Sommet

Exercice résolu

7 Je comprends une méthode – Résoudre graphiquement une équation de la forme $f(x) = g(x)$

Un skieur participe à une compétition de saut à ski.

Déterminer la distance horizontale parcourue par le skieur lors de son saut sachant que :
– sa trajectoire est donnée par la relation $f(x) = -0{,}1x^2 + x + 10$;
– la piste peut être représentée par la fonction $g(x) = -0{,}42x + 8{,}34$.

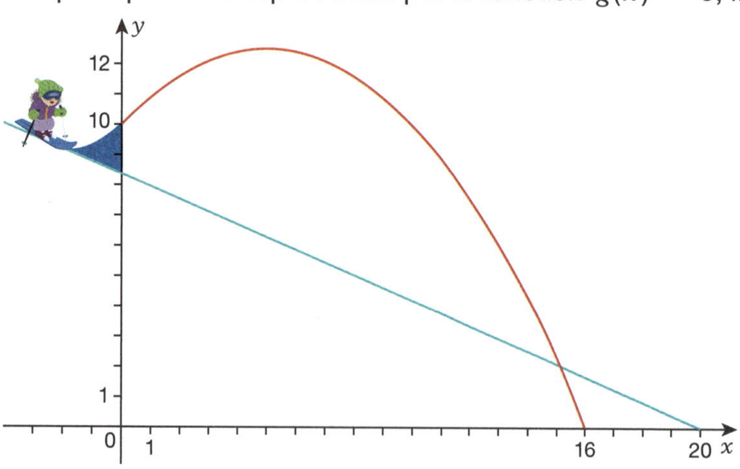

Méthode :

1. À l'aide d'un logiciel de géométrie dynamique, **tracer** les courbes représentatives des deux fonctions f et g.
2. **Tracer** le point d'intersection de ces deux courbes à l'aide de l'outil « Intersection ».
3. La solution de l'équation $f(x) = g(x)$ est l'abscisse de ce point d'intersection.
4. **Conclure.**

1) a) Ouvrir le fichier « *saut_a_ski.ggb* ».

b) Saisir $f(x) = -0{,}1x^2 + x + 10$ sur l'intervalle [0 ; 16].

2) Tracer le point d'intersection entre la courbe représentative de la fonction f et la droite qui représente la piste, à l'aide de l'outil « *Intersection* ».

Les coordonnées de ce point d'intersection sont (15,29 ; 1,92).

Saut à ski
liennathan.fr/e290dp

3) La solution de l'équation $-0{,}1x^2 + x + 10 = -0{,}42x + 8{,}34$ sur l'intervalle [0 ; 16] est 15,29.

4) La distance parcourue est de 15,29 m.

Je m'entraîne avec l'exercice **8 p 34**

Je vérifie mes connaissances

QCM

À l'aide du graphique ci-contre, représentant la fonction $f(x) = x^2 - 4x + 3$, **cocher** la (ou les) bonne(s) réponse(s).

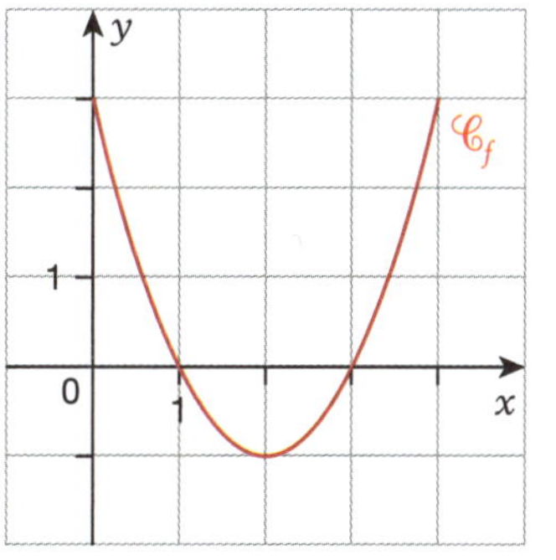

	A	B	C
1. L'équation $x^2 - 4x + 3 = 0$ possède .... solution(s).	☐ 0	☐ 1	☐ 2
2. Ces solutions sont :	☐ 0 et 4	☐ −1 et 3	☐ 1 et 3
3. Les coordonnées du sommet de la fonction f sont :	☐ (1 ; 3)	☐ (2 ; −1)	☐ (−1 ; 2)

Exercice 1

FICHE AUTOMATISME 6

Associer chaque forme développée à sa forme factorisée puis **associer** leurs solutions.

$x^2 + x - 6 = 0$ •	• $-(x+2)(x+5) = 0$ •	• $\{-1 ; -3\}$
$2x^2 + 6x - 8 = 0$ •	• $-2(x+1)(x+3) = 0$ •	• $\{-4 ; 1\}$
$-2x^2 - 8x - 6 = 0$ •	• $(x-2)(x+3) = 0$ •	• $\{-2 ; -5\}$
$-x^2 - 7x - 10 = 0$ •	• $2(x-1)(x+4) = 0$ •	• $\{-3 ; 2\}$

Exercice 2

Soit la fonction $f(x) = x^2 + 2x + 1$ définie sur l'intervalle $[-3 ; 1]$.

1 À l'aide de l'identité remarquable ci-contre, **identifier** a et b. FICHE AUTOMATISME 6

$a = $ .... $b = $ ....

Info $a^2 + 2ab + b^2 = (a+b)^2$

2 **Factoriser** cette expression en utilisant cette identité remarquable :

....

3 À l'aide de cette forme factorisée, **résoudre** l'équation $x^2 + 2x + 1 = 0$.

....

4 **Identifier** la représentation graphique correspondant à la fonction f et la **cocher**. FICHE AUTOMATISME 6

☐ 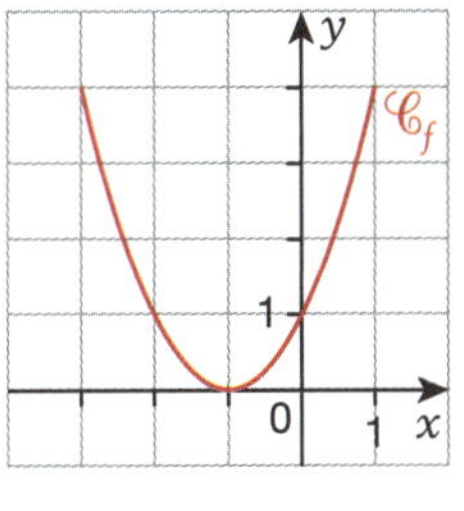

☐ 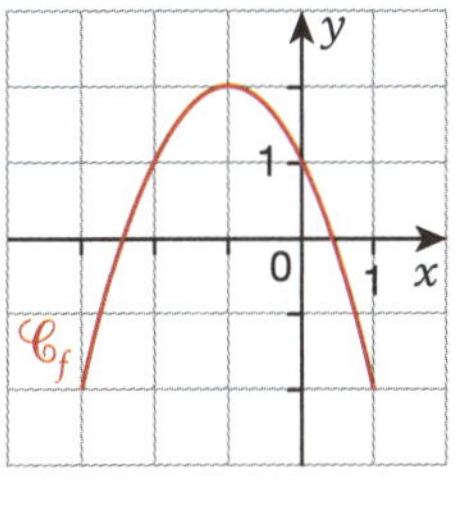

☐ 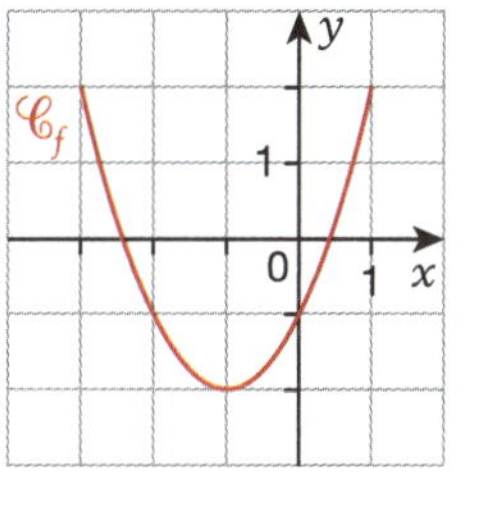

5 **Utiliser** cette représentation graphique afin de valider la solution de l'équation $x^2 + 2x + 1 = 0$.

....

....

Voir corrigés p. 149

Compléter ma fiche « J'apprends de mes erreurs pour progresser » FICHE MÉTHODO 4

J'acquiers des capacités

▸ Factoriser un polynôme de degré 2 donné dont les racines sont connues

Exercice 3 FICHE AUTOMATISME 6

Les fonctions $f(x) = 2x^2 - 8x + 8$ et $g(x) = -x^2 + 4x - 3$ sont représentées ci-dessous.

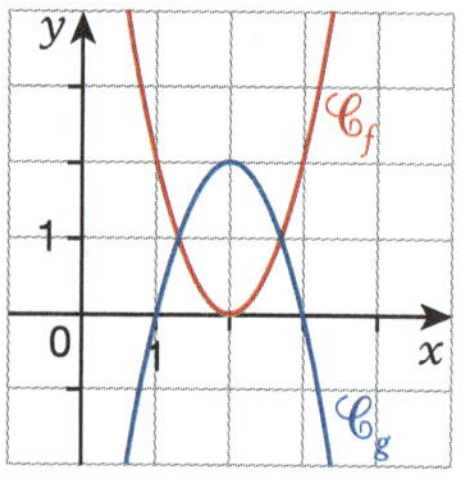

1 **Visualiser** le nombre de solutions de l'équation $2x^2 - 8x + 8 = 0$.

....

2 **Donner** la (ou les) solution(s) de cette équation :

....

3 **Exprimer** f sous forme factorisée : $2(x - a)^2$

....

4 **Visualiser** le nombre de solutions de l'équation $-x^2 + 4x - 3 = 0$.

....

5 **Donner** les solutions de cette équation : ....

6 **Exprimer** g sous forme factorisée : ....

▸ Déterminer la deuxième solution d'une équation du second degré possédant deux solutions, dont une solution est connue

Exercice 4 FICHE AUTOMATISME 9

Les fonctions $f(x) = 3x^2 + 7x + 2$ et $g(x) = -3x^2 + 11x - 6$ sont représentées ci-contre.

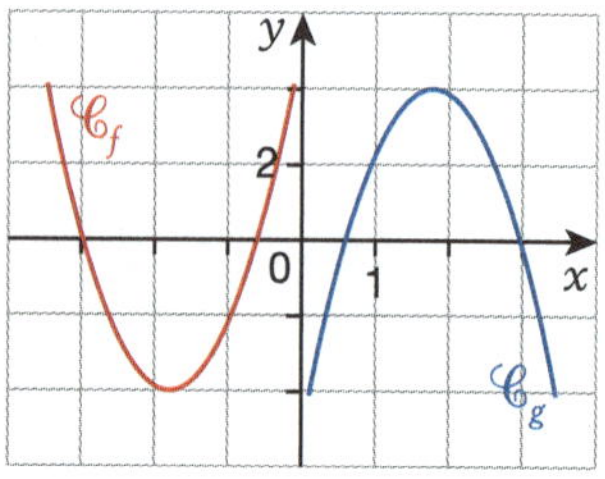

1 À l'aide du graphique, **déterminer** la valeur de la racine entière du polynôme $3x^2 + 7x + 2$.

....

2 **Calculer** la valeur de la seconde racine de ce polynôme.

....

....

3 **Factoriser** f. $f(x) =$ ....

....

4 À l'aide du graphique, **déterminer** la valeur de la racine entière du polynôme $-3x^2 + 11x - 6$.

....

5 **Calculer** la valeur de la seconde racine de ce polynôme : ....

....

6 **Factoriser** g. $g(x) =$ ....

....

Compléter ma fiche « J'apprends de mes erreurs pour progresser » FICHE MÉTHODO 4

Je développe des compétences

Je m'entraîne

ANALYSER RÉALISER

Exercice 5 : Combien une voiture consomme-t-elle ?

La consommation en carburant (en litre pour 100 km) d'une automobile peut être calculée par la relation : $f(x) = 0{,}001x^2 - 0{,}16x + 11{,}7$ $x \in [20 ; 130]$ où x représente la vitesse en km/h.
La fonction f est représentée sur le graphique ci-contre.

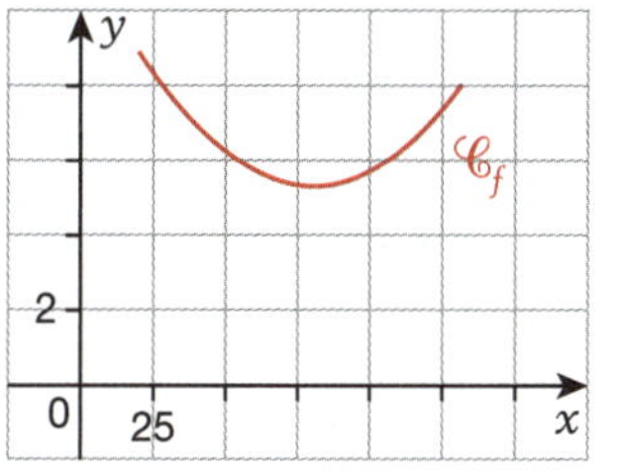

1 **Calculer** la consommation pour une vitesse de 120 km/h.

....

2 **Repérer**, sur le graphique, la vitesse pour laquelle la consommation est minimale.

....

3 **Calculer** alors la consommation minimale.

....

4 **Tracer** une représentation graphique de la fonction f sur l'intervalle [20 ; 130] à l'aide d'un logiciel de géométrie dynamique.

5 **Dresser** le tableau de variations de la fonction f.

x	20	....	130
f			

ANALYSER RÉALISER

Exercice 6 : Terrasse d'une piscine

Damien souhaite construire une terrasse autour de sa piscine.
Le bassin mesure 8 mètres de long et 4 mètres de large.
Le constructeur lui conseille une surface dallée égale à la surface du bassin.
Afin de respecter des proportions harmonieuses, Damien souhaite la même largeur de terrasse sur tout le pourtour de la piscine.

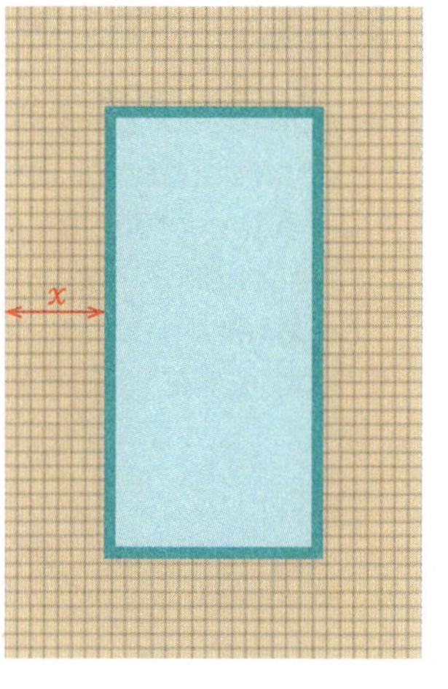

1 **Calculer** la surface du bassin : ....

2 On appellera x, la largeur de la terrasse.
Montrer que la surface de la terrasse peut s'écrire $f(x) = 4x^2 + 24x$.

....

....

3 **Tracer** une représentation graphique de cette fonction à l'aide d'un logiciel de géométrie dynamique.

4 À l'aide de cette représentation, **déterminer** la largeur de la terrasse respectant les conditions de l'énoncé.

....

Voir corrigés p. 149

Compléter ma fiche « J'apprends de mes erreurs pour progresser » FICHE MÉTHODO 4

Je développe des compétences

Je consolide

ANALYSER RÉALISER Exercice 7 FICHE MÉTHODO 2

Les fonctions f et g sont définies par :

$$f(x) = -x^2 + 2x \text{ et } g(x) = x^2 - 2x$$

sur l'intervalle [–1 ; 3].

1 Identifier les courbes représentant les fonctions f et g sur le graphique ci-dessous.

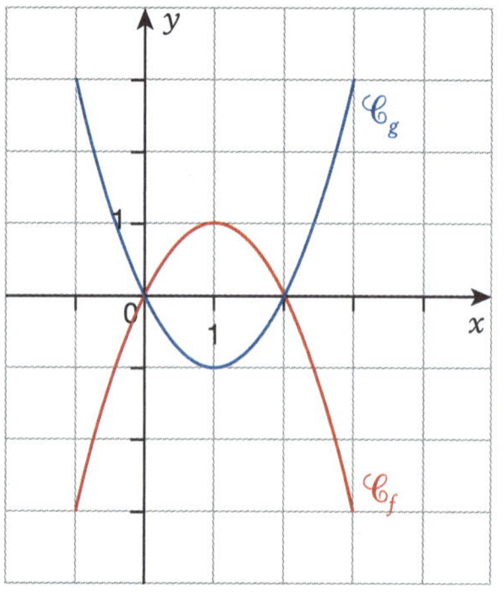

2 Résoudre graphiquement $g(x) \geqslant f(x)$.

3 Factoriser la fonction g.

4 Dresser le tableau de signes de la fonction g.

5 Résoudre l'inéquation $g(x) < 0$ en utilisant le tableau de signes précédent.

ANALYSER RÉALISER Exercice 8

Un joueur de golf tente d'atteindre le trou positionné sur une colline.
La trajectoire de la balle de golf est modélisée par la fonction $f(x) = -0{,}07x + 0{,}9x$ pour $x \in [0 ; 130]$.
Le terrain est modélisé par la fonction $g(x) = x - 100$ pour $x \in [100 ; 130]$.

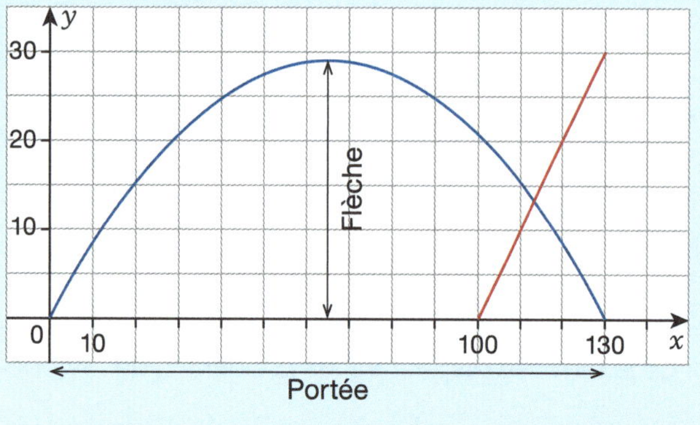

1 Tracer les représentations graphiques des fonctions f et g à l'aide d'un outil numérique.

2 Déterminer la portée du tir.

3 Déterminer la flèche de la trajectoire.

4 Déterminer les coordonnées du point d'impact de la balle de golf.

5 Retrouver ces coordonnées par le calcul.

RÉALISER COMMUNIQUER Exercice 9

« Bio World » est une association écologique de sensibilisation sur les dangers du plastique.
Afin de ramener des fonds, une action de vente de tee-shirts en matière éco-responsable au logo de l'association est mise en place.
Son directeur souhaite connaître le seuil de rentabilité de ce produit, ainsi que le nombre d'unités à vendre afin de réaliser le bénéfice maximum pour l'association Les tee-shirts sont proposés à un prix unique de 18 €. On note x, le nombre de tee-shirts vendus.

1 Écrire la relation permettant de calculer la recette $R(x)$ en fonction du nombre de tee-shirts vendus. Le coût de fabrication, en fonction du nombre d'unités vendus est donné par la relation :

$$C(x) = -0{,}002x^2 + 15x + 860.$$

2 Exprimer le bénéfice $B(x) = R(x) - C(x)$.

3 Tracer la courbe représentative de la fonction B à l'aide d'un logiciel de géométrie dynamique.

4 En déduire le nombre de tee-shirt vendus à partir duquel le bénéfice est positif.

4 Déterminer le bénéfice maximum que peut réaliser l'association par la vente de ces tee-shirts.

Compléter ma fiche « J'apprends de mes erreurs pour progresser » FICHE MÉTHODO 4

Nombre et fonction dérivée

2

Objectifs

- Construire en un point la tangente à la courbe représentative d'une fonction f et exprimer le nombre dérivé. Situation problème p. 36
- Déterminer la dérivée d'une fonction polynôme. Activité 1 p. 38
- Écrire l'équation de la tangente à une courbe en un point. Activité 2 p. 38
- Construire en un point la tangente à la courbe représentative d'une fonction. Activité 2 p. 38
- Étudier les variations d'une fonction à l'aide de sa fonction dérivée. Activité 3 p. 39
- Étudier la fonction inverse. Activité 4 p. 40

Je mets en place des automatismes

RITUEL 1 **Observer** le graphisme ci-contre. **Cocher** la bonne réponse.

a. L'ordonnée à l'origine de la droite $\mathscr{D}_1$ est : ☐ –2 ☐ 1 ☐ 3

b. Le coefficient directeur de la droite $\mathscr{D}_2$ est : ☐ –2 ☐ 1 ☐ 2

c. La droite $\mathscr{D}_3$ a pour équation :
☐ $y = 2x + 1$ ☐ $y = 0{,}5x + 1$ ☐ $y = -0{,}5x + 1$

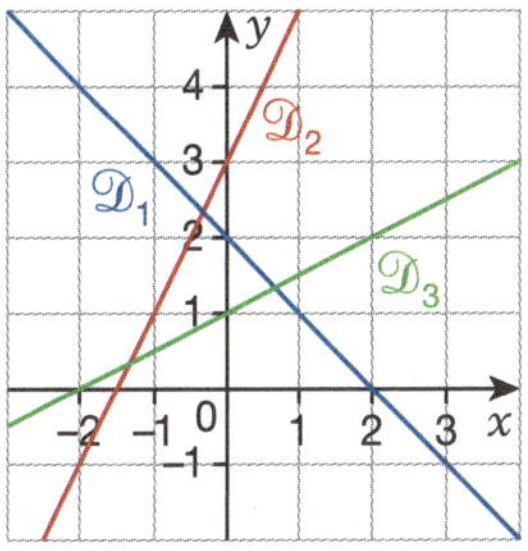

Voir corrigés p. 149

RITUEL 2 ....

RITUEL 3 ....

Je planifie mon travail en choisissant le parcours qui me correspond

FICHE MÉTHODO 3

Parcours 1 - Je gagne en confiance sur le thème

	J'acquiers des capacités					Je développe des compétences	
Exercice n°	4	5	7	8	9	10	11
Fait le	...	...	...	...	...	...	...

Parcours 2 - Je suis à l'aise sur le thème

	J'acquiers des capacités			Je développe des compétences			
Exercice n°	5	7	9	10	11	12	13
Fait le	...	...	...	...	...	...	...

Parcours 3 - Je maîtrise le thème

	J'acquiers des capacités		Je développe des compétences				
Exercice n°	5	9	10	11	12	13	14
Fait le	...	...	...	...	...	...	...

Je découvre des notions et des méthodes

Situation problème | Approcher une courbe à l'aide d'une droite — DIFFÉRENCIATION

Saut à ski

Lors d'un saut à ski, la trajectoire du skieur peut être représentée comme dans l'image ci-contre :

Problématique : Quelle est la position des skis par rapport à la trajectoire du skieur ?

Je note mes travaux de recherche

FICHE MÉTHODO 3

....

....

....

....

....

....

....

Je complète à l'aide des échanges avec mes camarades

FICHE MÉTHODO 3

....

....

....

....

....

....

....

Coup de pouce
liennathan.fr/r4e57r

J'utilise l'outil numérique

Skieur 1
liennathan.fr/43g3ax

Skieur 2
liennathan.fr/74q6wq

1) Ouvrir le fichier « *skieur1.ggb* » à l'aide du logiciel GeoGebra.
La trajectoire du skieur est représentée par la parabole d'équation : $y = -0{,}1x^2 + 2$.

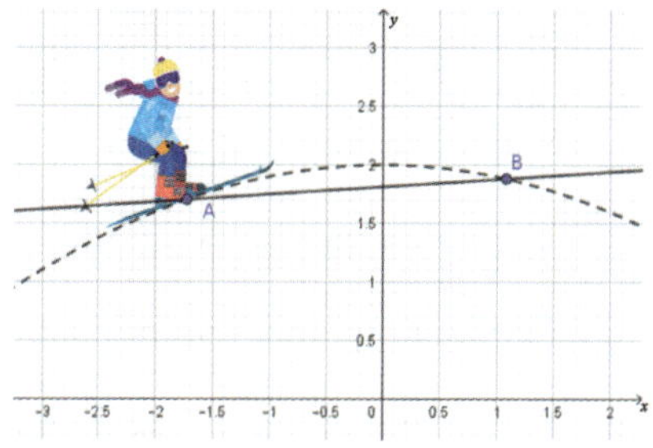

2) Cocher la bonne réponse :

- ☐ La droite (AB) et la parabole sont sécantes.
- ☐ La droite (AB) ne croise pas la parabole.
- ☐ La droite (AB) est tangente à la parabole.

3) Déplacer le point B au plus près du point A.
Conclure sur la position de la droite (AB) par rapport à la parabole. ....

4) Ouvrir maintenant le fichier « *skieur2.ggb* » à l'aide du logiciel GeoGebra .
La représentation graphique de la fonction $f(x) = -0{,}1x^2 + 2$ représente la trajectoire du skieur.

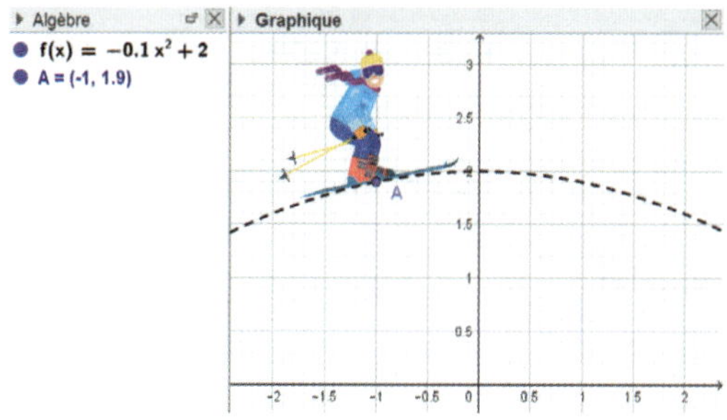

5) Tracer la droite tangente à la trajectoire du skieur passant par le point A à l'aide de l'outil. Tangentes
(Une fois l'outil sélectionné, on cliquera successivement sur le point A, puis sur la parabole.)

6) Déplacer le point A et **compléter** la 1re ligne du tableau suivant :

x	−2	−1	0	1	2
Coefficient directeur de la tangente	....	....	....	....	....
$\dfrac{\text{Coefficient directeur de la tangente}}{x}$	....	....	X	....	....

× ....

7) Pour chaque position du skieur, **calculer** le rapport $\dfrac{\text{Coefficient directeur de la tangente}}{x}$
et **compléter** la 2e ligne du tableau précédent. **Conclure** sur ce rapport : ....

8) Le coefficient directeur de la tangente à la courbe en un point est appelé nombre dérivé.
En déduire l'expression du nombre dérivé, noté $f'(x)$, en fonction de x.

....

Je conclus

Répondre à la problématique : Quelle est la position des skis par rapport à la trajectoire du skieur ?

....

Je fais le bilan de la situation problème

La tangente en un point de la courbe est la position « limite des .... » passant par ce point.

Le coefficient directeur de la tangente à une courbe au point $M(x_M\,;y_M)$ est appelé ....

Dans le cas de la situation de cet exercice : ce nombre dérivé au point M est égal à .... $\times x_M$.

Activité 1 Fonction dérivée de la fonction carrée

• Analyser • Réaliser

1 À l'aide du logiciel GeoGebra, **tracer** la courbe représentative de la fonction $f(x) = x^2$ sur l'intervalle $[-3 ; 3]$.

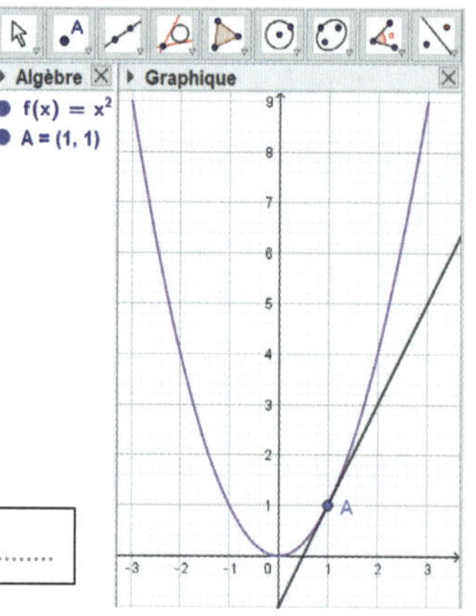

2 **Placer** le point A(1 ; 1).

3 **Tracer** la tangente à cette courbe passant par le point A.

4 **Écrire** l'équation de cette tangente : ....

5 **Déplacer** le point A et **compléter** le tableau suivant :

Abscisse du point A	x	–3	–2	–1	0	1	2	3
Coefficient directeur de la tangente	$f'(x)$	....	....	....	....	....	....	....

×...............

6 **Conclure** sur la valeur du coefficient directeur de la tangente par rapport à l'abscisse x du point A. ....

7 f' est la fonction définie à partir des valeurs prises par le coefficient directeur de la tangente en un point A et l'abscisse x de ce point. La fonction f' est appelée **fonction dérivée** de la fonction f.
Écrire, dans le cas de la fonction carrée, la relation entre $f'(x)$ et x :

$f'(x)$ = ...

Activité 2 Équation réduite de la tangente à une courbe en un point

• Analyser • Réaliser

Soit la fonction $f(x) = -x^2 + 2x - 1$ définie sur l'intervalle $[-1 ; 3]$.
Nous souhaitons déterminer une équation de la tangente à la courbe représentative de la fonction f au point A(2 ; –1).

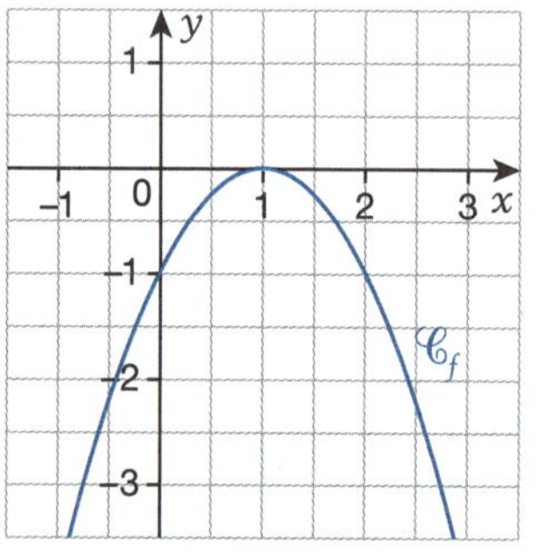

1 À l'aide des activités précédentes et du tableau de la couverture, **déterminer** l'expression f' de la fonction dérivée de f.

....

2 **Calculer** le nombre dérivé de f en $x = 2$:

$f'(2)$ = ...

$f(x)$	$f'(x)$
k réel	0
x	1
x^2	$2x$

3 **Écrire** l'équation réduite de la tangente à la courbe représentative de la fonction f au point A : y = ... $x + b$.

4 La tangente passe par le point A(2 ; –1).
Remplacer x et y par leur valeur dans l'équation réduite et **en déduire** la valeur du coefficient b :

....

....

4 **Écrire** alors l'équation de cette tangente : ....

5 **Vérifier** ce résultat à l'aide d'un outil numérique.

Activité 3 — Lien entre la signe de la dérivée d'une fonction et son sens de variation

• Réaliser • Valider

Soient les fonctions f, g et h définies sur l'intervalle [–1 ; 3] par les représentations suivantes :

$f(x) = x^2 - 2$ $\quad g(x) = -x^2 + 5$ $\quad h(x) = x^2 - 2x$

1 **Déterminer** les fonctions dérivées f', g' et h' à partir du tableau de la couverture :

$f'(x) =$ ....

$g'(x) =$ ....

$h'(x) =$ ....

2 Les courbes $\mathscr{C}_1$, $\mathscr{C}_2$, $\mathscr{C}_3$ représentent les fonctions f, g et h.

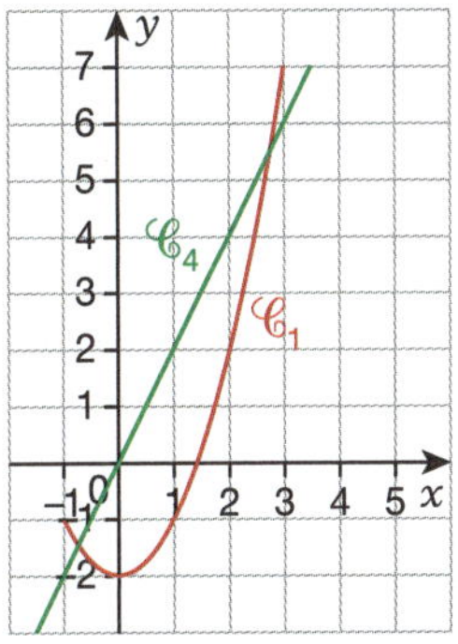

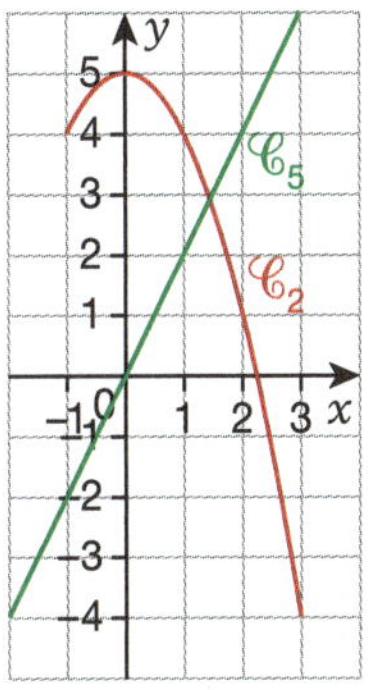

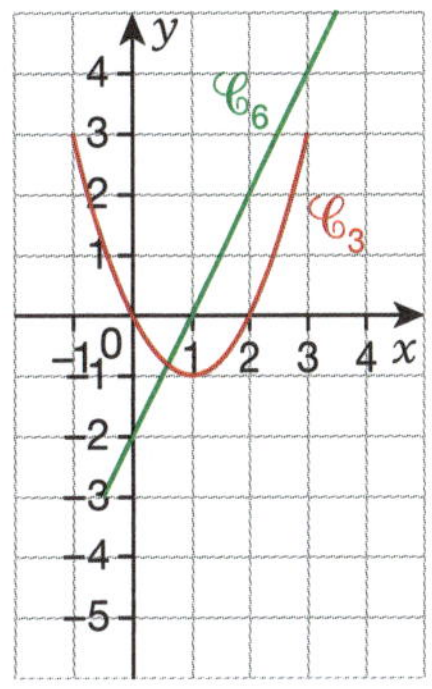

Compléter les tableaux de variations suivants :

x	–1	0	3
f			

x	–1	0	3
g			

x	–1	1	3
h			

3 **Reporter** dans les tableaux de variation la valeur de *l'extremum* pour chaque fonction f, g, et hf.

4 **Compléter** les tableaux de signes suivants :

x	–1	0	3
$f'(x)$		|	

x	–1	0	3
$g'(x)$		|	

x	–1	1	3
$h'(x)$		|	

5 **Conjecturer** le lien qui existe entre les tableaux de variations des fonctions f, g et h et les tableaux de signes des fonctions f', g' et h'.

....

....

....

6 En synthèse, **compléter** les tableaux de variations suivants :

x	–1	0	3
$f'(x)$		|	
f			

x	–1	0	3
$g'(x)$		|	
g			

x	–1	1	3
$h'(x)$		|	
h			

Activité 4 La fonction inverse Physique-Chimie

• Réaliser • Valider

Sur un chantier, on utilise une grue pour déplacer des charges lourdes.
La charge maximale C, en tonnes, que l'on peut soulever dépend de la longueur de la portée x en mètre, selon la relation : $C(x) = \frac{320}{x} - 1{,}5$, $x \in [10 ; 50]$.

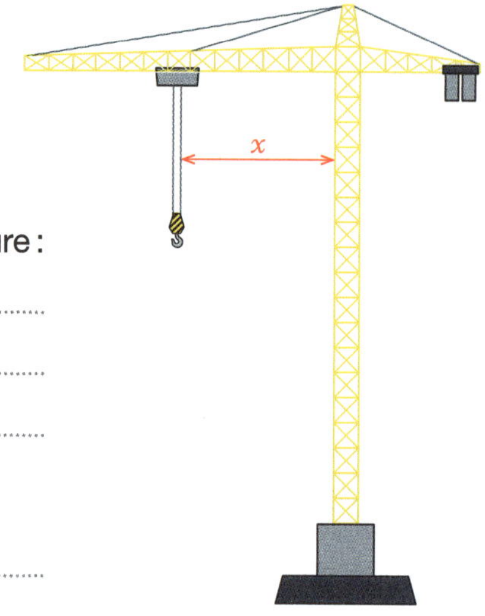

1 Calculer la fonction dérivée C' de la fonction C à l'aide du tableau en couverture :

....

....

....

2 Déterminer le signe de la dérivée sur l'intervalle [10 ; 50] :

....

....

....

3 Compléter le tableau de variations de C :

x	10	50
Signe de $C'(x)$		
C		

4 À l'aide d'un logiciel de géométrie dynamique, **tracer** la courbe représentative de la fonction C sur l'intervalle [10 ; 50].

5 Expliquer comment la masse de la charge C varie en fonction de la longueur de la portée x.

....

....

....

6 Déterminer, graphiquement ou algébriquement, la portée maximale pour une charge de 8,5 tonnes.

....

....

7 Si, à une portée de 32 m, la charge est de 10 tonnes, **expliquer** pourquoi la grue va basculer.

....

....

....

....

....

Je retiens l'essentiel

Nombre et fonction dérivée

Différenciation

Différencitation
liennathan.fr/bn9l43

1 Tangente et sécante à une courbe passant par un point

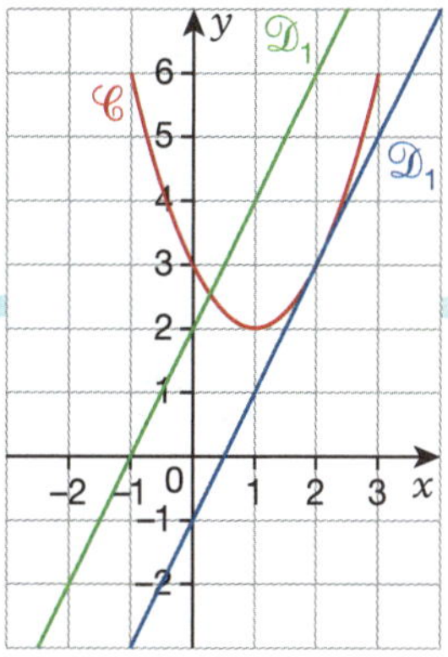

....

Remarque : ....

2 Nombre dérivé en un point

....

....

3 Équation réduite d'une tangente à une courbe en un point

....

....

4 Fonction dérivée d'une fonction f

....

....

....

5 Fonctions dérivées usuelles

Fonctions dérivées associées aux fonctions de référence :

$f(x)$	$f'(x)$
k (nombre réel)	
x	
x^2	
$\frac{1}{x}$ $(x \neq 0)$	

$f(x)$	$f'(x)$
$u(x) + v(x)$	
$ku(x)$ k (nombre réel)	

6 Étude des variations d'une fonction sur un intervalle donné

Soit f une fonction définie et dérivable sur un intervalle I.
Déterminer le signe de $f'(x)$ permet d'étudier les variations de la fonction f.

- Si pour tout $x \in$ I, $f'(x) < 0$, alors la fonction f est .... sur l'intervalle I.
- Si pour tout $x \in$ I, $f'(x) = 0$, alors la fonction f est .... sur l'intervalle I.
- Si pour tout $x \in$ I, $f'(x) > 0$, alors la fonction f est .... sur l'intervalle I.

7 Extremum local et global d'une fonction sur un intervalle donné

....

....

8 La fonction inverse : $f(x) = \frac{1}{x}$, $x \neq 0$

La fonction inverse n'est pas définie pour $x = 0$.

La dérivée de la fonction inverse est ....

Tableau de variations :

x		0	
Signe de $f'(x)$		‖	
f		‖	

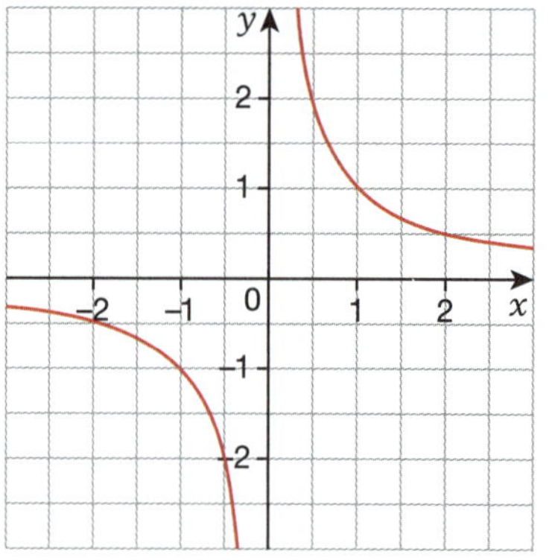

9 J'étudie ma leçon

FICHE MÉTHODO 5

Compléter le tableau suivant.

Questions	Indices	Mots à retenir
....	....	Tangente
....	....	Dérivée

Exercice résolu

10 Je comprends une méthode – Déterminer l'extremum d'une fonction

Un fabricant d'article de téléphonie étudie la rentabilité d'un nouveau modèle de verre trempé.
Le résultat en euros de la vente de cet article varie en fonction du nombre d'objets vendus :

$R(x) = -0{,}0004x^2 + 10\,x - 8\,000$, $x \in [0\,;\,20\,000]$.

Déterminer le résultat maximum.

Méthode :

1. On **calcule** la fonction dérivée de la fonction étudiée.
2. On **cherche** les valeurs qui annulent cette fonction dérivée.
3. On **dresse** le tableau de variations de la fonction f en étudiant le signe de la fonction dérivée.
4. On **déduit** ensuite l'extremum de la fonction f.
5. **Conclure.**

1) La fonction dérivée de la fonction R s'écrit :
$R'(x) = -0{,}0004 \times 2x + 10 = -0{,}0008x + 10$.

2) On résoud $R'(x) = 0$.
$-0{,}0008x + 10 = 0 \Rightarrow -0{,}0008 \times x = -10 \Rightarrow x = \dfrac{-10}{-0{,}0008}$
donc $x = 12\,500$.

3) Nous pouvons compléter le tableau de variations de la fonction R ci-contre.

x	0		12 500		20 000
$R'(x)$		+	0	–	
R		↗		↘	

4) Le résultat maximum est atteint pour $x = 12\,500$.
$R(\mathbf{12\,500}) = -0{,}0004 \times \mathbf{12\,500^2} + 10 \times \mathbf{12\,500} - 8\,000 = 54\,500$.

5) Le résultat maximum est de 54 500 €.

Je m'entraîne avec l'exercice 9 p 45

Je vérifie mes connaissances

QCM

À l'aide du graphique ci-contre, **cocher** la (ou les) bonne(s) réponse(s).

	A	B	C
1. Parmi les trois droites tracées ci-contre, la tangente à la courbe $\mathscr{C}$ est :	☐ $\mathscr{D}_1$	☐ $\mathscr{D}_1$	☐ $\mathscr{D}_1$
2. Cette droite correspond à la tangente au point d'abscisse :	☐ –1	☐ –1,5	☐ 1
3. Tracer la tangente au point A. Son équation réduite est :	☐ $y = x + 1$	☐ $y = x + 1,5$	☐ $y = x - 1,5$

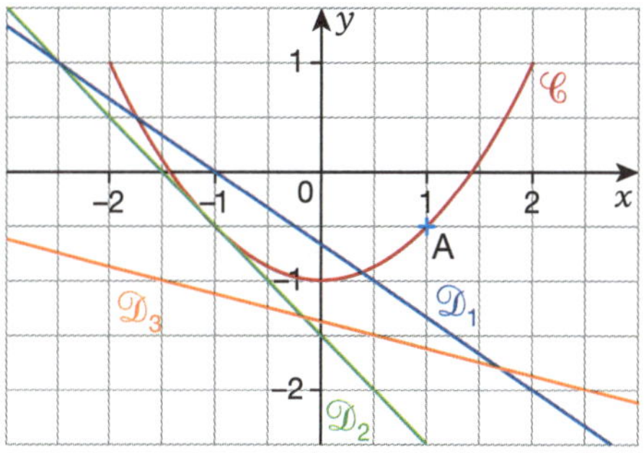

Exercice 1 FICHE AUTOMATISME 11

Cocher la fonction dérivée de la fonction proposée pour chaque ligne :

$f(x) = 2x^2 + 2$	☐ $f'(x) = 4x^2 + 2x$	☐ $f'(x) = 4x + 2$	☐ $f'(x) = 4x$
$g(x) = 3x + 6$	☐ $g'(x) = 6x$	☐ $g'(x) = 3$	☐ $g'(x) = 3x$
$h(x) = -5x^2 + 7x - 8$	☐ $h'(x) = -10x + 7$	☐ $h'(x) = -7x - 1$	☐ $h'(x) = h'(x) = -3x - 8$
$k(x) = x^2 + \frac{2}{x}$	☐ $k'(x) = 2x - \frac{2}{x}$	☐ $k'(x) = x - \frac{1}{x^2}$	☐ $k'(x) = 2x - \frac{2}{x^2}$

Exercice 2

Associer chaque fonction dérivée à son tableau de signes :

$f'(x) = 2x + 4$ • $f'(x) = -2x - 4$ • $f'(x) = 2x - 2$ •

•

x		1	
$f'(x)$	–	0	+

•

x		–2	
$f'(x)$	–	0	+

•

x		–2	
$f'(x)$	+	0	–

Exercice 3

La fonction f est en représentée sur le graphique ci-contre.

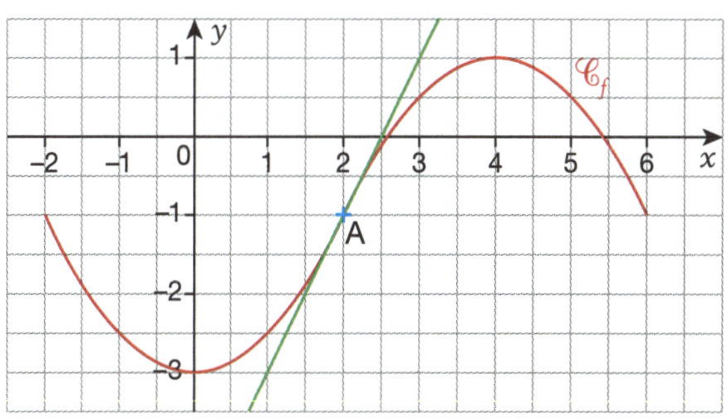

1 En observant le graphique, **donner** $f'(2)$ = ...

2 **Donner** les valeurs de x telles que $f'(x) = 0$.

....

3 **Compléter** le tableau de variations suivant :

x	....	....	....	....
$f'(x)$	–	....	....	
f	–1 ↘ –3			

Voir corrigés p. 149

Compléter ma fiche « J'apprends de mes erreurs pour progresser » FICHE MÉTHODO 4

J'acquiers des capacités

▸ Déterminer la dérivée d'une fonction polynôme

Exercice 4 FICHE AUTOMATISME 11

Associer chaque fonction à sa fonction dérivée.

$f(x) =$
$-3x^2 - 2x - 1$
$2x^2 + 6x - 8$
$x + \frac{1}{x}$
$x^2 + 1 - \frac{1}{x}$
$-x^2 - 6x - 12$

$f'(x) =$
$-2x - 6$
$-6x - 2$
$2x + \frac{1}{x^2}$
$4x + 6$
$1 - \frac{1}{x^2}$

Exercice 5 FICHE AUTOMATISME 11

Déterminer les fonctions dérivées des fonctions suivantes.

$f_1(x) = x^2 + 1$ $f_1'(x) =$ ....

$f_2(x) = 2x^2 + 3$ $f_2'(x) =$ ....

$f_3(x) = -3x^2 + 2x$ $f_3'(x) =$ ....

$f_4(x) = \frac{5}{x} + 4$ $f_5'(x) =$ ....

$f_5(x) = -\frac{7}{x} + 2x^2 + 9$ $f_5'(x) =$ ....

$f_6(x) = -\frac{1}{2}x^2 + x + 3$ $f_6'(x) =$ ....

Exercice 6

Cocher les graphiques sur lesquels sont représentés une fonction et sa fonction dérivée.

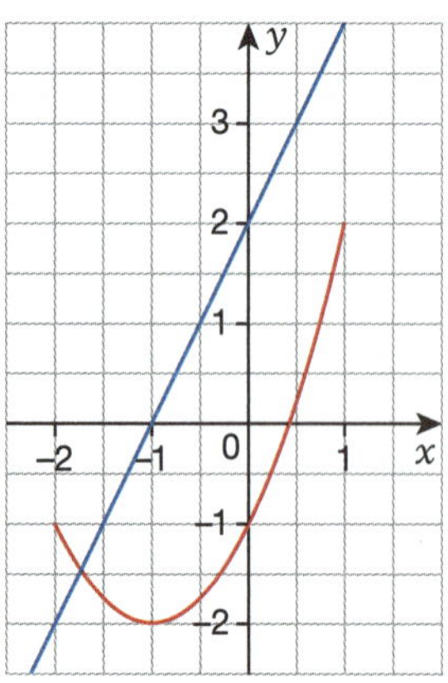

☐

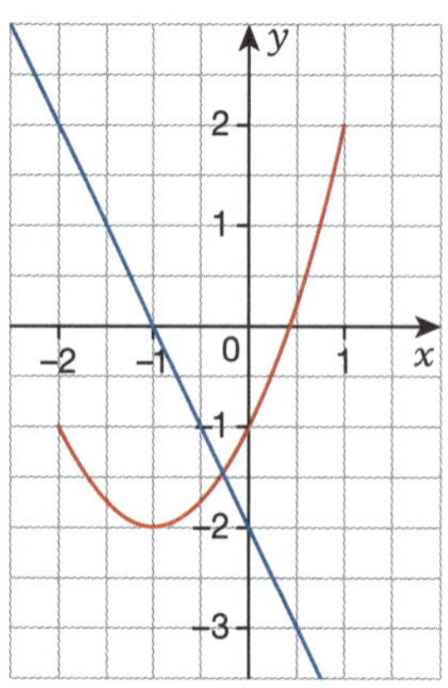

☐

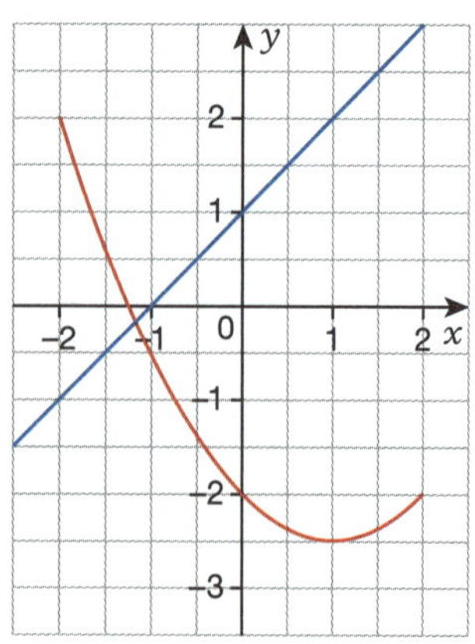

☐

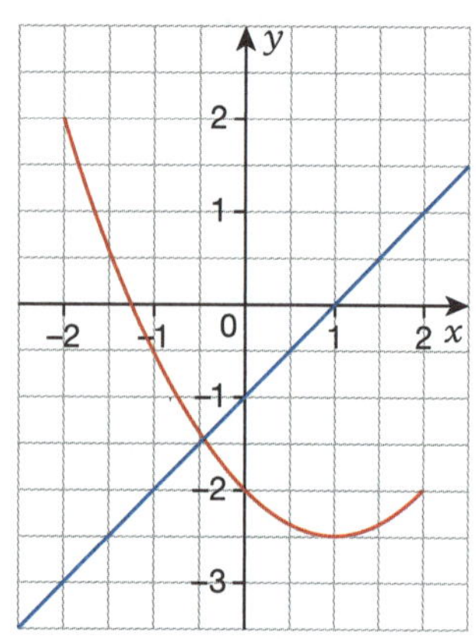

☐

Compléter ma fiche « J'apprends de mes erreurs pour progresser » FICHE MÉTHODO 4

J'acquiers des capacités

▸ Écrire l'équation réduite de la tangente à une courbe en un point

Exercice 7

À l'aide du graphique ci-contre, où l'on a tracé la représentation graphique de la fonction f sur l'intervalle [−1 ; 2] **cocher** la bonne réponse.

1. $f'(1)$ **est égal à :**	☐ 0	☐ 1	☐ 2
2. $f'(0{,}5)$ **est égal à :**	☐ 0	☐ 1	☐ 2
3. Une équation réduite de la tangente au point d'abscisse 1 est :	☐ $y = x + 1$	☐ $y = x + 2$	☐ $y = 2x + 1$

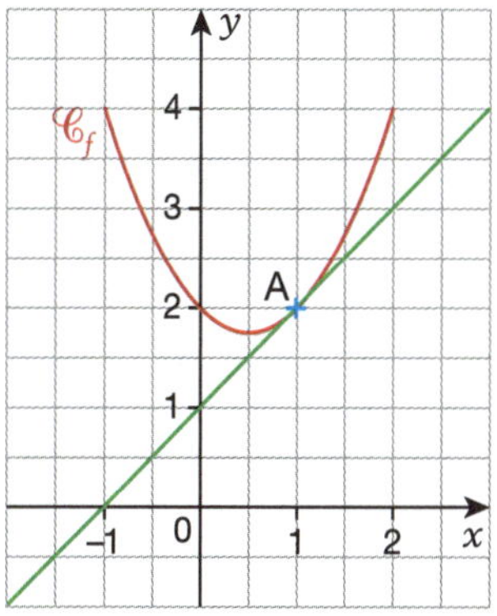

▸ Construire en un point la tangente à la courbe représentative d'une fonction

Exercice 8

On a représenté ci-contre la courbe représentative de la fonction f définie par $f(x) = x^2 - 2x$ sur l'intervalle [−1 ; 3].

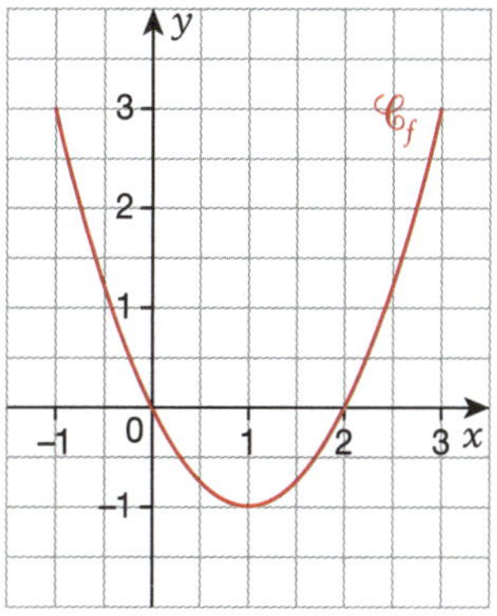

1 **Déterminer** sa fonction dérivée : ....

2 **Calculer** $f'(2)$: ....

3 **Construire** la tangente à la courbe représentative de la fonction f au point d'abscisse 2.

4 **Déterminer** graphiquement la valeur de l'ordonnée à l'origine b. ....

5 **Écrire** son équation réduite : ....

6 **Calculer** $f'(0)$: ....

7 **Construire** la tangente à la courbe représentative de la fonction f en $x = 0$.

8 **Écrire** son équation réduite : ....

9 **Cocher** la bonne réponse.

En $x = -1$, la fonction f admet : ☐ un minimum ☐ un maximum

Cet *extremum* est : ☐ local ☐ global

Exercice 9

Une fonction f définie par $f(x) = \frac{1}{x} + x$ est en partie représentée ci-contre sur l'intervalle [−2 ; 0[U]0 ; 2].

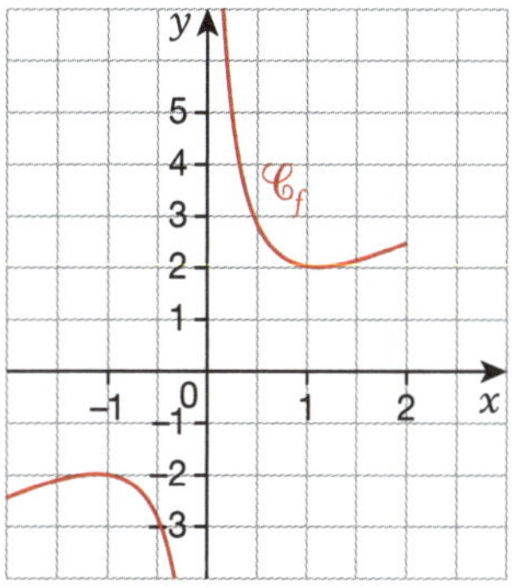

Cocher la bonne réponse.

- En $x = -1$, la fonction f admet : ☐ un minimum ☐ un maximum

Cet extremum est : ☐ local ☐ global

- En $x = 1$, la fonction f admet : ☐ un minimum ☐ un maximum

Cet extremum est : ☐ local ☐ global

Compléter ma fiche « J'apprends de mes erreurs pour progresser » FICHE MÉTHODO 4

Je développe des compétences

Je m'entraîne

ANALYSER
RAISONNER

Exercice 10 : Le tremplin

Afin de préparer la piste pour une compétition de ski, les organisateurs souhaitent modéliser la forme parabolique la plus pertinente pour réaliser le tremplin ci-contre. La courbe doit passer par les points A(−2 ; 9,18) et B(0 ; 10). De plus, afin d'accompagner le skieur dans son saut, la tangente à la courbe au point B doit être également tangente à la trajectoire du skieur.
La trajectoire du skieur est modélisée par la fonction :

$$f(x) = -0{,}1x^2 + x + 10, \quad x \in [0\,;6].$$

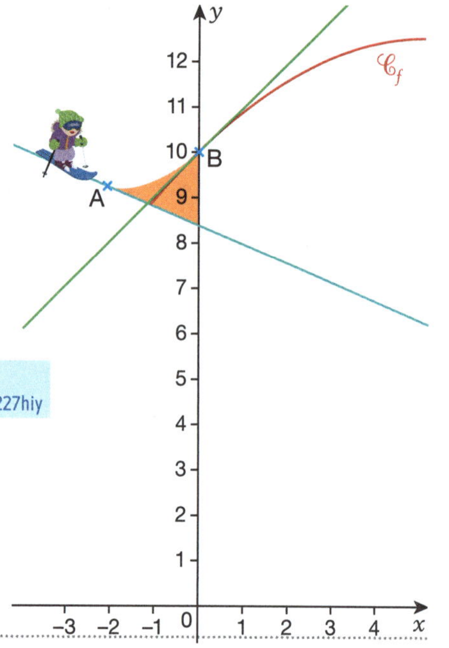

Saut à ski 2
liennathan.fr/227hiy

1 Déterminer la fonction dérivée de la fonction f :

$f'(x) =$ ……………………………………………

2 Calculer : $f'(0) =$ ……………………………………………

3 Écrire l'équation de la tangente à la trajectoire au point B :

……………………………………………

4 Ouvrir le fichier « *saut_a_ski_2.ggb* ».

5 Tracer la tangente à la trajectoire du skieur au point B, à l'aide des fonctionnalités du logiciel puis **vérifier** l'équation calculée précédemment.

6 La forme du tremplin peut être modélisée par la fonction $g(x) = ax^2 + bx + c$.

a) Déterminer la fonction dérivée de la fonction g : $g'(x) =$ ……………………………………………

b) À l'aide de la question **2**, **calculer** la valeur du coefficient b : ……………………………………………

c) Sachant que la courbe modélisant la forme du tremplin passe par les points A et B, **en déduire** la valeur des coefficients a et c.

……………………………………………

……………………………………………

……………………………………………

……………………………………………

……………………………………………

……………………………………………

……………………………………………

d) Donner l'expression de la fonction g : ……………………………………………

e) Tracer la courbe modélisant la forme du tremplin sur l'intervalle [−2 ; 0] sur le fichier puis **vérifier** l'expression trouvée précédemment.

Compléter ma fiche « J'apprends de mes erreurs pour progresser » FICHE MÉTHODO 4

Je développe des compétences

Je m'entraîne

ANALYSER RAISONNER **Exercice 11 : Coût unitaire**

Le responsable d'un magasin analyse le coût unitaire de gestion de son stock d'imprimantes afin de réduire son empreinte carbone et d'être plus respectueux de l'environnement.
Il estime que ce coût $C(x)$, en euros, est lié au nombre x de commandes :

$$C(x) = 2x + 40 + \frac{450}{x}, \quad x \in [5\ ;\ 30].$$

1 Calculer le prix unitaire lorsque $x = 10$. ....

2 Montrer que C', la fonction dérivée de la fonction C, peut s'écrire : $C'(x) = \dfrac{2x^2 - 450}{x^2}$.

....

....

3 Vérifier que $x = 15$ est solution de l'équation $2x^2 - 450 = 0$.

....

....

4 Dresser le tableau de variations de la fonction C sur l'intervalle [5 ; 30].

x	
Signe de $C'(x)$	
C	

5 Déterminer le nombre de commandes à passer afin d'obtenir un coût unitaire de gestion du stock minimum.

....

....

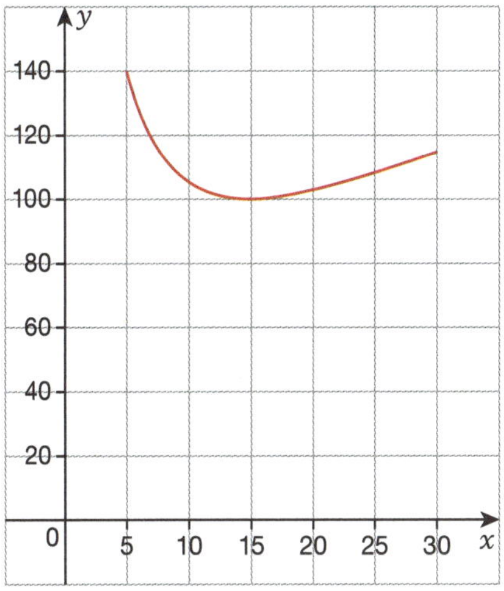

6 Calculer le montant de ce coût.

....

....

7 Tracer la courbe représentative de la fonction C sur l'intervalle [5 ; 30] à l'aide d'un logiciel de géométrie dynamique.

8 Retrouver graphiquement les résultats des questions 5 et 6.

....

....

Voir corrigés p. 149

Compléter ma fiche « J'apprends de mes erreurs pour progresser » FICHE MÉTHODO 4

Je développe des compétences

Je consolide

RAISONNER COMMUNIQUER **Exercice 12**

Paul travaille dans une usine de sous-traitance d'un grand groupe d'aéronautique. Cette usine fabrique un moteur d'avion permettant de réduire la consommation en kérosène.

La vente des pièces fabriquées pour ce groupe permet de dégager un résultat annuel (en milliers d'euros) défini par l'expression suivante :

$$R(x) = -5x^2 + 250x - 1\,320$$

où x est le nombre de pièces fabriquées et vendues. $x \in [0\,;\,50]$.

1 **Déterminer** le nombre de pièces fabriquées et vendues pour lequel le résultat net annuel est maximal et **donner** la valeur de ce maximal.

2 **Déterminer** le nombre de pièces fabriquées et vendues pour lequel l'usine réalisera un bénéfice. **Exprimer** votre résultat sous forme d'un intervalle.

ANALYSER RAISONNER **Exercice 13** FICHE MÉTHODO 2

Un lycée professionnel s'est lancé dans la fabrication de puzzles représentant des animaux. Ces puzzles éducatifs ont pour but d'être vendus en crèches ou écoles maternelles.

Ils sont en bois d'hévéa recyclé et recouverts d'une peinture écologique respectant l'enfant et son environnement.

La production quotidienne varie entre 5 et 90 pièces.

Le montant journalier des charges, en euros, occasionnées par cette activité est donné par la relation :

$$C(n) = n + \frac{400}{n}.$$

Avec, n le nombre de puzzles appartenant à l'intervalle $[5\,;\,90]$.

La recette, en €, est donnée par la relation :

$$V(n) = 0{,}45n + 50.$$

Le résultat $R(n)$ est la différence entre la recette et le montant des charges :

$$R(n) = V(n) - C(n).$$

Déterminer le nombre de puzzles que le lycée devra produire afin de payer un minimum de charges et le nombre de puzzles à vendre pour dégager un bénéfice.

RAISONNER COMMUNIQUER **Exercice 14** Physique-Chimie

Une voiture roule à 130 km/h sur une autoroute sèche. Soudain, un chevreuil traverse la chaussée. L'animal se trouve à 60 m de l'automobile lorsque le conducteur commence à freiner. Le conducteur va-t-il pouvoir éviter l'impact ?

La distance, en mètres, parcourue par cette voiture durant le freinage, est modélisée par la fonction d définie par : $d(t) = 36t - 5t^2$ pour $t \in [0\,;\,7{,}2]$, avec t la durée de freinage en seconde.

1 **Déterminer** la vitesse de l'automobile pendant le freinage, sachant que celle-ci est la dérivée de d par rapport au temps : $v(t) = d'(t)$.

2 À l'aide de l'expression précédente, **calculer** le temps de freinage.

3 **En déduire** la distance de freinage.

4 **Conclure.**

Compléter ma fiche « J'apprends de mes erreurs pour progresser » FICHE MÉTHODO 4

Suites numériques – Suites arithmétiques

3

Objectifs

- Générer les termes de différentes suites. Activité 1 p. 53
- Étudier le sens de variation d'une suite donnée par $u_n = f(n)$. Activité 1 p. 53
- Calculer un terme de rang n donné d'une suite arithmétique. Situation problème p. 50 Activité 2 p. 54
- Réaliser et exploiter une représentation graphique du nuage de points $(n\ ;\ u_n)$. Situation problème p. 50
- Déterminer le sens de variation d'une suite arithmétique à l'aide de sa raison. Situation problème p. 50
- Calculer la somme des n premiers termes d'une suite arithmétique. Situation problème p. 50 Activité 2 p. 54

Je mets en place des automatismes

RITUEL 1 Soit la fonction affine $f(x) = 4x - 8$.
Choisir la (ou les) bonne(s) réponse(s).

	A	B	C
1.	☐ Le coefficient directeur est égal à x	☐ Le coefficient directeur est égal à 4	☐ Le coefficient directeur est égal à −8
2.	☐ $f(2) = 0$	☐ $f(0) = -4$	☐ $f(5) = 12$
3.	☐ La fonction est décroissante	☐ La fonction est constante	☐ La fonction est croissante

Voir corrigés p. 149

RITUEL 2 ....

RITUEL 3 ....

Je planifie mon travail en choisissant le parcours qui me correspond

FICHE MÉTHODO 3

Parcours 1 - Je gagne en confiance sur le thème

	J'acquiers des capacités			Je développe des compétences				
Exercice n°	4	5	6	7	8	9	11	12
Fait le	...	...	...	...	...			...

Parcours 2 - Je suis à l'aise sur le thème

	J'acquiers des capacités		Je développe des compétences				
Exercice n°	5	6	7	8	9	11	12
Fait le	...	...	...	...		...	...

Parcours 3 - Je maîtrise le thème

	J'acquiers des capacités		Je développe des compétences				
Exercice n°	5	6	8	9	10	11	12
Fait le	...	...	...	...	...	...	...

Je découvre des notions et des méthodes

Situation problème

Calculer un terme de rang donné et la somme des termes d'une suite arithmétique

DIFFÉRENCIATION

Société de portage de repas

Depuis 2016, la société « marmit'home » réalise et livre des repas à domicile. Le nombre de repas augmentant chaque année de façon régulière, le directeur pense développer son entreprise en l'agrandissant et en la modernisant.
Pour cela, il demande à son comptable d'estimer le nombre de repas produits et livrés chaque année jusqu'en 2025 ainsi que le nombre total sur la période 2016-2025 si l'évolution reste la même.
Si la production estimée dépasse les 50 000 repas en 2025 et si la production totale sur la période 2016-2025 est supérieure à 450 000 repas, le directeur investira dans l'entreprise pour son développement.

Problématique : Les estimations du comptable vont-elles permettre un investissement de la part de la direction ?

Année	2016	2017	2018
Repas produits	37 500	38 900	40 300

Doc 1 : Production de repas en fonction de l'année

Les projections démographiques font état d'une augmentation de 25 % des personnes âgées de plus de 75 ans d'ici 2025. Leur nombre était de 5,5 millions en 2010.

Source : Conseil économique, social et environnemental – *La dépendance des personnes âgées*, juin 2011.

Doc 2 : Les projections démographiques

Je note mes travaux de recherche

FICHE MÉTHODO 3

....

....

....

....

....

Je complète à l'aide des échanges avec mes camarades

FICHE MÉTHODO 3

....

....

....

....

....

Coup de pouce
liennathan.fr/i2v90q

J'utilise l'outil numérique RABAT

1) Relever le nombre de repas pour l'année 2016.

....

2) Calculer le nombre de repas en plus pour 2017.

....

....

3) Vérifier que l'augmentation est la même pour 2018.

Coup de pouce
liennathan.fr/m4te38

....

4) Ouvrir une feuille de calcul sur un tableur et **recopier** le tableau ci-contre.

	A	B
1	année	repas
2	2016	37500
3	2017	
4		
5		
6		
7		
8		
9		
10		
11		
12		

5) Incrémenter les années jusqu'en 2025.

> **Info** En informatique, incrémenter est l'opération qui consiste à ajouter 1 à un compteur.

6) Choisir la formule à saisir dans la cellule B3 et à étirer jusqu'à la cellule B11 afin d'avoir le nombre de repas jusqu'en 2025.

- ☐ =B4–1400
- ☐ =37500+1400
- ☐ =B2+1400

7) Noter le nombre de repas en 2025.

....

8) Représenter ce tableau avec un nuage de points sans marqueurs.

9) Décrire le positionnement des points du nuage.

....

10) Indiquer le type de fonction qui peut être associée à cette représentation et si elle est croissante ou décroissante.

....

11) Compléter le calcul suivant :

37 500 + 1 400 × .... = 50 100

12) Indiquer la formule à saisir dans la cellule B12 afin de déterminer la production totale de repas entre 2016 et 2025.

....

....

13) Saisir la formule et **noter** la valeur obtenue.

....

....

....

Je conclus

Réponse à la problématique : Les estimations du comptable vont-elles permettre un investissement de la part de la direction ?

....

....

....

Je fais le bilan de la situation problème

- Le nombre de repas au cours des années représente une .... et plus particulièrement une **suite arithmétique** car on .... toujours le même nombre pour passer d'une valeur à la suivante.
- La première valeur, appelée **1er terme**, notée u_0 est égale à $u_0 =$ ....
- Le nombre de repas augmente tous les ans de la même valeur, appelée **raison**, égale à $r =$ ....
- L'année 2016 correspond au rang $n = 0$, donc l'année 2025 correspond au rang ....
- Le nombre de repas en 2025 est donc le terme de rang .... soit u ....
- Le terme de rang n se nomme donc ....
- Dans cette situation, on peut généraliser la détermination du terme suivant par la formule :

$$u_{n+1} = u_n + \ldots\ldots .$$

- Soit la formule $u_n = u_0 + n \times r$, on retrouve bien le nombre de résultats en 2025 en effectuant le calcul $u_{\ldots\ldots}$ = ... + ... × .... = ...
- La représentation graphique par points des repas en fonction de l'année montre que les points sont ....
- La suite .... peut donc être associée à une fonction ....
- Les valeurs augmentent car la raison r est .... et donc la suite est ....
- Le nombre total de repas sur la période 2016-2025 est calculé en faisant la .... des 10 repas annuels.
- Soit la formule $S_n = \frac{n+1}{2} \times (u_0 + u_n)$, on retrouve bien le nombre total de repas en effectuant le calcul :

$$S_{\ldots\ldots} = \frac{\ldots\ldots}{2} \times (u_0 + u_{\ldots\ldots}) = \frac{\ldots\ldots}{2} \times (\ldots\ldots\ldots\ldots + \ldots\ldots\ldots\ldots) = \ldots\ldots\ldots\ldots .$$

Activité 1 — Générer par le calcul ou à l'aide d'un outil numérique, les termes de différentes suites

• S'approprier • Réaliser

Le directeur d'un magasin d'optique souhaite proposer une réduction sur les montures en fonction de l'âge du client. Son comptable lui crée le tableau de réductions suivant représentant une suite numérique (u_n), n un entier positif ou nul :

Âge (en années)	0	1	2	3	4	5
Montant de la réduction	12 €	12,03 €	12,12 €	12,27 €	12,48 €	12,75 €

Le directeur est satisfait de ces réductions et souhaite l'appliquer à tous les âges.

1 **Indiquer,** en justifiant, si cette suite numérique est arithmétique.

....

....

....

....

2 **Choisir** la bonne expression.
La suite numérique u_n est définie par :

☐ $u_n = 0{,}03n^2 - 12$ ☐ $u_n = 0{,}03n + 12$

☐ $u_n = 0{,}03n^2 + 12$ ☐ $u_n = 0{,}3n^2 + 12$

Où n représente l'âge du client et u_n le montant de la réduction.

3 **En déduire** le sens de variation de la suite (u_n).

....

....

....

....

4 Pour son affiche publicitaire, le directeur souhaite montrer plusieurs réductions selon l'âge.
Compléter le tableau suivant.

Âge	10	20	30	40	50	60	70	80	90
Montant de la réduction	15 €	....	39 €	60 €	87 €	....	159 €	....	255 €

5 Une famille se présente chez l'opticien : le père a 48 ans, la mère 43 ans, les deux enfants ont respectivement 18 et 7 ans. Tous ont besoin de lunettes.
Calculer le montant total de la réduction pour la famille.

....

....

....

....

....

Activité 2 — Calculer un terme de rang n donné et la somme des n premiers termes d'une suite arithmétique

• Réaliser

Dans une société, on a dénombré 65 000 photocopies en 2019. On souhaite diminuer de 1 150 photocopies chaque année.
Le directeur souhaite estimer le nombre de photocopies en 2030 ainsi que le nombre total de photocopies produites sur l'ensemble de la période 2019-2030.
On définit par une suite (V_n) de premier terme V_0 le nombre de photocopies.
n un entier positif ou nul.

1 **Calculer** V_1 et V_2.

....

....

....

2 **Montrer** que la suite (V_n) est une suite arithmétique et **donner** sa raison.

....

....

3 Sachant que le rang 0 correspond à l'année 2019, **indiquer** le rang de l'année 2030.

....

....

....

4 **Calculer** le nombre de photocopies en 2030.

....

....

....

....

5 **Déterminer** le nombre total de photocopies sur la période 2019-2030.

....

....

....

....

6 La réduction a été efficace si la production totale sur la période 2019-2030 est inférieure à 700 000. **Conclure** sur l'efficacité de la réduction.

....

....

....

....

....

....

Je retiens l'essentiel

Suites numériques
Suites arithmétiques

Différenciation

Différencitation
liennathan.fr/h9i33f

1 Suite numérique

a) Notation indicielle

b) Calculs de termes

c) Sens de variation

2 Suite arithmétique

a) Définition

b) Expression du terme de rang n en fonction de son premier terme u_0 et de sa raison r

c) Lien entre la suite arithmétique et la fonction affine

d) Sens de variation d'une suite arithmétique

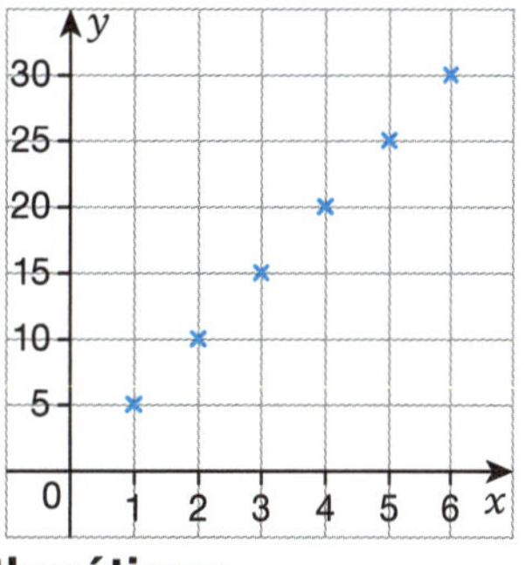

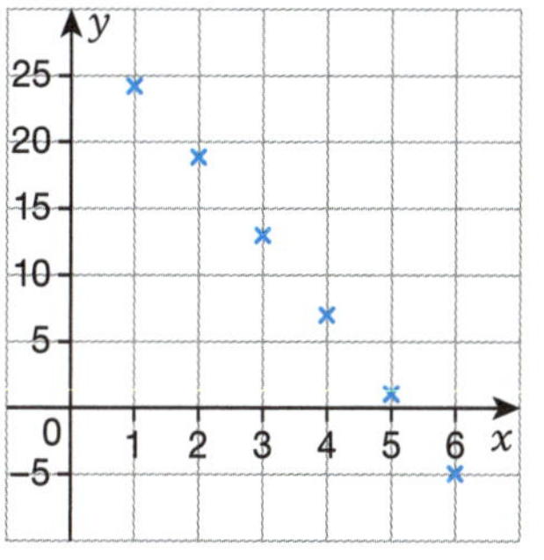

e) Somme des k premiers termes d'une suite arithmétique

3 Carte mentale

Dessiner une carte mentale sur la notion de volume.

Faire valider le contenu par le professeur.

Carte mentale
liennathan.fr/y40nq1

Suites

4 J'étudie ma leçon

FICHE MÉTHODO 5

Compléter le tableau suivant.

Questions	Indices	Mots à retenir
....	....	u_n
....	....	Suite arithmétique
....	....	r

Exercice résolu

5 Je comprends une méthode

Déterminer les termes d'une suite arithmétique

Soit la suite u_n définie par $u_n = 2n + 1$.

1) Calculer les cinq premiers termes de la suite.

2) En déduire le sens de variation de la suite.

1) $n = \mathbf{0}$; $u_0 = 2 \times \mathbf{0} + 1 = 1$

$n = \mathbf{1}$; $u_1 = 2 \times \mathbf{1} + 1 = 3$

$n = \mathbf{2}$; $u_1 = 2 \times \mathbf{2} + 1 = 5$

$n = \mathbf{3}$; $u_1 = 2 \times \mathbf{3} + 1 = 7$

$n = \mathbf{4}$; $u_4 = 2 \times \mathbf{4} + 1 = 9$

2) $u_4 > u_3 > u_2 > u_1 > u_0$ donc la suite est croissante.

Méthode :

1. **Remplacer** n par sa valeur du rang.
2. **Calculer** la valeur de u_n en fonction de celle de n.
3. **Faire** la même chose pour chaque rang.
4. Si $u_{n+1} > u_n$ alors la suite est croissante.

Je m'entraîne avec l'exercice 4 p 58

Je vérifie mes connaissances

QCM — FICHE AUTOMATISME 12

Répondre à l'oral ou à l'écrit en cochant la (ou les) bonne(s) réponse(s).
Soit la suite numérique suivante : 12 800 ; 11 900 ; 11 000 ; 10 100.

	A	B	C
1. Le 1er terme u_0 est égal à…	☐ 12 800	☐ 10 100	☐ 0
2. $u_2 = …$	☐ 12 800	☐ 11 900	☐ 11 000
3. 10 100 est le terme de rang…	☐ 3	☐ 4	☐ 5
4. u_5 aura pour valeur…	☐ 11 000	☐ 9 200	☐ 8 300

Exercice 1

Donner les 3 termes suivants de chaque suite de façon logique.

- 12 ; 18 ; 24 ; 30 ; 36 ……………………………………
- 6,1 ; 4,7 ; 3,3 ; 1,9 ……………………………………
- 1 ; 3 ; 7 ; 15 ……………………………………
- 2 ; 10 ; 34 ; 106 ……………………………………

Exercice 2 — FICHE AUTOMATISME 12

- Soit la suite (u_n) tel que $u_n = -4n + 7$.

Déterminer u_0, u_1 et u_2 ……………………………………

- Soit la suite (u_n) tel que $u_n = 3n^2 + 8$.

Déterminer u_5, u_6 et u_7 ……………………………………

Exercice 3

Identifier les suites arithmétiques dans les représentations suivantes et **noter** leur numéro : ……………………

1.

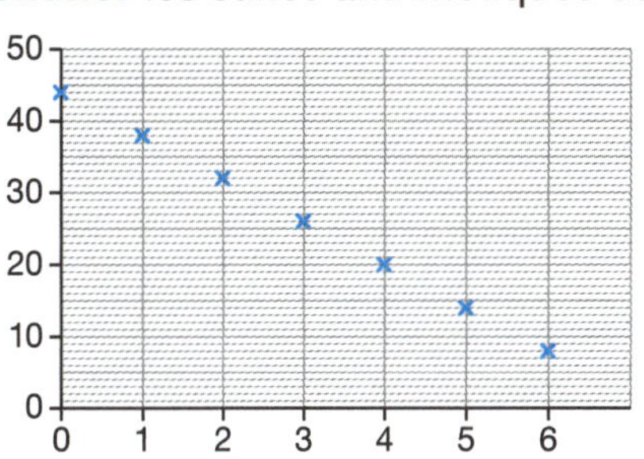

3.

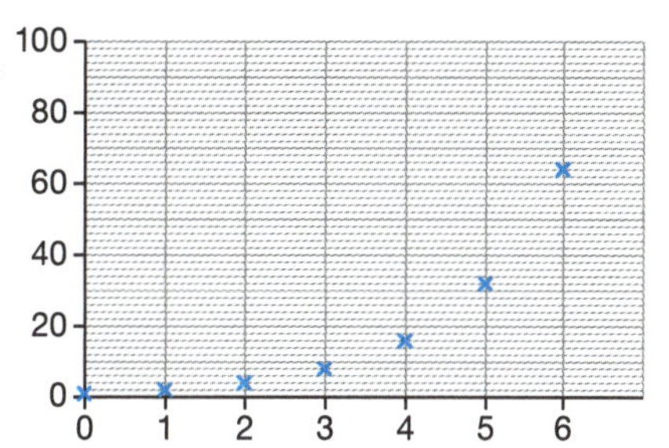

2.

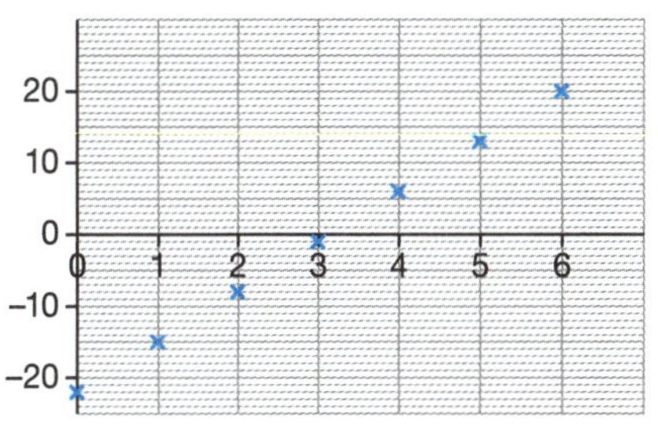

4.

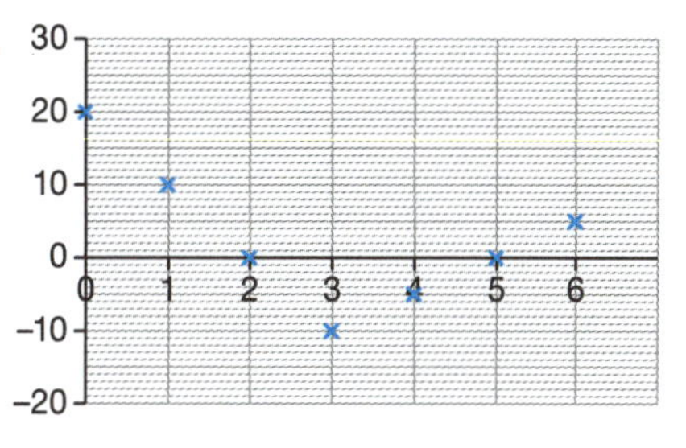

Voir corrigés p. 149

Compléter ma fiche « J'apprends de mes erreurs pour progresser » FICHE MÉTHODO 4

J'acquiers des capacités

► Je calcule les termes d'une suite numérique et détermine son sens de variation

FICHE AUTOMATISME 12

Exercice 4

Soit la suite numérique définie par $u_n = 2n^2 - n + 3$.

1 **Calculer** les trois premiers termes de la suite (u_n).

....

....

2 **En déduire**, en justifiant, le sens de variation de cette suite.

....

Exercice 5

Avec une feuille de calcul sur un tableur, on va générer puis représenter la suite définie par $u_n = -3{,}5n + 11$.

1 **Saisir** dans la colonne A les valeurs 0 et 1 de n puis **incrémenter** jusqu'à la ligne 50.

2 **Saisir** dans la cellule B1 la formule `= -3,5*A1+11` et **l'étirer** jusqu'à la cellule B50.

3 **Sélectionner** les données et **réaliser** la représentation graphique par un nuage de points.

4 **Déterminer** le sens de variation de la suite numérique. ....

5 **Déterminer** la position des points de cette suite. ....

6 **En déduire** le type de fonction auquel elle est liée. ....

7 **Conclure** sur la nature de cette suite numérique. ....

► Je détermine le terme de rang n d'une suite arithmétique et la somme des k premiers termes

FICHE AUTOMATISME 12

Exercice 6

Soit la suite numérique de premier terme $u_0 = -750$ et de raison $r = 230$.

1 **Déterminer**, en justifiant, le sens de variation de cette suite.

....

2 **Déterminer** u_1 et u_2.

....

....

3 **Déterminer** la valeur de u_{46}.

....

4 **Calculer** la somme des 47 premiers termes de la suite.

....

....

Compléter ma fiche « J'apprends de mes erreurs pour progresser » FICHE MÉTHODO 4

Je développe des compétences

Je m'entraîne

S'APPROPRIER
VALIDER

Exercice 7 : Reboisement

Maxime est bénévole dans une association de reboisement de forêt depuis 5 ans. Il a remarqué que, sur ces 5 ans, le nombre d'arbres sur les terrains de l'association représentait une suite numérique définie par : $u_n = 832\,n + 703$ où n représente le rang de l'année et u_n le nombre d'arbres.

1 **Déterminer** le terme u_0 correspondant au nombre initial d'arbres : ....

2 Soit u_1 le nombre d'arbres au bout d'un an, u_2 le nombre d'arbres au bout de deux ans, etc.
Calculer u_1, u_2 et u_3.

....

....

3 **En déduire** le sens de variation de cette suite.

....

4 **Déterminer** le nombre d'arbres sur les terrains dans 15 ans.

....

S'APPROPRIER
VALIDER

Exercice 8 : Baisse de production à l'usine Algo

Jérémy travaille dans une usine de pièces métalliques. La production d'une pièce a baissé ces derniers mois comme le montre le tableau suivant.

Mois	Janvier	Février	Mars	Avril	Mai
Rang n	0	1	2	3	4
u_n	22 384	21 328	20 272	19 216	18 160

1 **Montrer** que le nombre de pièces produites représente une suite arithmétique.
Donner le premier terme et la raison.

....

2 **Calculer** le nombre de pièces produites en décembre.

....

3 Le directeur de l'usine décidera de stopper la production si le nombre total de pièces fabriquées sur l'année est inférieur à 200 000.

a) **Écrire** un algorithme qui permet de déterminer le nombre total de pièces fabriquées sur l'année.

....

b) **Programmer** en python cet algorithme.

....

4 **Conclure** sur la décision que prendra le directeur.

....

....

Voir corrigés p. 149

Compléter ma fiche « J'apprends de mes erreurs pour progresser » FICHE MÉTHODO 4

Je développe des compétences

Je consolide

RÉALISER VALIDER **Exercice 9**

Le professeur de Charlie lui a demandé de créer un programme sur Python permettant de calculer le terme de rang n de la suite numérique :

$$u_n = \frac{(n-1)}{(n^2+2)}.$$

Elle a proposé le programme suivant :

```
def suite(n)
    u=((n-1))
    return u
```

Son professeur lui a indiqué que son programme comportait 2 erreurs.

1 **Identifier** les erreurs et les **corriger**.

2 **Déterminer** la valeur du terme de rang $n = 250$ avec le programme.

3 **Trouver** la valeur de ce 250e terme par le calcul.

4 **Comparer** les deux résultats précédents.

ANALYSER COMMUNIQUER **Exercice 10**

L'émission de microparticules PM_{10} en France est donnée dans le tableau suivant :

Année	2006	2007	2008	2009
PM_{10} (en milliers de tonnes)	405	398	391	384

Cédric souhaite savoir à partir de quelle année, les émissions de PM_{10} seront inférieures à 100 milliers de tonnes si l'évolution continue ainsi.

1 **Montrer** que cette suite numérique est arithmétique. **Préciser** le premier terme et la raison.

2 **Exprimer** u_{n+1} en fonction de u_n.

3 **Donner** le sens de variation de cette suite.

Ouvrir le fichier « *PM10.xls* ».

PM10
liennathan.fr/y7h6g7

4 **Saisir** la formule permettant de déterminer le taux d'émission de PM_{10} en 2010 dans la cellule B6 et **l'étirer** jusqu'à la cellule B46.

5 **Répondre** à l'interrogation de Cédric.

S'APPROPRIER VALIDER **Exercice 11** FICHE MÉTHODO 2

Manon a créé son site de vente en ligne en janvier 2017. Son comptable a remarqué que le nombre de commandes a progressé chaque mois de 12 commandes. Il était de 30 en janvier 2017.
Elle souhaite développer son site. Pour cela, elle se fixe deux objectifs :
– dépasser les 300 commandes en décembre 2019 ;
– dépasser un total de 4 000 commandes sur deux ans.

1 **Justifier** que le nombre de commandes représente une suite arithmétique. **Donner** son 1er terme et sa raison.

2 **En déduire** son sens de variation.

3 **Exprimer** u_n en fonction de n.

4 **Donner** le rang correspondant au mois de décembre 2019.

5 **Calculer** le nombre de commande en décembre 2019.

6 **Déterminer** le nombre total de commandes entre janvier 2017 et décembre 2019.

7 **En déduire** si Manon va pouvoir développer son site en dépassant ses objectifs.

ANALYSER COMMUNIQUER **Exercice 12**

Hervé a emprunté de l'argent à sa banque pour ouvrir son restaurant.
Le prêt est sur 10 ans avec une 1re annuité à 27 000 € qui diminue de 1 300 € chaque année.

1 **Calculer** le montant de la 10e annuité.

2 **Déterminer** le montant total à rembourser.

3 Le montant du prêt étant de 200 000 €, **en déduire** le coût du crédit (le montant des intérêts).

4 **Déterminer** le taux que représentent les intérêts.

Compléter ma fiche « J'apprends de mes erreurs pour progresser » FICHE MÉTHODO 4

Statistique – Probabilités

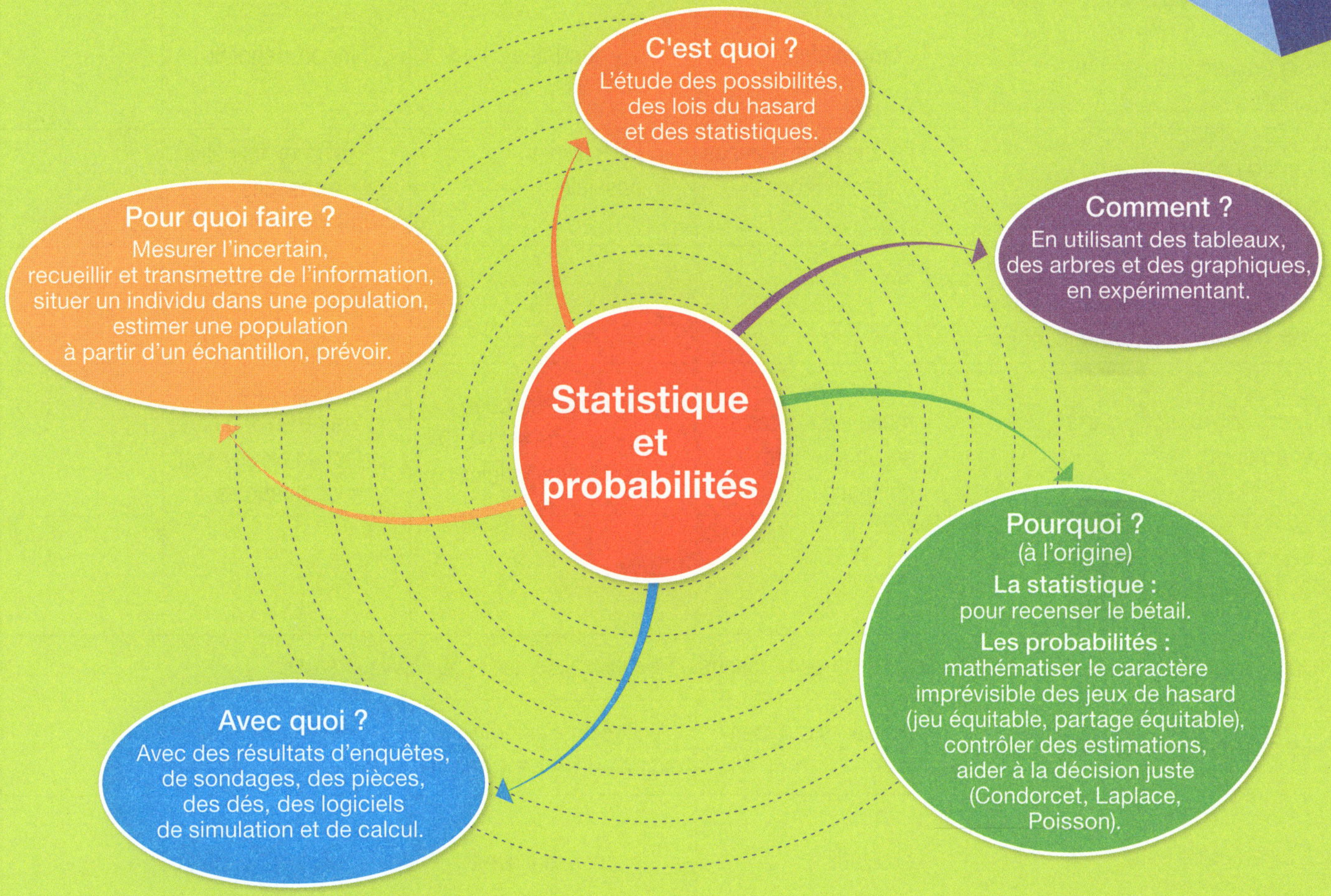

Sommaire

Lien avec la Seconde

- En classe de seconde, les élèves ont consolidé les notions d'effectif et de fréquence. Ils ont étudié différents paramètres de dispersion et ont découvert des représentations et indicateurs permettant de comparer des séries statistiques.
- En classe de seconde, les élèves ont fait le lien entre fréquences et probabilités ; ils ont constaté le phénomène de stabilisation des fréquences et découvert les arbres de dénombrement.

Je me positionne

QCM (à l'écrit ou à l'oral)

Choisir la (ou les) bonne(s) réponse(s).

	A	B	C	Acquis / non acquis
1. Les issues des deux évènements « tomber sur pile » et « tomber sur face » lors d'un lancer de pièce équilibrée sont :	☐ équidistantes	☐ équiprobables	☐ équilibrées	
2. Les deux évènements « tomber sur pile » et « tomber sur face » lors d'un lancer de pièce équilibrée sont :	☐ compatibles	☐ irréductibles	☐ incompatibles	
3. Lors d'un lancer de dé équilibré :	☐ j'ai autant de chances d'obtenir 6 que 3	☐ j'ai 6 issues possibles	☐ j'ai deux fois plus de chances d'obtenir 6 que 3	
4. Je tire une boule dans une urne de 3 boules bleues et deux jaunes. La probabilité p (tirer une jaune) =	☐ $\frac{2}{5}$	☐ 0,4	☐ 0,6	
5. Dans un jeu de 32 cartes, les évènements :	☐ « la carte est rouge » et « la carte est un roi » sont compatibles	☐ « la carte est rouge » et « la carte est un 10 » sont incompatibles	☐ « la carte est rouge » et « la carte est un pique » sont incompatibles	
6. La moyenne des nombres 2, 6, 8, 9, 10 est égale à :	☐ 6	☐ 7	☐ 8	
Dans un lycée professionnel, il y a : 369 élèves demi-pensionnaires, 81 élèves externes et 50 élèves internes.				
7. Le caractère étudié est :	☐ les élèves du lycée	☐ le régime (interne-externe demi-pensionnaire	☐ les élèves de CAP	
8. Ce caractère est :	☐ qualitatif	☐ quantitatif discret	☐ quantitatif continu	
9. L'effectif total de ce lycée est égal à :	☐ 450	☐ 50	☐ 500	
10. La fréquence d'élèves internes est égale à :	☐ $\frac{50}{500}$	☐ 0,1	☐ 10 %	
11. La fréquence d'élèves demi-pensionnaires est égale à :	☐ $\frac{369}{100}$	☐ $\frac{369}{500}$	☐ 90 %	

Voir corrigés p. 149

Statistique à deux variables

4

Objectifs

- Représenter graphiquement à l'aide d'outils numériques un nuage de points associé à une série statistique à deux variables quantitatives. Situation problème p. 64
- Réaliser un ajustement affine, à l'aide des outils numériques. Situation problème p. 64
- Déterminer l'équation réduite d'une droite d'ajustement par la méthode des moindres carrés, à l'aide d'outils numériques. Activité p. 66
- Déterminer le coefficient de détermination d'une série statistique à deux variables quantitatives à l'aide d'outils numériques. Activité p. 66
- Évaluer la pertinence d'un ajustement affine. Activité p. 66
- Interpoler ou extrapoler des valeurs inconnues. Activité p. 66

Je mets en place des automatismes

RITUEL 1 **Cocher** la (ou les) bonne(s) réponse(s).

	A	B	C
1. 285 ; 330 ; 320 ; 365 ; 395 a pour moyenne	☐ 339	☐ 1 379	☐ 423,75
2. La fonction affine est :	☐ $f(x) = 2x^2 + 1$	☐ $g(x) = -3x + 12$	☐ $h(x) = \frac{x}{2} - 3$
3. $0{,}99^2 \approx$	☐ 0,98	☐ 1,98	☐ 98 %

Voir corrigés p. 149

RITUEL 2 ....

RITUEL 3 ....

Je planifie mon travail en choisissant le parcours qui me correspond

FICHE MÉTHODO 3

Parcours 1 - Je gagne en confiance sur le thème

	J'acquiers des capacités			Je développe des compétences		
Exercice n°	4	5	6	7	8	10
Fait le	...	...	...	...	...	...

Parcours 2 - Je suis à l'aise sur le thème

	J'acquiers des capacités		Je développe des compétences			
Exercice n°	5	6	7	8	9	10
Fait le	...	...	...	...	...	...

Parcours 3 - Je maîtrise le thème

	J'acquiers des capacités	Je développe des compétences				
Exercice n°	5	7	8	9	10	11
Fait le	...	...	...	...	...	...

Je découvre des notions et des méthodes

Situation problème

Représenter graphiquement un nuage de points associé à une série statistique à deux variables quantitatives

DIFFÉRENCIATION

Évolution de la quantité annuelle d'émission de CO_2

Julie travaille dans un centre d'études statistiques sur la qualité de l'air dans le monde.
Son chef lui demande d'étudier la quantité de CO_2 émise dans l'atmosphère (en gigatonnes) par les combustibles fossiles dans le monde depuis quelques années afin de pouvoir extrapoler si la tendance reste la même.

Année	$GtCO_2$
2006	30,69
2007	31,31
2008	32,08
2009	32,30
2010	33,54
2011	34,68
2012	35,14
2013	35,73
2014	35,95

Source : Projet Global Carbone.

Info Un combustible fossile est un combustible qui contient une forte concentration de carbone et qui se trouve dans le sol depuis des millions d'années (le charbon, le pétrole et le gaz naturel).
Exemple : Le méthane est un combustible fossile.

Tous les ans, depuis 2005, un groupe de chercheurs du Projet mondial sur le carbone dresse et communique un bilan mondial du carbone, quantifiant les émissions de CO_2 pour l'année précédente, puis attribuant ce carbone à l'atmosphère, aux océans et aux terres émergées…
Le bilan annuel du carbone est aussi une précieuse source d'informations dans le cadre de la politique de surveillance du climat.

Source : Extrait de Bulletin, *Vol 66 (1) - 2017*.
Organisation météorologique mondiale.

Problématique : Comment Julie peut-elle estimer la quantité de CO_2 émise dans le monde en 2050 si la tendance reste la même ?

Je note mes travaux de recherche

FICHE MÉTHODO 3

Je complète à l'aide des échanges avec mes camarades

FICHE MÉTHODO 3

Coup de pouce
liennathan.fr/y8y34z

J'utilise l'outil numérique

RABAT

Tableau évolution CO_2
liennathan.fr/99qz6w

1) **Ouvrir** le fichier « *tableau_evolutionCO2.xls* ».

2) **Représenter** la quantité de CO_2 en fonction du rang par un nuage de points sans marqueur.

3) **Compléter** la phrase suivante : les points semblent être ....

....

4) **En déduire** le type de fonction le plus adapté pour tracer une courbe de régression par la méthode des moindres carrés.

	A	B	C
1	année	rang (x_i)	GtCO2 (y_i)
2	2006	1	30,69
3	2007	2	31,31
4	2008	3	32,08
5	2009	4	32,30
6	2010	5	33,54
7	2011	6	34,68
8	2012	7	35,14
9	2013	8	35,73
10	2014	9	35,95
11	MOYENNE		

....

5) **Ajouter** sur le graphique une courbe de tendance linéaire et **afficher** son équation.

Écrire son équation.

....

Info Méthode des moindres carrés :
Lorsque les points semblent alignés, on recherche la droite qui passe au plus près de chaque point tel que la somme des carrés des écarts verticaux des points à la droite soit minimale.

6) **Déterminer** le rang x correspondant à l'année 2050.

....

7) **Calculer** la valeur de y correspondante.

....

....

Je conclus

Réponse à la problématique : Comment Julie peut-elle estimer la quantité de CO_2 émise dans le monde en 2050 si la tendance reste la même ?

....

....

....

Je fais le bilan de la situation problème

- La représentation graphique de la série statistique à deux variables est un ....
- Les points semblent .... , la représentation est de forme .... , donc un ajustement .... est possible.
- Cet ajustement est une .... qui passe au plus près des points du ....
- On obtient alors l' .... de la .... , où x représente le .... de l'année et y la .... On peut alors extrapoler des valeurs inconnues.

Activité

Déterminer l'équation réduite d'une droite d'ajustement et de coefficient de détermination. Évaluer la pertinence de l'ajustement affine et extrapoler des valeurs inconnues

• Réaliser • Valider

Septembre est le mois de l'année où la banquise Nord est la plus réduite. L'évolution de la taille de la banquise à la fin de l'été est une des manifestations les plus spectaculaires du réchauffement climatique actuel.
À côté de ces oscillations saisonnières et régulières de la taille de la banquise, il existe aussi une évolution de sa taille minimale estivale au cours des années.
Des chercheurs ont suivi l'évolution jour après jour de la banquise arctique depuis janvier 1995 jusqu'en 2007. Ils ont relevé les valeurs suivantes :

Année	1995	1996	1997	1998	1999	2000	2001	2002	2003	2004	2005	2006	2007
Rang (x_i)	1	2	3	4	5	6	7	8	9	10	11	12	13
Surface (y_i) en millions de km²	4,40	5,25	5,90	4,26	4,20	4,15	4,55	4,05	4,13	4,28	4,05	4,06	4,00

À partir de ces données, une estimation de la taille de la banquise en 2018 avait été calculée. Aujourd'hui on sait que les relevés de 2018 ont donné une surface de 4,66 millions de km².

Problématique : L'estimation obtenue est-elle proche de la réalité ?

1 Avec un outil numérique, **représenter** le nuage de points associé à cette série statistique à deux variables $(x_i\ ;\ y_i)$.

2 **Donner** la tendance d'évolution de la surface de la banquise.

....

3 **Indiquer** le nom de la courbe de tendance formée par le nuage de points.

....

4 **Donner** le type d'ajustement correspondant à cette courbe.

....

5 **Déterminer** l'équation de la droite d'ajustement affine de y en x de la forme $y = ax + b$.
Arrondir à 10^{-3}.

....

6 **Estimer** la surface de la banquise en 2018 dans ce cas.

....

7 **Conclure :** L'estimation obtenue est-elle proche de la réalité ?

....

....

8 **Faire apparaître** et **noter** la valeur du coefficient de détermination R^2.
Arrondir à 10^{-2} près.

....

Info Le coefficient de détermination R^2 est compris entre 0 et 1. Plus sa valeur se rapproche de 1, plus le pouvoir de prédiction grâce à l'ajustement affine est bon.

9 **Évaluer** alors la pertinence de l'ajustement affine.

....

Je retiens l'essentiel

Différenciation
liennathan.fr/zz4a57

1 Définition d'une série statistique à deux variables

....

....

....

2 Représentation graphique de la série statistique

....

....

....

....

....

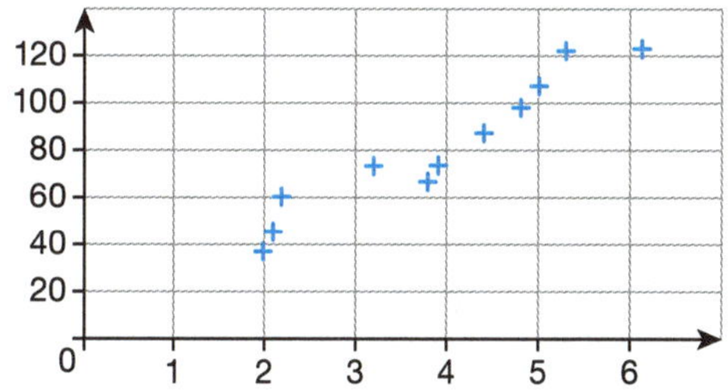

3 Ajustement affine

....

....

....

a) Méthode des moindres carrés

....

....

....

....

....

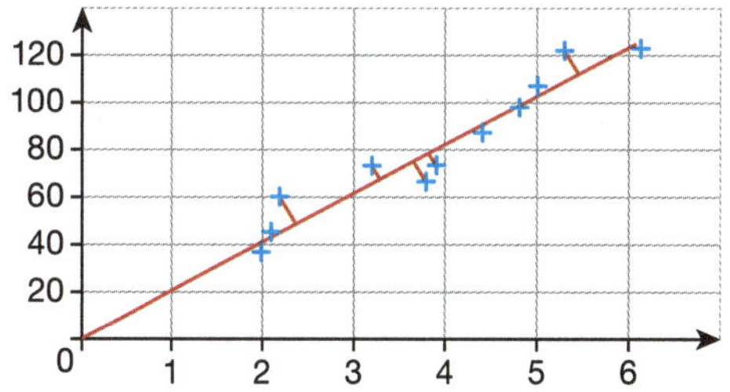

....

b) Équation réduite de la droite d'ajustement affine

....

....

....

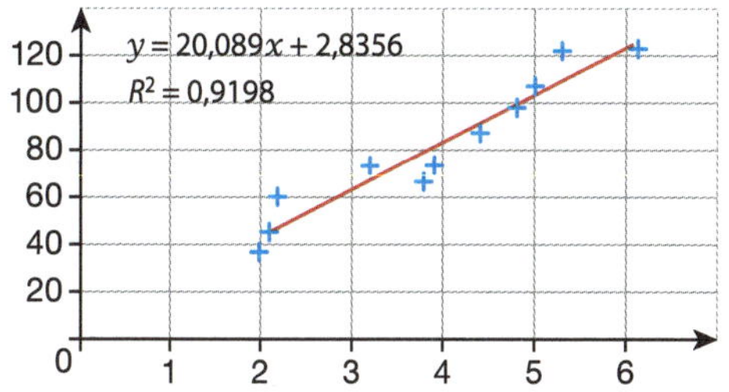

c) Coefficient de détermination R^2

Ce coefficient est déterminé à l'aide des outils numériques.

....

....

....

4 J'étude ma leçon FICHE MÉTHODO 5

Compléter le tableau suivant.

Questions	Indices	Mots à retenir
....	....	Nuage de points
....	....	$y = ax + b$
....	....	R^2

Exercice résolu

5 Je comprends une méthode – Représentation d'un nuage de points

Soit le tableau à deux variables suivant :

x_i	4,8	6,1	3,8	5,5	5,7	4,2
y_i	98	123	66	111	130	85

Représenter cette série statistique sous forme d'un nuage de points à l'aide de la calculatrice.

Méthode :

❶ **Utiliser** le menu statistique de la calculatrice.
❷ **Entrer** les valeurs de x_i dans la **List 1**.
❸ **Entrer** les valeurs de y_i dans la **List 2**.
❹ **Afficher** le nuage de points dans le mode graphique.

Pour Texas

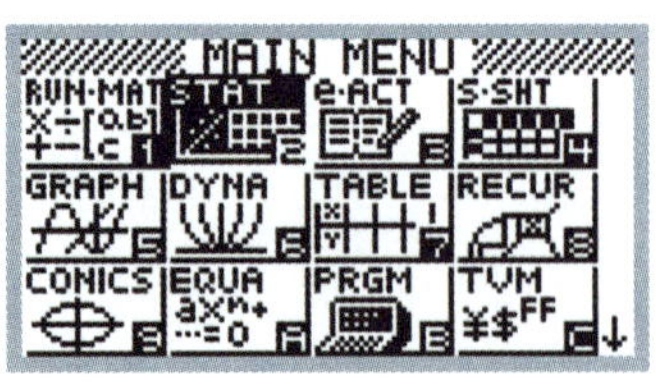

❶

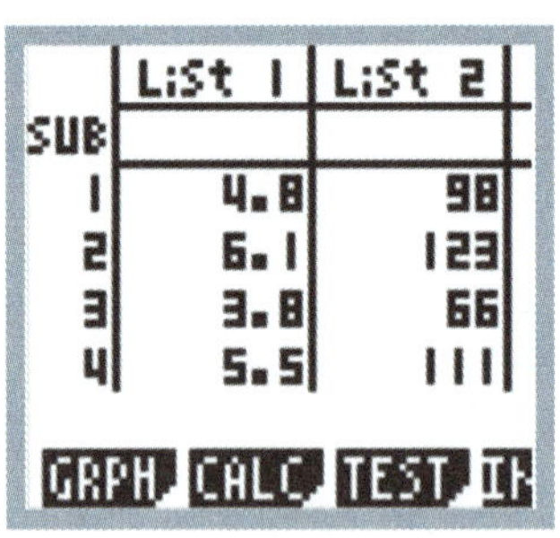

❷

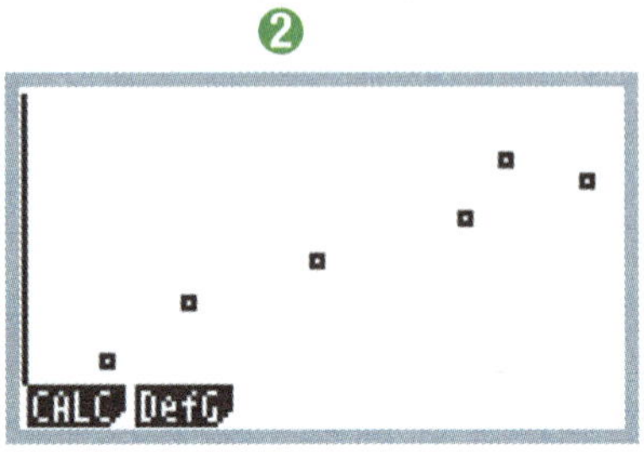

❸

Pour Casio

❶

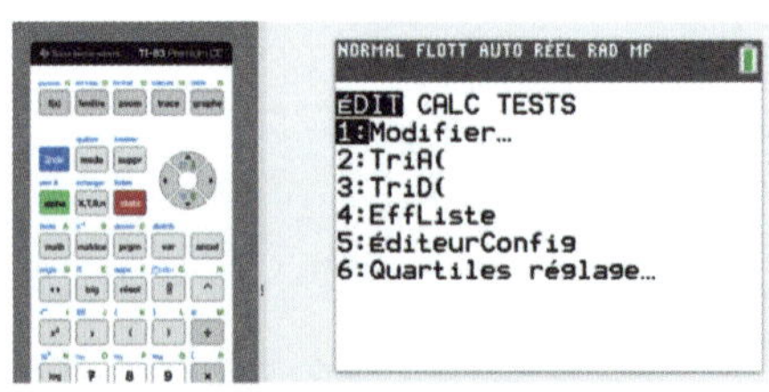

❷

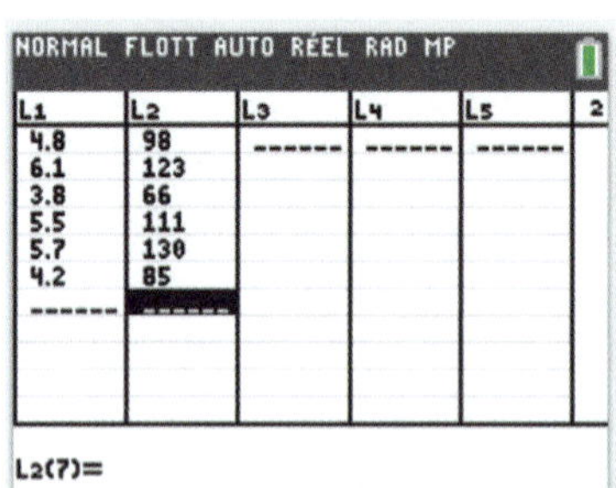

❸

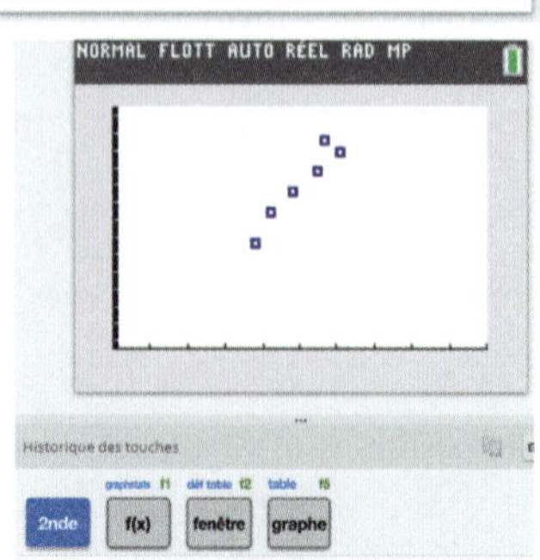

Pour Numworks

❶

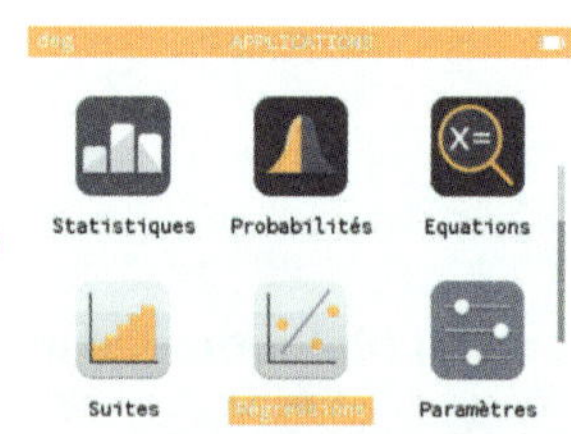

❷

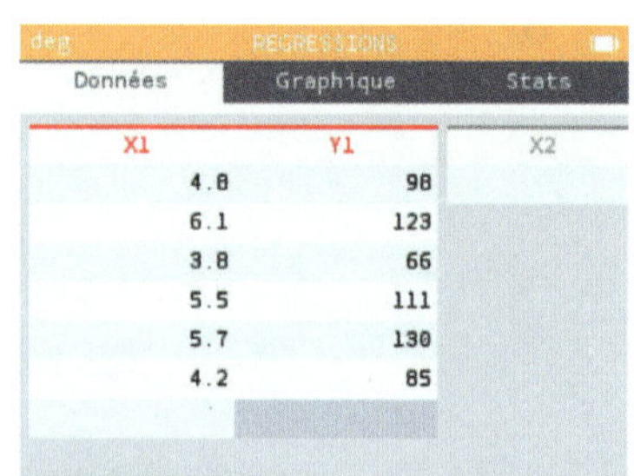

❸

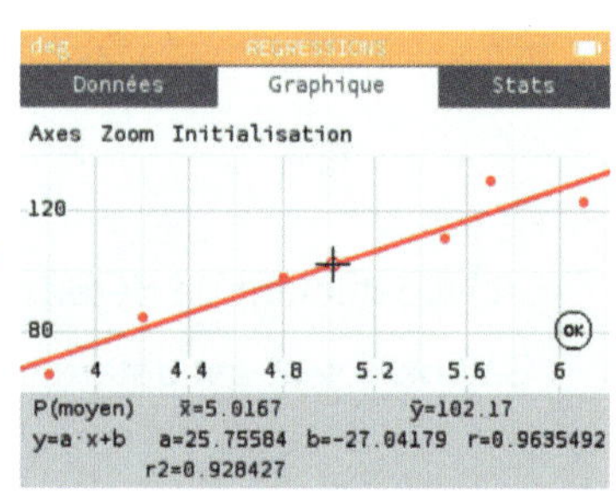

Je m'entraîne avec l'exercice 4 p. 70

Je vérifie mes connaissances

QCM

Cocher la (ou les) bonne(s) réponse(s).

	A	B	C
1. La série statistique est représentée par :	☐ un nuage de points	☐ un nuage de droites	☐ une droite
2. Le point de coordonnées (8 ; 12) a pour abscisse :	☐ 20	☐ 12	☐ 8
3. Si les points semblent alignés, on peut faire un ajustement :	☐ linéaire	☐ affine	☐ courbe
4. L'équation de la droite est de la forme :	☐ $y = ax + b$	☐ $y = ax$	☐ $y = ax^2 + b$
5. Le coefficient de détermination est noté :	☐ R	☐ R^2	☐ K

Exercice 1

FICHE AUTOMATISME 7

Soit la droite d'équation $y = 73{,}5x + 4{,}7$.

1 **Calculer** y pour : $x = 0{,}4$ ....

2 **Déterminer** x pour $y = 25$.

Exercice 2

Dans une usine, on réalise une étude statistique sur le nombre de pièces fabriquées chaque jour pendant une semaine. Les données de la série sont les suivantes.

Jour de la semaine	Lundi	Mardi	Mercredi	Jeudi	Vendredi	Samedi	Dimanche
Nombre de pièces	1 250	1 316	1 358	1 402	1 447	1 499	1 523

1 **Indiquer** si les deux variables sont quantitatives.

2 **En déduire** s'il est possible de faire une représentation graphique par un nuage de points de cette série.

Exercice 3

Dans les représentations de nuages de points suivantes, **entourer** celles pour lesquelles un ajustement affine est envisageable.

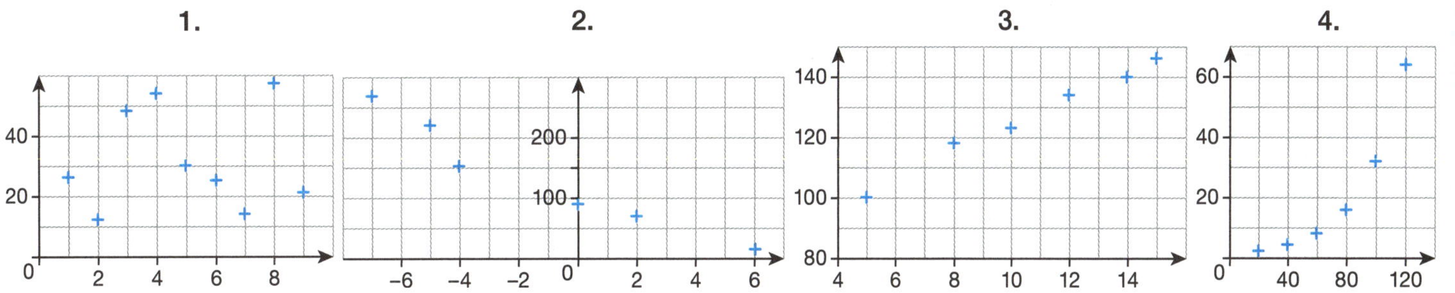

Voir corrigés p. 149

Compléter ma fiche « J'apprends de mes erreurs pour progresser » FICHE MÉTHODO 4

J'acquiers des capacités

▸ Représenter une série statistique par un nuage de points

Exercice 4 FICHE AUTOMATISME 14

Afin de pouvoir faire une représentation graphique de la série de l'Exercice 2, on attribue au lundi le rang 1, au mardi le rang 2, etc.

1 **Compléter** le tableau suivant.

Rang du Jour de la semaine	1	....	....	....	....	....	....
Nombre de pièces	1 250	1 316	1 358	1 402	1 447	1 499	1 523

2 **Montrer** que les deux variables sont bien quantitatives.

....

3 **Représenter** graphiquement cette série sous forme d'un nuage de points à l'aide d'un outil numérique.

▸ Afficher et utiliser l'équation de la droite d'ajustement affine

Exercice 5 FICHE AUTOMATISME 14

Une enquête statistique a été réalisée dans un magasin de vêtements.
Le tableau ci-dessous donne le nombre de clients durant la journée en fonction du montant des achats.

Montant des achats	10 €	15 €	20 €	30 €	50 €	100 €	150 €
Nombre de clients	82	77	73	68	56	41	33

1 **Représenter** graphiquement cette série sous forme d'un nuage de points à l'aide d'un outil numérique. **Afficher** l'équation. **Arrondir** au millième.

2 **Noter** l'équation : ....

3 **Estimer** le nombre de clients qui dépensent un montant de 200 € :

....

Exercice 6 FICHE AUTOMATISME 14

Un restaurant étudie l'évolution de sa clientèle sur les 6 derniers mois.

Mois	Juillet	Août	Septembre	Octobre	Novembre	Décembre
Nombre de clients	1 460	1 395	1 372	1 301	1 256	1 199

1 **Représenter** graphiquement cette série sous forme d'un nuage de points à l'aide d'un outil numérique. **Afficher** l'équation. **Arrondir** au dixième.

2 **Noter** l'équation : ....

3 **Estimer** le mois à partir duquel le nombre de clients sera inférieur à 1 000.

....

Compléter ma fiche « J'apprends de mes erreurs pour progresser » FICHE MÉTHODO 4

Je développe des compétences

Je m'entraîne

S'APPROPRIER
RÉALISER

Exercice 7 : Population bayonnaise

La population de la ville de Bayonne est recensée régulièrement. Le nombre d'habitants en fonction des années est donné dans le tableau suivant :

Année	2014	2015	2016	2017	2018	2019
Rang (x_i) de l'année	1	2	3	4	5	6
Nombre (y_i) d'habitants	48 178	49 207	50 589	51 550	52 529	53 527

1 **Représenter** graphiquement cette série statistique à deux variables (x_i ; y_i) avec un outil numérique.

2 **Justifier** le fait qu'un ajustement affine est envisageable.

....

3 **Déterminer** une équation de la droite d'ajustement affine de y en fonction de x (**arrondir** à 0,01) et la **représenter** sur le graphique.

....

4 **Donner** la valeur du coefficient de détermination R^2 et **conclure** sur la pertinence de l'ajustement affine pour l'extrapolation.

....

On considère que cette droite permet d'extrapoler sur le nombre d'habitants de la cité basque jusqu'en 2030.

5 **Estimer** le nombre d'habitants en 2030 par le calcul. **Arrondir** à l'unité.

....

ANALYSER
VALIDER

Exercice 8 : Location de vélos électriques

IDFcycle est le service de vélos en libre-service proposé par une mairie.
IDFcycle propose une nouvelle gamme de vélos à assistance électrique à la location à courte ou longue durée. Les tarifs proposés sont donnés ci-dessous.

Durée	1 jour	1 semaine	1 mois	3 mois	1 an
Nombre de jours (x_i)	1	7	30	90	360
Tarifs (y_i) en €	8	30	50	80	190

NB : administrativement, un mois dure 30 jours.

1 **Représenter** cette série statistique graphiquement avec un outil numérique.

2 **Déterminer** l'équation de la droite d'ajustement affine. **Arrondir** à 10^{-4}.

3 **Calculer** le prix d'une location pour 8 mois. **Arrondir** à l'euro.

....

....

4 **Calculer** la durée de location pour 100 €. **Arrondir** à la journée.

....

....

Voir corrigés p. 149

Compléter ma fiche « J'apprends de mes erreurs pour progresser » FICHE MÉTHODO 4

Je développe des compétences

Je consolide

S'APPROPRIER
VALIDER

Exercice 9

Laurence est salariée de la même entreprise depuis maintenant 15 ans.
Elle regarde l'évolution de son salaire qui dépend à la fois de la variation des cotisations, des changements d'échelon et des augmentations occasionnelles.
Elle observe les résultats suivants sur les huit dernières années :

Année	Rang (x_i)	Salaire mensuel moyen (y_i)
2010	1	1 650
2011	2	1 725
2012	3	1 740
2013	4	1 750
2014	5	1 825
2015	6	1 850
2016	7	1 950
2017	8	1 960

1 **Justifier** le fait qu'un ajustement affine est possible.

2 **Déterminer** une équation de la droite d'ajustement affine de y en x et la **représenter** sur le graphique. **Arrondir** à 0,01 près.

On considère que cette droite permet d'extrapoler sur le salaire moyen de Laurence jusqu'en 2035.

3 **Estimer** le salaire moyen de Laurence en 2025 par le calcul. **Arrondir** à l'unité.

4 **Déterminer** l'année pour laquelle son salaire dépassera les 2 500 €.

RÉALISER
VALIDER

Exercice 10

FICHE MÉTHODO 2

Pour son métier, Hugo utilise souvent son fer à souder de plomberie.
Il souhaite pouvoir estimer la consommation de son fer en fonction de son temps d'utilisation.
Il a donc branché un consomètre entre la prise et l'appareil et a relevé les valeurs suivantes :

Durée d'utilisation (x_i) (en heure)	0,5	1	2	2,5	4	5
Énergie consommée (y_i) (en kWh)	0,070	0,2	0,29	0,41	0,6	0,8

1 **Représenter** graphiquement ce relevé sous forme d'un nuage de points à l'aide d'un outil numérique.

2 **Justifier** la pertinence d'un ajustement affine.

3 **Réaliser** l'ajustement affine de y en x de ce nuage et **préciser** l'équation de la droite. **Arrondir** à 10^{-3}.

4 **Donner** la valeur du coefficient de détermination et **conclure** sur la pertinence de cet ajustement.

5 Hugo a eu un chantier important qui a duré 18 jours et il a utilisé son fer 7 h par jour.
Estimer l'énergie consommée, en kWh, durant la durée du chantier.

6 Sachant que $E = P \times t$, **en déduire** la valeur de la puissance, en watt, de ce fer à souder. **Arrondir** à l'unité.

ANALYSER
COMMUNIQUER

Exercice 11

On a étudié le nombre de naissances pour une région ainsi que le nombre d'exploitations agricoles biologiques entre 2015 et 2018.

Année	2015	2016	2017	2018
Nombre de naissances (x_i)	56 500	55 800	54 360	53 680
Nombre d'exploitation bio (y_i)	4 215	4 700	5 328	6 428

1 **Déterminer** l'équation de la droite d'ajustement affine des exploitations biologiques en fonction du nombre de naissances de cette série statistique.

2 **Indiquer** la valeur du coefficient de détermination R^2.

3 **Argumenter** sur la causalité entre les deux variables.

Compléter ma fiche « J'apprends de mes erreurs pour progresser » FICHE MÉTHODO 4

Probabilités 5

Objectifs

- Exploiter des représentations pour calculer des probabilités. Situation problème p. 74
- Calculer des fréquences conditionnelles à partir d'un tableau croisé d'effectifs. Activité p. 78

Je mets en place des automatismes

RITUEL 1 **Cocher** la (ou les) bonne(s) réponse(s).

1. Ce diagramme illustre le nombre d'inscrits dans une salle de sport : *« 15 pratiquent du vélo-cardio, 25 font de la musculation ».* Combien d'entre eux font les deux ? 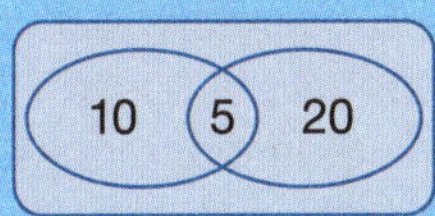	☐ 5 participants	☐ 10 participants	☐ 25 participants
2. Une urne contient des boules : 2 rouges, 3 bleues et 15 blanches. La probabilité de tirer une boule qui n'est pas blanche est égale à :	☐ $\frac{5}{15}$	☐ $\frac{5}{20}$	☐ $\frac{15}{20}$
3. Le dénombrement peut se faire à l'aide :	☐ d'un arbre	☐ d'une courbe	☐ d'un tableau à double entrée

Voir corrigés p. 149

RITUEL 2 ....

RITUEL 3 ....

Je planifie mon travail en choisissant le parcours qui me correspond

FICHE MÉTHODO 3

Parcours 1 - Je gagne en confiance sur le thème

	J'acquiers des capacités					Je développe des compétences	
Exercice n°	4	5	6	7	9	10	13
Fait le	...	...	...	...	...	...	...

Parcours 2 - Je suis à l'aise sur le thème

	J'acquiers des capacités					Je développe des compétences		
Exercice n°	4	5	6	7	8	10	11	12
Fait le	...	...	...	...	...	...	...	...

Parcours 3 - Je maîtrise le thème

	J'acquiers des capacités				Je développe des compétences			
Exercice n°	6	7	8	9	10	11	12	13
Fait le	...	...	...	...	...	...	...	...

Je découvre des notions et des méthodes

Situation problème

Exploiter des représentations pour calculer des probabilités

Différenciation

Manger bio et trier : des gestes écoresponsables !

Dans un questionnaire, les 8 000 habitants du quartier ÉCO CITY d'une commune ont répondu à deux questions :

- « Est-ce que vous triez vos déchets ? » ;
- « Est-ce que vous mangez bio ? ».

Le responsable de ce quartier a la possibilité de développer des infrastructures écoresponsables mais il ne pourra bénéficier de subventions que si la proportion d'habitants de ce quartier qui mange bio ou qui trie ses déchets dépasse 70 %.

Les réponses ont été présentées sous la forme d'un diagramme de VENN :

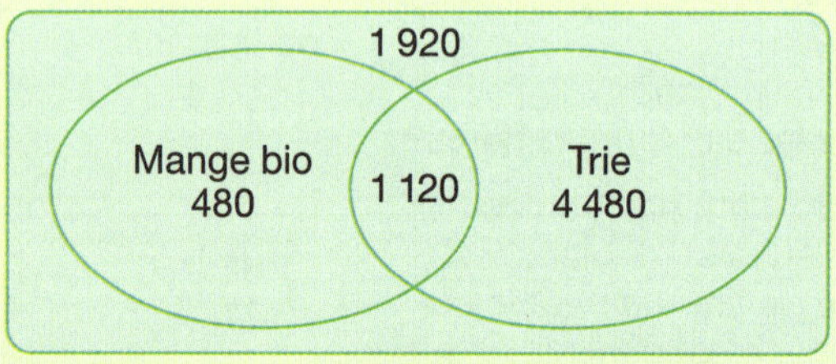

Problématique : Le responsable du quartier ÉCO CITY pourra-t-il développer des infrastructures écoresponsables ?

Je note mes travaux de recherche

FICHE METHODO 3

Je complète à l'aide des échanges avec mes camarades

FICHE METHODO 3

Coup de pouce
liennathan.fr/827pjq

J'utilise l'outil numérique

Le recensement des réponses sur une population de 8 000 personnes a été simulé à l'aide d'un tableur :

« 1 » renvoie une réponse positive et « 0 » renvoie une réponse négative à une question posée.

Les lignes de 11 à 7 999 ont été masquées pour une meilleure visibilité.

	A	B	C	D
1		JE TRIE	JE MANGE BIO	"SOMME"
2		0	0	0
3		1	1	2
4		0	0	0
5		1	0	1
6		1	0	1
7		0	1	1
8		1	0	1
9		0	0	0
10		1	0	1
8000		1	1	2
8001		1	1	2
8002				

A Compréhension de la colonne "SOMME".

La colonne D a été programmée pour faire la somme à chaque ligne des réponses simulées dans les colonnes B et C.

1) Expliquer par une phrase ce que signifie 2 dans la cellule D3 pour une personne interrogée :

....

2) Expliquer par une phrase ce que signifie 1 dans la cellule D5 pour une personne interrogée :

....

3) Expliquer par une phrase ce que signifie 0 dans la cellule D9 pour une personne interrogée :

....

B En théorie

1) En utilisant les données du diagramme de VENN, **déduire** le nombre total de personnes du quartier Eco City :

qui **MANGE BIO** : .... ; qui **TRIE** : ....

2) Un tableau à double entrée permet d'étudier simultanément deux caractères sur une même population.
Compléter le tableau ci-contre en utilisant les données issues du diagramme de VENN.

Tableau d'effectifs	TRIE	ne TRIE pas	TOTAL
mange BIO	....	....	....
ne mange pas BIO	....	....	....
TOTAL	....	....	....

3) On choisit au hasard une personne parmi 8 000 et on s'intéresse aux événements :

T « JE TRIE » ; B « je mange bio ».

Calculer les probabilités :

$p(\mathrm{T})$ = ... ; $p(\mathrm{B})$ = ...

C Expérimentation

=ENT(ALEA()+p(T)) =ENT(ALEA()+p(B)) =NB.SI(B2:B8001;1) =NB.SI(C2:C8001;1)

	A	B	C	D	E
1		JE TRIE	JE MANGE BIO	"SOMME"	
2		0	0	0	
3		1	1	2	
4		0	0	0	
5		1	0	1	
6		1	0	1	
7		0	1	1	
8		1	0	1	
9		0	0	0	
10		1	0	1	
8000		1	1	2	
8001		1	1	2	

F	G	H	I	J	K
Effectif total 8000	T	B	T et B	T ou B	ni T ni B
effectifs	5593	1595	1084	6104	1896
fréquence	0,699	0,199	0,136	0,763	0,237

• La fonction ENT(ALEA()+p) renvoie le chiffre 1 avec une probabilité égale à p et le chiffre 0 avec une probabilité égale à 1 – p.
• La fonction NB.SI (plage ; critère) compte le nombre de critères dans une plage.

1) Dans la simulation informatique :

a) Traduire à l'aide d'une phrase ce que signifie le nombre 5 593 dans la cellule G2 :

b) Donner la formule entrée dans la cellule G4 :

c) Ouvrir le fichier « *EcocityPROBA.xls* » fourni puis **appuyer** sur la touche F9 pour relancer plusieurs fois la simulation. **Observer** les valeurs affichées dans la cellule G4.

EcocityPROBA.xls
liennathan.fr/nsn015

d) Estimer, pour une personne interrogée au hasard, la probabilité qu'elle « trie » :

e) Indiquer comment rapprocher la valeur de la cellule G4 de la probabilité théorique $p(\text{T}) = 0{,}70$ (question **B 3)**) :

2) La fonction NB.SI (plage ; critère), du tableur a été appliquée dans les cellules I2, J2 et K2.

a) Relier chaque effectif à la fonction qui a été programmée :

Nombre de personnes qui « TRIENT et MANGENT BIO »	•	•	NB.SI (D2;D8001:0)
Nombre de personnes qui « ni ne TRIENT ni ne MANGENT BIO »	•	•	NB.SI (D2;D8001:1) + NB.SI (D2;D8001:2)
Nombre de personnes qui « TRIENT ou MANGENT BIO »	•	•	NB.SI (D2;D8001:2)

b) Indiquer le calcul permettant de retrouver l'effectif total de 8 000 réponses simulées :

c) Donner une raison pour laquelle lorsqu'on additionne les effectifs correspondant à la cellule « T » à ceux correspondant à la cellule « B » on ne retrouve pas les effectifs de la cellule « T ou B » :

d) En déduire une formule reliant les fréquences de « T », de « B » et de « T et B » avec celle de « T ou B » :

Je conclus

Réponse à la problématique : Le responsable du quartier ÉCO CITY pourra-t-il développer des infrastructures écoresponsables ?

Je fais le bilan de la situation problème

On considère une population de référence E (les habitants du quartier Eco City) sur laquelle on étudie deux caractères.

On choisit au hasard une personne dans cette population, et on s'intéresse à deux sous-populations de E :

– celle à qui on a posé la question « est-ce que vous triez ? » représentée par l'événement

………………………… .

– celle à qui on a posé la question « est-ce que vous mangez bio ? » représentée par l'événement

………………………… .

Les issues possibles pour ces événements sont résumées ci-dessous :

Issues possibles de B	OUI je mange bio	NON je ne mange pas bio
Probabilité	…………	…………

Issues possibles de T	OUI je trie	NON je ne trie pas
Probabilité	…………	…………

On note T ∩ B (lire T inter B) l'événement constitué des issues qui sont ………………………… .

On note T ∪ B (lire T union B) l'événement constitué des issues qui sont …………………………

(c'est-à-dire ………………………… .)

On note $\overline{\text{T}}$ l'événement constitué de l'issue : ………………………… .

Les résultats peuvent se résumer ainsi :

Tableau de fréquences	TRIE	ne TRIE pas	TOTAL
mange BIO	0,14 ← p(…………)	…………	0,20 ← p(…………)
ne mange pas BIO	…………	…………	………… ← p(…………)
TOTAL	0,70 ← p(…………)	………… ← p(…………)	1,00

La probabilité de T ∪ B peut se calculer à l'aide de la **relation** :

$$p(\text{T} \cup \text{B}) = p(\text{T}) + p(\text{B}) - p(\text{T} \cap \text{B})$$

et répond à la question « ***Si on interroge une personne au hasard, quelle est la probabilité qu'elle trie ou qu'elle mange bio ?*** ».

Remarque :

Si A et B sont deux événements qui n'ont aucune issue en commun alors A ∩ B est

un événement ………………………… .

Dans ce cas on dit que les événements A et B sont …………………………
et la probabilité $p(\text{A} \cup \text{B})$ s'écrit alors :

………………………… .

L'événement contraire de l'événement A se note : $\overline{\dots}$.

Activité

Calculer des fréquences conditionnelles à partir d'un tableau croisé d'effectifs

• S'approprier • Réaliser • Valider

Ne jetez plus vos téléphones portables !
Une entreprise recycle les téléphones portables dont les particuliers se sont lassés, pour les revendre après les avoir vérifiés techniquement ; ils pourront ainsi avoir une seconde vie.
Le mois dernier, elle a enregistré la réception d'un lot de 820 téléphones portables d'occasion. Les services techniques les ont évalués et classés selon leur état en 3 catégories : 260 ont été répertorié « GOLD » car ils étaient en parfait état, 480 en « SILVER » pour leur état jugé bon et le reste en « BRONZE » car ils présentaient des rayures.
À la fin du mois, le bilan des ventes sur ce lot a montré que : 95 % des GOLD, 65 % SILVER et 40 % des BRONZE ont pu être revendus.

Un commercial affirme que « globalement un smartphone sur deux qui est revendu est de catégorie SILVER ». A-t-il raison ?

1 On considère les événements suivants :
- G « l'état du téléphone est évalué GOLD » ;
- B « l'état du téléphone est évalué BRONZE » ;
- S « l'état du téléphone est évalué SILVER » ;
- R « le téléphone a été revendu ».

a) Traduire ce que signifie $\overline{R}$: ....

b) Compléter le tableau croisé d'effectifs ci-dessous :

	G	S	B	TOTAL
R	....	....	....	....
$\overline{R}$	....	....	....	....
TOTAL	....	....	....	....

c) Calculer les probabilités :

$p(R) =$ ....

$p(S \cap R) =$ ....

2 On s'intéresse à la probabilité que parmi les téléphones qui ont été revendus, ce téléphone soit issu de la catégorie « SILVER ». On notera cette probabilité $p_R(S)$.

a) Compléter le tableau des fréquences par rapport aux téléphones revendus :

	G	S	B	TOTAL
R	$\frac{\dots}{\dots}$ = ...	$\frac{\dots}{\dots}$ = ...	$\frac{\dots}{\dots}$ = ...	$\frac{\dots}{\dots}$ = ...

b) Déduire du tableau précédent la probabilité $p_R(S) =$ ....

c) Écrire l'égalité qui relie $p(S \cap R)$, $p(R)$ et $p_R(S)$: ....

....

d) Conclure : Le commercial a-t-il raison en affirmant que parmi tous les téléphones revendus, à peu près un téléphone sur deux est issu de la catégorie SILVER ?

....

....

Différenciation
liennathan.fr/61nj2j

1 Intersection et réunion d'événements, événements incompatibles, événements contraires

....

....

....

....

....

2 Tableau croisé

a) Tableau croisé d'effectifs

....

....

....

b) Tableau croisé de fréquences

....

....

....

....

3 Fréquence conditionnelle

....

....

....

....

....

4 Probabilité conditionnelle

....

....

....

....

5 J'étudie ma leçon FICHE MÉTHODO 5

Compléter le tableau suivant.

Questions	Indices	Mots à retenir
....	....	Intersection
....	....	Réunion
....	....	Probabilité conditionnelle

Exercice résolu

6 Je comprends une méthode – Calculer des probabilités

De nos jours, lorsqu'il faut effectuer des recherches sur internet les supports utilisés sont soit une tablette, soit un smartphone, soit un ordinateur.
On réalise un sondage sur l'appareil utilisé auprès de 1 200 personnes : parmi elles, 700 avaient moins de 25 ans. Il ressort que 576 personnes ont répondu utiliser le smartphone et 415 personnes l'ordinateur.
Les moins de 25 ans utilisent dans 68 % des cas leur smartphone et la tablette dans 12 % des cas.

a) **Calculer** la probabilité qu'une personne choisie au hasard soit ou une personne de moins de 25 ans ou un utilisateur de tablette.

b) **Calculer** la probabilité qu'une personne de plus de 25 ans utilise l'ordinateur pour ses recherches internet.

Méthode

1. **Nommer** les événements.
2. **Établir** un tableau croisé d'effectifs.
3. **Calculer** des probabilités.
4. **Utiliser** les relations permettant de calculer $p(A \cup B)$ et $p_A(B)$.

1) Je **nomme les événements** auxquels je vais m'intéresser :
S : « j'utilise un smartphone » ; T : « j'utilise une tablette » ;
O : « j'utilise un ordinateur » ; A : « j'ai moins de 25 ans ».

L'événement contraire de A, noté $\overline{A}$, représentera les plus de 25 ans.

2) **J'établis** un **tableau croisé d'effectifs** en utilisant les valeurs indiquées dans l'énoncé.

3) **Je déduis** les autres valeurs en calculant les pourcentages indiqués ou des différences :
– L'effectif total des moins de 15 ans est 700, donc celui des plus de 25 ans est égal à : 1 200 – 700 = 500.
– « 68 % utilisent le smartphone » se calcule ainsi : $\frac{68}{100} \times 700 = 476$.
– Pour trouver l'effectif des plus de 25 ans qui utilisent le smartphone, on calcule la différence : 576 – 476.

	S	T	O	Total
A	**476**	**84**	140	700
$\overline{A}$	100	125	275	500
Total	576	209	415	1 200

4) a) On cherche la probabilité de l'événement : $A \cup T$

$$p(A \cup T) = p(A) + p(T) - p(A \cap T)$$
$$= \frac{700}{1\,200} + \frac{209}{1\,200} - \frac{84}{1\,200} = 0{,}69.$$

b) On cherche la probabilité de l'événement O sachant $\overline{A}$:

$$p_{\overline{A}}(O) = \frac{p(\overline{A} \cap O)}{p(\overline{A})} = \frac{275}{500} = 0{,}55.$$

Je m'entraîne avec les exercices 8 et 9 p. 84

Je vérifie mes connaissances

VRAI/FAUX

FICHE AUTOMATISME 13

Répondre à l'écrit ou à l'oral.

On s'intéresse à un client pris au hasard dans un magasin qui vend des tables et des chaises.
T est l'événement « le client achète une table » et C l'événement « le client achète des chaises ».

	V	F
1. $\overline{T}$ est l'événement « ne pas acheter de table ».	☐	☐
2. $p(\overline{T})$ est égal à $1 + p(T)$.	☐	☐
3. L'événement « le client achète une chaise ou une table » se note $C \cap T$.	☐	☐
4. La probabilité d'acheter des chaises alors qu'on a acheté une table se note $p_T(C)$.	☐	☐
5. Cette relation est exacte : $p(C \cup T) = p(C) + p(T) - p(C \cap T)$.	☐	☐

Exercice 1

FICHE AUTOMATISME 13

Lire l'énoncé puis décrire les événements $\overline{A}$ et $A \cap E$ et **compléter** le tableau et le diagramme.

Dans une classe de 30 élèves, 22 étudient l'anglais, 10 l'espagnol et 8 étudient les deux langues. On tire au sort un élève dans la classe et on note E l'événement « étudier l'espagnol « et A « étudier l'anglais »

$\overline{A}$: ....

$A \cap E$: ....

Tableau à double entrée

Effectifs	E	$\overline{E}$	TOTAL
A	....	....	....
$\overline{A}$	....	....	....
TOTAL	....	....	....

Diagramme de VENN

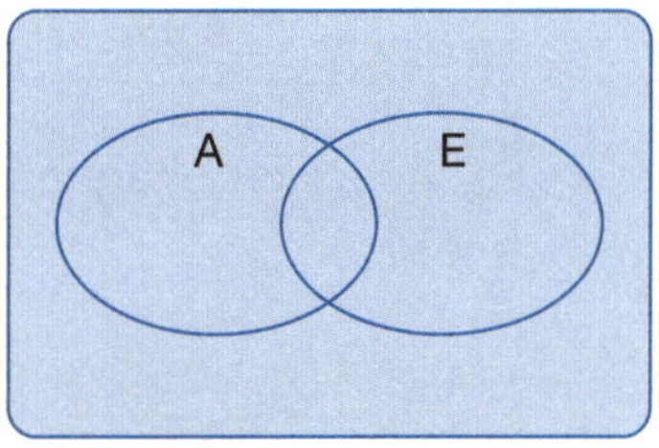

Exercice 2

FICHE AUTOMATISME 13

Une enquête est faite auprès d'un groupe de 180 adolescents sur le fait de jouer à des jeux vidéo en ligne.

Les résultats sont résumés dans ce tableau croisé d'effectifs :

On interroge au hasard un de ces adolescents et on note V l'événement « jouer en ligne à des jeux vidéo » et G l'événement « être un garçon ».

	G	$\overline{G}$	TOTAL
V	85	35	120
$\overline{V}$	15	45	60
TOTAL	100	80	180

1 **Donner** le nombre de garçons dans le groupe ....

2 **Donner** le nombre de personnes qui joue en ligne dans le groupe ....

3 **Décrire** l'événement noté $G \cap V$ dans le contexte de l'énoncé : ....

4 **Calculer** les probabilités : $p(G) =$ .... ; $p(V) =$ .... ; $p(G \cap V) =$ ....

Voir corrigés p. 149

Compléter ma fiche « J'apprends de mes erreurs pour progresser » FICHE MÉTHODO 4

J'acquiers des capacités

▶ Je complète un tableau croisé d'effectifs à partir des données d'un énoncé

FICHE AUTOMATISME 13

Exercice 4

Finir de **compléter** les tableaux croisés d'effectifs.

Effectifs	B	$\overline{B}$	TOTAL
A	534	....	660
$\overline{A}$	....	38	....
TOTAL	....	....	1 268

Effectifs	B	$\overline{B}$	TOTAL
A	11	....	36
$\overline{A}$	....	....	80
TOTAL	67	....	....

Effectifs	B	$\overline{B}$	TOTAL
A	1 700	645	....
$\overline{A}$	....	....	....
TOTAL	....	1 675	4 500

Exercice 5

Trois nouveaux films sortent dans un cinéma de quartier : le film FURIUS, le film WALKING et le film THRONES. Les 3 films sont projetés en même temps et après cette première représentation, on questionne les 440 visiteurs pour savoir s'ils sont satisfaits ou déçus par le film auquel ils ont assisté. La moitié des personnes est allée voir le film FURIUS alors que 30 % des personnes sont allées voir le film WALKING. Parmi ceux qui ont vu le film THRONES, 25 % sont déçus alors que 75 % de ceux qui ont vu le film WALKING se disent satisfaits. Par ailleurs, l'enquête montre que 65 % des visiteurs étaient satisfaits de leur film.

1 **Associer** chaque phrase au calcul correct à réaliser :

- *la moitié des personne a été voir le film FURIUS* •
- *30 % des personnes a été voir le film WALKING* •
- *65 % des visiteurs se disent satisfaits de leur film* •

- • $440 \times 0,65$
- • $440 \times \frac{30}{100}$
- • 440×2
- • $440 \times 0,50$
- • 440×30

2 **Compléter** le tableau ci-dessous :

Effectifs	FURIUS	WALKING	THRONES	TOTAL
Satisfaits	....	....	....	....
Déçus	....	....	....	....
TOTAL	....	....	....	....

▶ J'établis le tableau des fréquences, je calcule des fréquences conditionnelles

FICHE AUTOMATISME 13

Exercice 6

Finir de **compléter** les tableaux de fréquences.

Fréquences	B	$\overline{B}$	TOTAL
A	0,22	0,30	....
$\overline{A}$	....	....	....
TOTAL	....	0,76	1

Fréquences	B	$\overline{B}$	TOTAL
A	....	0,23	0,45
$\overline{A}$	....	....	....
TOTAL	....	0,70	1

Fréquences	B	$\overline{B}$	TOTAL
A	....	....	0,60
$\overline{A}$	0,16	....	....
TOTAL	0,56	....	1

↪ Voir corrigés p. 149

Compléter ma fiche « J'apprends de mes erreurs pour progresser » FICHE MÉTHODO 4

J'acquiers des capacités

Exercice 7

Compléter le tableau des fréquences à partir du tableau croisé d'effectifs. (**Arrondir** à 10^{-2}).

Effectifs	B	$\overline{B}$	TOTAL
A	400	160	560
$\overline{A}$	100	140	240
TOTAL	500	300	800

Fréquences	B	$\overline{B}$	TOTAL
A	....	....	....
$\overline{A}$	....	....	....
TOTAL	....	....	1

Exercice 8

Une entreprise de produits numériques enquête sur les acheteurs de smartphones, de tablettes ou d'ordinateurs portables. Prennent-ils en supplément, au moment de l'achat, une assurance pour la casse ou le vol ?

Voici les résultats de l'enquête qui a porté sur l'ensemble des 5 800 commandes du mois dernier.

Effectifs	Smartphone	Tablette	Ordinateur	TOTAL
Avec assurance	232	860	104	1 196
Sans assurance	4 308	140	156	4 604
TOTAL	4 540	1 000	260	5 800

1 **Établir** le tableau des fréquences des produits numériques par rapport aux assurances qui ont été contractées. (**Arrondir** à 10^{-2}.)

Fréquences	Smartphone	Tablette	Ordinateur	TOTAL
Avec assurance	$\frac{232}{1196}=0,19$	$\frac{860}{1196}=0,72$	$\frac{104}{1196}=0,09$	1

2 **Conclure :** « Parmi les assurances qui ont été prises, ...72... % des clients les ont contractées pour des tablettes ».

▸ J'applique les relations permettant de calculer $p(A \cup B)$ et $p_A(B)$.

Exercice 9

On donne le tableau croisé d'effectifs suivant :

	A	$\overline{A}$	TOTAL
B	60	90	150
$\overline{B}$	20	30	50
TOTAL	80	120	200

1 **Calculer** les probabilités :

$p(A \cap B) = \frac{60}{200} = 0,3$

$p(\overline{B}) = \frac{50}{200} = 0,25$

$p(A \cap \overline{B}) = \frac{20}{200} = 0,10$

$p(A \cup B) = \frac{80}{200} + \frac{150}{200} - \frac{60}{200} = 0,85$

2 **Calculer** les probabilités :

$p_A(B) = \frac{\frac{60}{200}}{\frac{80}{200}} = \frac{60}{80} = 0,75$

$p_B(A) = \frac{\frac{60}{200}}{\frac{150}{200}} = \frac{60}{150} = 0,40$

Compléter ma fiche « J'apprends de mes erreurs pour progresser » FICHE MÉTHODO 4

Je développe des compétences

Je m'entraîne

S'APPROPRIER RÉALISER

Exercice 10 : Consulter les avis avant d'acheter !

Avant d'acheter un article sur un site internet, bon nombre de consommateurs consulte les avis rédigés par d'autres internautes. Pour un article en particulier, on a relevé les effectifs concernant son achat éventuel et la consultation ou non d'avis à son sujet. On tire au hasard un consommateur. On note A l'événement « le consommateur achète l'article » et L l'événement « le consommateur lit les avis sur l'article ». **Arrondir** à 10^{-2} les calculs suivants :

	L	$\bar{L}$	TOTAL
A	6 188	262	6 450
$\bar{A}$	612	938	1 550
TOTAL	6 800	1 200	8 000

1 **Calculer** la probabilité que l'article soit acheté, $p(A)$: ……………………

2 **Calculer** la probabilité que les avis soient lus, $p(L)$: ……………………

3 **Calculer** la probabilité que l'article soit acheté et que les avis soient lus, $p(A \cap L)$:

……………………

4 **Calculer** la probabilité que l'article soit acheté ou que les avis soient lus, $p(A \cup L)$:

……………………

S'APPROPRIER RÉALISER

Exercice 11 : Apprendre à réparer grâce à un tuto !

Avant de racheter un appareil électrique qui dysfonctionne, certains n'hésitent pas à regarder des tutoriels sur internet pour tenter une réparation eux-mêmes !
Un site internet donne des conseils en bricolage et met aussi à disposition des vidéos de tutoriels. On a recensé les résultats des 86 apprentis bricoleurs dans le tableau ci-contre :
On tire au hasard une de ces personnes.
On note T l'événement « la personne a consulté un tutoriel » et on note R l'événement « la personne a réussi à faire sa réparation ».

	R	$\bar{R}$	TOTAL
T	24	14	38
$\bar{T}$	16	32	48
TOTAL	40	46	86

1 **Calculer** la probabilité que la personne ait consulté un tutoriel, $p(T)$:

$P(T) = \frac{38}{86} = 0,44$

2 **Calculer** la probabilité que la personne ait consulté un tutoriel et réparé son appareil, $p(T \cap R)$:

$P(T \cap R) = \frac{24}{86} = 0,28$

3 **Calculer** la probabilité que la personne ait réparé son appareil sachant qu'elle avait consulté un tutoriel, $p_T(R)$: $P_T(R) = \frac{24}{38} = 0,63$

ANALYSER RAISONNER

Exercice 12 : Garder la forme !

Une enquête dans une salle de sport est réalisée auprès d'un groupe de 80 inscrits : 56 sont inscrits dans un cours collectif et 26 prévoient de prendre un coach nutrition. 18 personnes ne sont pas dans un cours collectif et ne souhaitent pas prendre un coach nutrition. On tire au sort une personne. On note les événements : C « Je suis inscrit dans un cours collectif » et N « Je prévois de prendre un coach nutrition ».

	N	$\bar{N}$	TOTAL
C	…………	…………	…………
$\bar{C}$	…………	…………	…………
TOTAL	…………	…………	…………

Compléter ma fiche « J'apprends de mes erreurs pour progresser » FICHE MÉTHODO 4

Je développe des compétences

Je m'entraîne

1 Compléter le tableau croisé d'effectifs.

2 Traduire en langage courant l'événement $\overline{C}$. ....

....

3 Calculer la probabilité qu'une personne ne soit pas inscrite dans un cours collectif ou qu'elle prévoit de prendre un coach nutrition.

....

4 Calculer la probabilité qu'une personne envisage de prendre un coach nutrition sachant qu'elle suit un cours collectif.

....

S'APPROPRIER RÉALISER

Exercice 13 : Retrouver la composition d'une urne

Une urne contient 75 boules au total. Parmi les boules qui sont colorées, certaines contiennent du VERT, du ROUGE et du JAUNE. Il y en a qui possèdent 2 de ces couleurs et enfin, il y en a aussi qui possèdent les 3 couleurs.

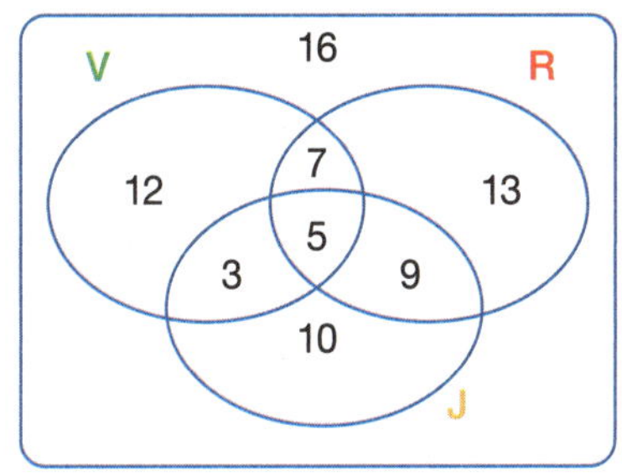

1 Faire l'inventaire du nombre de boules en fonction de leurs couleurs en analysant le diagramme de VENN ci-contre.

R : 34 Boule rouge et 16 boule sans couleur
V : 27 Boule verte
J : 27 Boule jaune

2 On tire au sort une boule et on note les événements :
V « la boule contient du vert » ; R « la boule contient du rouge » ; J « la boule contient du jaune ».

Je veux calculer $p(R)$	Je veux calculer $p(V \cup J)$	Je veux calculer $p_R(J)$	Je veux calculer $p_J(R)$
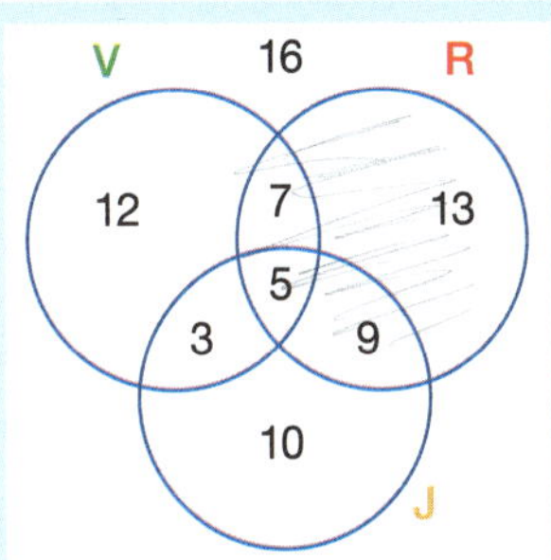	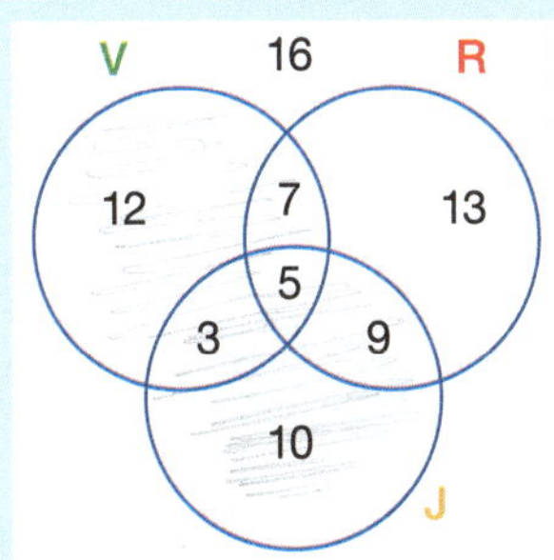	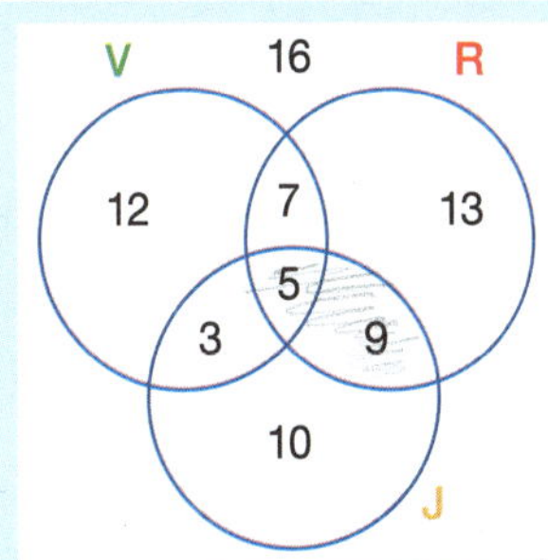	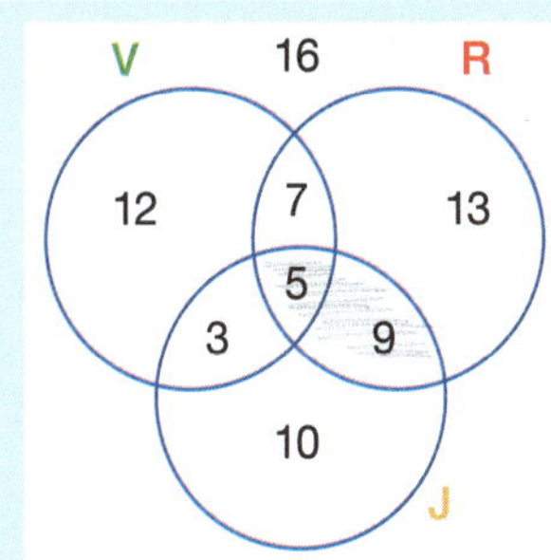
Colorier la partie concernée.	**Colorier** la partie concernée.	**Colorier** la partie concernée.	**Colorier** la partie concernée.
Écrire le calcul :	**Écrire le calcul :**	**Écrire le calcul :**	**Écrire le calcul :**
$P(R) = \frac{34}{75} = 0,45$	$P(V \cup J) = \frac{46}{75} = 0,61$	$P_R(J)\ \frac{14}{34} = 0,41$	$P_J(R)\ \frac{14}{27} = 0,52$

Compléter ma fiche « J'apprends de mes erreurs pour progresser » FICHE MÉTHODO 4

Je développe des compétences

Je consolide

S'APPROPRIER ANALYSER **Exercice 14** FICHE MÉTHODO 2

En 2017, 213 898 permis de conduire de la catégorie B ont été délivrés via la filière de l'Apprentissage Anticipé de la conduite (AAC), doit seulement 24,8 % de totalité des permis délivrés pour cette catégorie.
Pourtant, cette formation « au long cours » réduit considérablement l'accidentalité chez les conducteurs novices et enregistre un meilleur taux de réussite à l'examen.
Le taux de réussite à l'épreuve pratique en vue de l'obtention de la catégorie B du permis de conduire est de 75 % pour les candidats ayant suivi une formation anticipée à la conduite, contre 52 % pour les candidats qui ont suivi la formation traditionnelle.

À l'aide de cet extrait issu du site *https://www.securite-routiere.gouv.fr/*, **compléter** le tableau ci-dessous :

2017	RÉUSSITE du 1er coup !	ÉCHEC... il faut le retenter	TOTAL
Filière AAC dès 15 ans	213 898	....	....
Formation traditionnelle	....	....	....
TOTAL	....	....	....

VALIDER COMMUNIQUER **Exercice 15**

La répartition des groupes sanguins dans une population de 400 malades est la suivante :

	Groupes O	A	B	AB
Rhésus RH+	148	156	28	8
Rhésus RH-	24	24	8	4

1 Faites une recherche sur le site : https://dondesang.efs.sante.fr/barometre pour connaître les différences entre tous ces groupes sanguins. **Proposer** un résumé d'une dizaine de lignes.

2 On choisit au hasard un malade. **Répondre** par VRAI ou FAUX en **justifiant** par des calculs et une phrase.

a) « La probabilité qu'il soit de groupe sanguin O est supérieure à celle qu'il soit de groupe sanguin A. »

b) « La probabilité qu'il soit de RHÉSUS positif est égale à 0,85 ».

c) « Il y a moins de 10 % de chance pour que son groupe sanguin soit O^- ou que son groupe sanguin soit A^- ».

ANALYSER RAISONNER **Exercice 16**

Dans une chaîne de production de jouets un étiquetage garantit la conformité des substances chimiques aux normes européennes (en particulier la norme NF EN 71-3).
Des tests sont réalisés sur 80 000 peluches de couleur blanches ou multicolores. Selon leur conformité, les peluches sont conservées ou bien détruites.
Pour que la production soit rentable, deux conditions doivent être vérifiées simultanément :
– parmi les peluches blanches, le pourcentage de peluches détruites ne doit pas dépasser 6 % ;
– parmi les peluches multicolores, le pourcentage de peluches détruites ne doit pas dépasser 10 %.

	Conservée	Détruite	TOTAL
Blanche	50 920	2 680	53 600
Multicolore	23 232	3 168	26 400
TOTAL	74 152	5 848	80 000

Si on choisit au hasard une peluche dans la dernière chaîne de production, la rentabilité est-elle effective ?

ANALYSER RAISONNER **Exercice 17** FICHE MÉTHODO 2

500 salariés d'une entreprise sont répartis selon qu'ils soient Cadre ou Ouvrier et selon leur genre Homme ou Femme de la façon suivante : les hommes représentent 60 % de l'effectif total. Les femmes « ouvrières » sont trois fois plus nombreuses que les femmes « cadres ». Parmi les cadres : Il y a deux fois moins de femmes que d'hommes. On rencontre un employé au hasard.

Déterminer la probabilité que le salarié soit un cadre ou un homme.

Compléter ma fiche « J'apprends de mes erreurs pour progresser » FICHE MÉTHODO 4

Géométrie

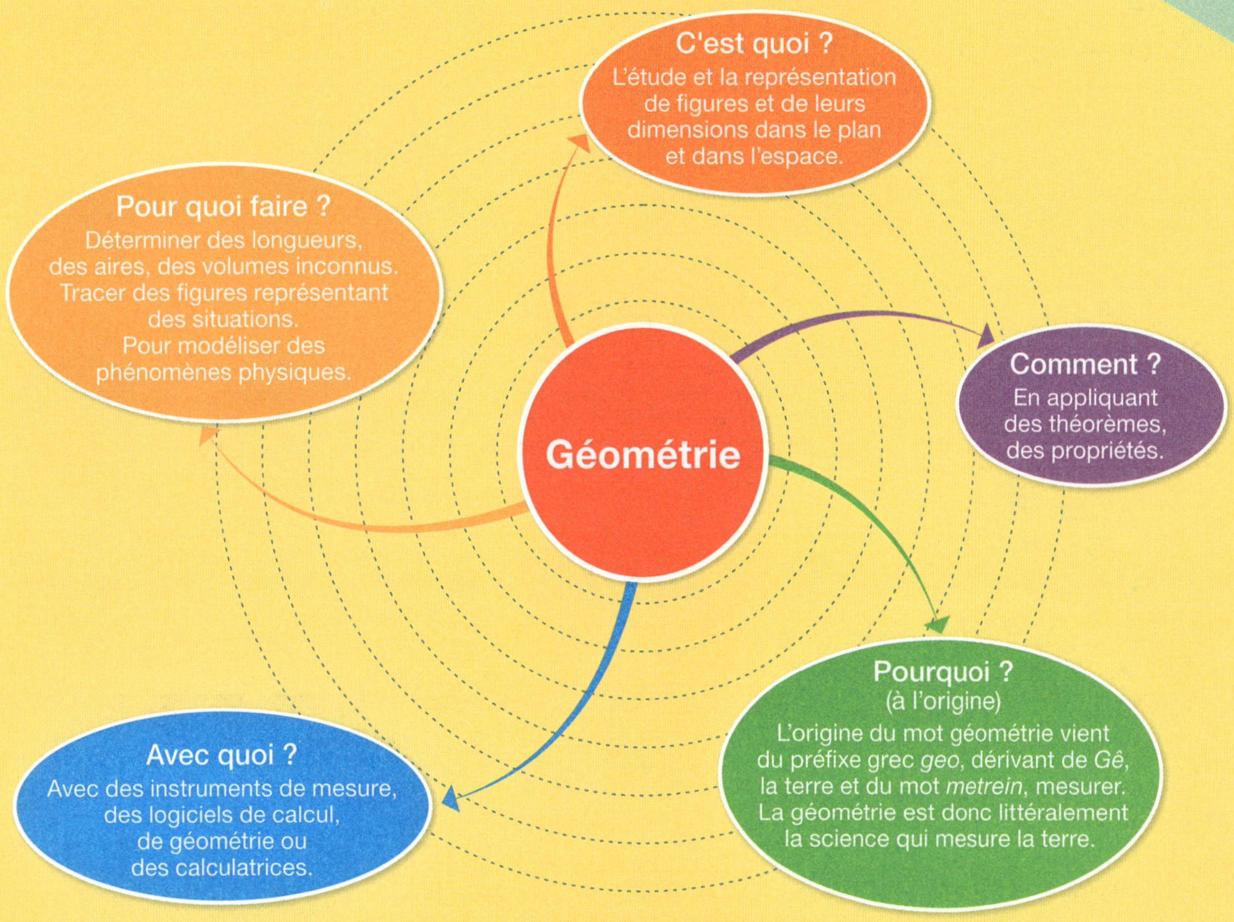

Sommaire

Ce domaine se décompose en trois modules comprenant chacun un chapitre :

Lien avec la Seconde

- Au cycle 4, les élèves ont rencontré les notions d'abscisse, d'ordonnée et d'altitude et ont appris à se repérer dans un parallélépipède rectangle.
- En classe de seconde professionnelle, les élèves ont consolidé d'une part, les techniques de calcul avec des grandeurs mesurables et, d'autre part, leurs connaissances des figures et solides usuels.

Je me positionne

QCM (à l'écrit ou à l'oral)

Cocher la (ou les) bonne(s) réponse(s).

	A	B	C	Acquis / non acquis
1. $\mathscr{C}$ est un cercle de centre O est de rayon 5 cm, 0A = 4 cm :	☐ A est sur le cercle	☐ A est dans le cercle	☐ A est hors du cercle	
2. $\mathscr{D}$ est un disque de centre O est de rayon 5 cm, 0A = 4 cm :	☐ A est sur le disque	☐ AO est un diamètre	☐ A est hors du disque	
3. L'aire d'un disque de rayon 1 est :	☐ π	☐ $\frac{\pi}{2}$	☐ 2π	
4. Les droites d_1 et d_2 sont : 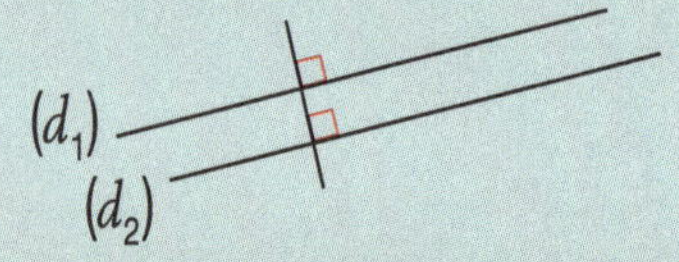	☐ perpendiculaires	☐ parallèles	☐ sécantes	
5. Un parallélogramme a :	☐ deux côtés consécutifs perpendiculaires	☐ les diagonales perpendiculaires	☐ les côtés opposés parallèles deux à deux	
6. Une translation est un déplacement :	☐ circulaire	☐ en ligne droite	☐ aléatoire	
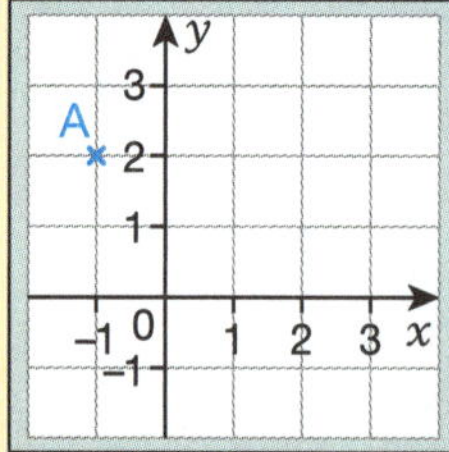 **7.** Les coordonnés du point A sont :	☐ (2 ; −1)	☐ (−1 ; 2)	☐ [−1 ; 2]	
8. ABCD est un parallélogramme, on a :	☐ AB = DC	☐ DA = BC	☐ AB = BC	
À la calculatrice				
9. Si $a = 3$ et $b = 4$ alors $c = \sqrt{a^2+b^2}$ vaut :	☐ $c = 2{,}6$	☐ $c = 5$	☐ $c = 19$	
10. $\sin\left(\frac{\pi}{2}\right)$	☐ 0	☐ 1	☐ −1	
11. $\cos \pi$	☐ 0	☐ 1	☐ −1	
12. $\sin\left(\frac{\pi}{3}\right)$	☐ $\frac{1}{2}$	☐ $\frac{\sqrt{3}}{2}$	☐ −1	
13. $\cos^{-1}\left(\frac{\sqrt{2}}{2}\right)$	☐ $\frac{\pi}{3}$	☐ $\frac{\pi}{4}$	☐ $\frac{\pi}{6}$	
14. $\sin^{-1}\left(\frac{1}{2}\right)$	☐ $\frac{\pi}{3}$	☐ $\frac{\pi}{4}$	☐ $\frac{\pi}{6}$	

Voir corrigés p. 149

Géométrie dans l'espace

6

Objectifs

- Représenter un solide usuel à l'aide d'un logiciel de géométrie dynamique ou d'un logiciel métier Situation problème p. 90
- Exploiter une représentation d'un solide usuel ou d'un solide constitué d'un assemblage de solides usuels Situation problème p. 90
- En utilisant un logiciel de géométrie dynamique ou un logiciel métier : réaliser la section d'un solide usuel par un plan ; construire la section plane d'un solide passant par des points donnés Activité 1 p. 92

Je mets en place des automatismes

RITUEL 1 **Nommer** des solides : ....

....

Nommer des figures planes : ....

Voir corrigés p. 149

RITUEL 2 ....

....

....

RITUEL 3 ....

....

....

Je planifie mon travail en choisissant le parcours qui me correspond

FICHE MÉTHODO 3

Parcours 1 - Je gagne en confiance sur le thème

	J'acquiers des capacités				Je développe des compétences
Exercice n°	3	4	5	6	7
Fait le	...	...	...	...	...

Parcours 2 - Je suis à l'aise sur le thème

	J'acquiers des capacités			Je développe des compétences	
Exercice n°	3	5	6	7	8
Fait le	...	...	...	...	...

Parcours 3 - Je maîtrise le thème

	J'acquiers des capacités			Je développe des compétences		
Exercice n°	3	5	6	7	8	9
Fait le	...	...	...	...	...	...

Situation problème

Représenter un solide usuel – Exploiter sa représentation – Réaliser la section d'un solide usuel par un plan

Différenciation

Terrarium

Alexandre souhaite créer un terrarium sphérique en verre suspendu pour les jardineries.
Après étude, il est ressorti que le diamètre du terrarium sera de 24 cm et le diamètre de l'ouverture de 10 cm.

Problématique : À quelle distance du centre du terrarium faudra-t-il couper pour obtenir l'ouverture souhaitée ?

Je note mes travaux de recherche

FICHE MÉTHODO 3

....

....

....

....

Je complète à l'aide des échanges avec mes camarades

FICHE MÉTHODO 3

....

....

....

....

Coup de pouce
liennathan.fr/6b6n9u

J'utilise l'outil numérique

A Représentation du solide

1) **Ouvrir** le logiciel Geogebra 3D.

2) **Choisir** « Sphere (centre-rayon) » puis cliquer sur l'origine du repère (qui s'appellera A) et **entrer** la valeur du rayon du terrarium : .... La boule est créée.

B Section du solide par un plan

1) **Choisir** « Point sur objet » puis **cliquer** sur l'axe vertical du repère : le point B se crée.

2) **Faire** un clic droit sur l'un des axes puis **choisir** Zoom et ensuite 25 %.

3) Choisir « Plan perpendiculaire » puis **cliquer** sur le point B puis sur l'axe vertical du repère : un plan horizontal apparait.

4) Déplacer le point B : le plan coupe la boule.

5) Choisir « Intersection de deux surfaces » puis **cliquer** sur le plan puis sur la boule.

6) Faire un clic droit sur cette intersection dans la fenêtre Algèbre puis **choisir** « Créer une vue 2D ».

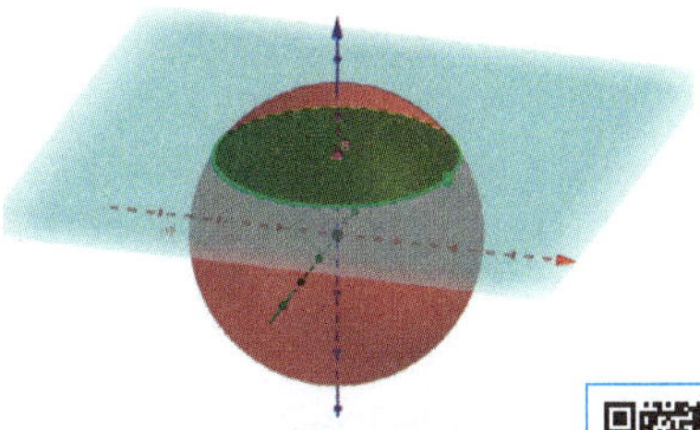

C Exploitation de la représentation

1) Choisir « Point sur objet » puis **cliquer** sur l'intersection du plan et de la boule : le point C se crée.

2) Choisir « Distance ou longueur » puis **cliquer** sur les points B puis C : la distance BC apparaît.

Coup de pouce.ggb
liennathan.fr//5p2ef6

3) Déplacer le point B tel que la distance BC soit égale au rayon de l'ouverture souhaitée, donc de ....

4) Donner la distance AB : ....

Je conclus

Réponse à la problématique : À quelle distance du centre du terrarium faudra-t-il couper pour obtenir l'ouverture souhaitée ?

....

Je fais le bilan de la situation problème

- **J'extrais** les informations utiles :

  Le terrarium a la forme d'une .... de diamètre ....

- À l'aide du logiciel de géométrie dynamique ou d'un logiciel métier,

je représente donc une ....

- **Je recherche** le rayon de cette boule : ....
- À l'aide du logiciel Geogebra, **je réalise** la section de cette boule par un plan.
- **J'identifie** cette section : c'est un ....
- **J'extrais** les informations utiles :

  L'ouverture doit mesurer .... de diamètre.

- Donc **je recherche** le rayon de ce disque : ....
- À l'aide du logiciel de géométrie dynamique ou d'un logiciel métier, **je représente** le rayon de ce disque.
- **J'identifie** la distance recherchée : ....
- **J'en déduis** la distance recherchée : ....

Pour aller plus loin

- **Donner** la section obtenue si la distance AB vaut 12 cm : ....

Le plan sera alors .... à la ....

Activité 1 — Construire la section plane d'un solide passant par des points donnés

• S'approprier • Réaliser

Alicia préfère poser son terrarium plutôt que de le suspendre. Elle décide donc de créer un socle pour l'accueillir. Elle souhaite recycler un cube en bois qui encombre son garage. Il a une arête de longueur 20 cm.
Alicia souhaite connaitre la forme de la section à découper sachant que trois endroits du cube sont abîmés et qu'elle souhaite donc les enlever.

1 **Ouvrir** le logiciel Geogebra 3D.

2 **Choisir** « Cube » puis **cliquer** sur l'origine du repère (qui s'appellera A) et sur l'axe des abscisses (de couleur rouge) à la graduation .... : le cube est créé.

Utiliser, si besoin, la molette de la souris pour zoomer ou dézoomer.

3 Dans la fenêtre de Saisie, **entrer** les coordonnées des points suivants qui correspondent aux parties basses des endroits abîmés :
I = (0,0,16.24)   J = (20,0,11.34)   K = (20,20,16.97)

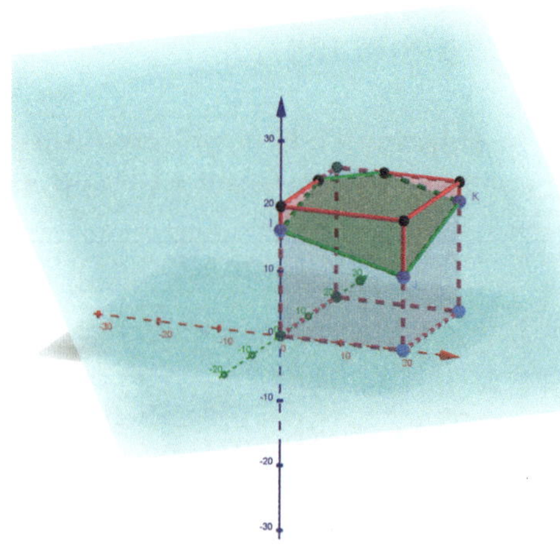

4 **Construire** le plan passant par ces trois points.

5 **Construire** la section plane du cube passant par ces trois points.

6 **Créer** une vue 2D de cette section par un clic droit dans la fenêtre Algèbre.

7 **Donner** le nom de cette figure plane :

....

Activité 2 — Apprendre avec une carte mentale

• Analyser / Raisonner • Réaliser

1 **Dessiner** une carte mentale sur la notion de section plane.

2 **Faire** valider le contenu par le professeur.

Carte mentale.pdf
liennathan.fr/6t15ez

Sections planes

Je retiens l'essentiel

Géométrie dans l'espace

Différenciation

Différenciation
liennathan.fr/3vp0t7

1 Section d'un solide par un plan

……………………………………………………………………………………
……………………………………………………………………………………
……………………………………………………………………………………

a) Pavé droit et cube

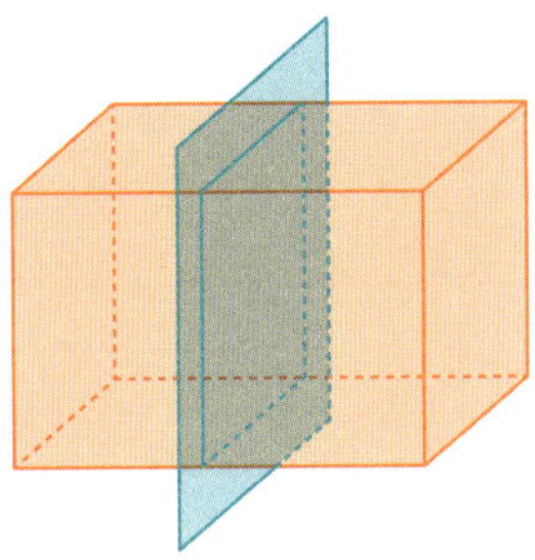

……………………………………………
……………………………………………
Cas particulier : ……………………………
……………………………………………

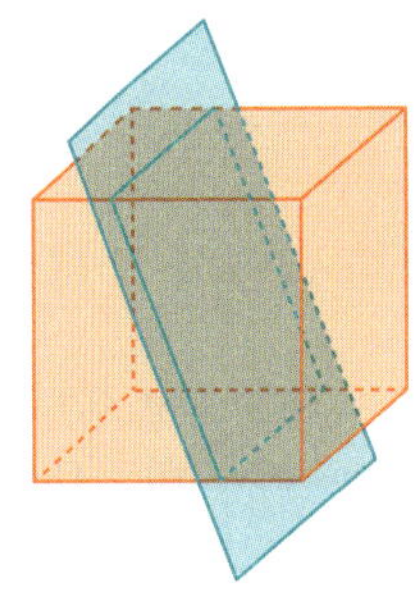

……………………………………………
……………………………………………
Cas particulier : ……………………………
……………………………………………

b) Cylindre droit

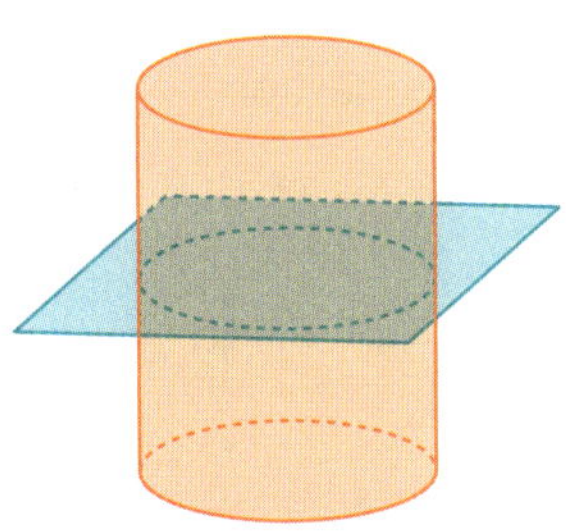

……………………………………………
……………………………………………

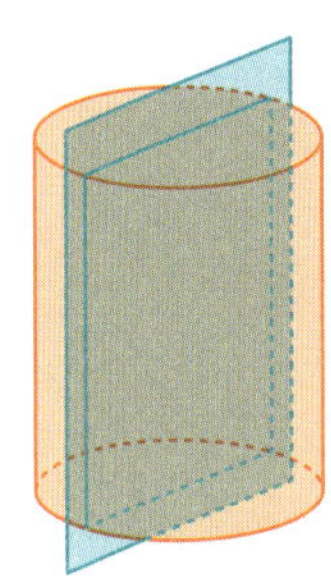

……………………………………………
……………………………………………

c) Cône, pyramide et boule

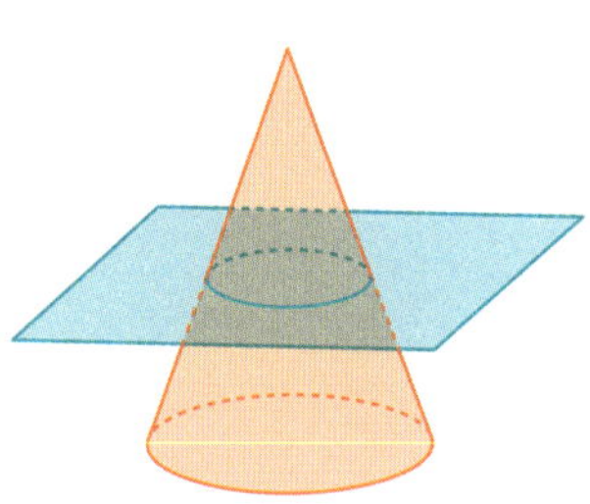

……………………………
……………………………

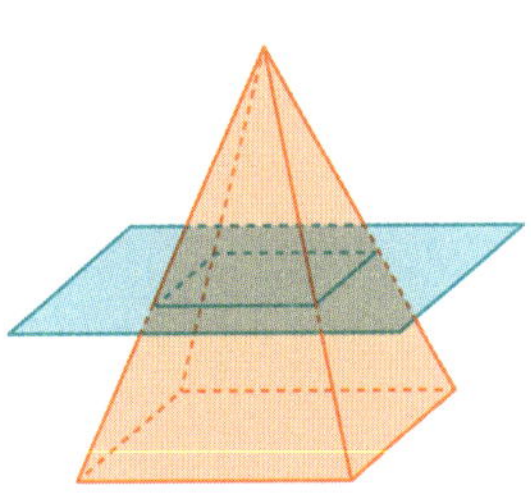

……………………………
……………………………

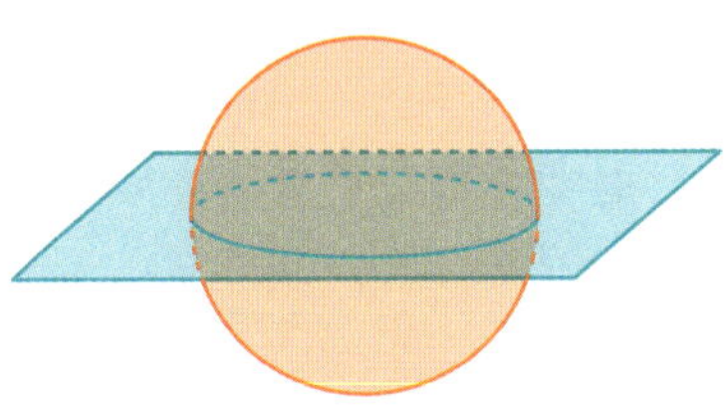

……………………………
……………………………
Cas particulier :
……………………………

2 J'étude ma leçon FICHE MÉTHODO 2

Compléter le tableau suivant.

Questions	Indices	Mots à retenir
....	....	Solides
....	....	Plan
....	....	Section

Exercice résolu

3 Je comprends une méthode – Exploiter une représentation d'un solide usuel

Déterminer la capacité, en cL, d'un verre conique qui a 11 cm de profondeur et 8 cm de diamètre à l'ouverture.

Méthode

1. **Identifier** la forme du solide.
2. **Identifier** les dimensions du solide.
3.
   - Soit **calculer** la grandeur recherchée à l'aide d'une formule.
   - Soit **représenter** le solide à l'aide d'un logiciel puis **afficher** la grandeur recherchée.
4. **Répondre** à la question.

1) Le solide étudié est un cône.

2) Ses dimensions sont rayon = 4 cm et hauteur = 11 cm.

3) On calcule le volume de ce cône :

$$V = \frac{1}{3} \times \pi \times 4^2 \times 11 = 184 \text{ cL}.$$

Autre méthode : On représente le cône à l'aide du logiciel de géométrie dynamique ou d'un logiciel métier et on affiche son volume (défilement icône « angle »).

4) On répond à la question : La capacité du verre sera de 184 cL.

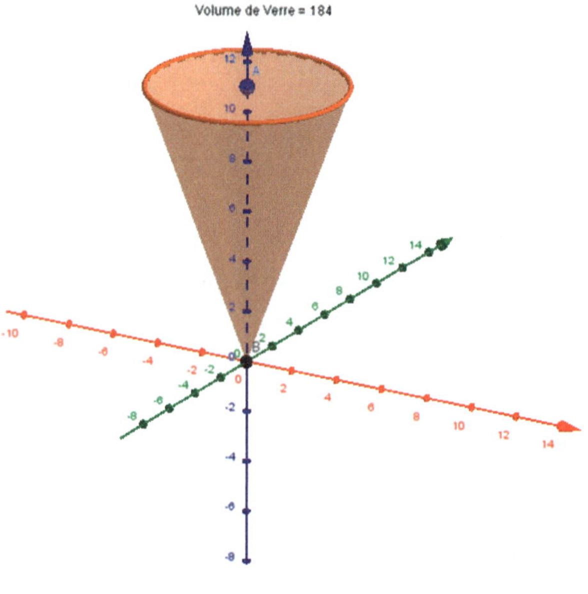

Je m'entraîne avec l'exercice 7 p 97

Je vérifie mes connaissances

QCM

Répondre à l'oral ou à l'écrit en cochant la (ou les) bonne(s) réponse(s).

	A	B	C
1. La section d'une boule et d'un plan est :	☐ un disque	☐ un carré	☐ un cercle
2. La section d'un cube et d'un plan parallèle à une arête est :	☐ un cercle	☐ un triangle	☐ un rectangle
3. La section d'une pyramide et d'un plan parallèle à sa base peut être :	☐ un triangle	☐ un disque	☐ un rectangle
4. La section d'un cylindre et d'un plan parallèle à sa base est :	☐ un triangle	☐ un disque	☐ un rectangle
5. La section d'un cube et d'un plan parallèle à une face est :	☐ un rectangle	☐ un carré	☐ un cube
6. La section d'un cylindre et d'un plan parallèle à son axe est :	☐ un triangle	☐ un disque	☐ un rectangle
7. La section d'un cône et d'un plan parallèle à sa base peut être :	☐ un triangle	☐ un disque	☐ un rectangle

Exercice 1

1 On veut couper un cylindre droit par un plan.
Donner la particularité du plan pour que le plan de coupe soit un rectangle : ....

2 On veut couper une boule par un plan.
Donner la particularité du plan pour que le plan de coupe ait une aire maximale : ....

3 On veut couper une pyramide par un plan parallèle à sa base.
Donner la particularité de la pyramide pour que le plan de coupe soit un hexagone : ....

Exercice 2

1 **Représenter,** à l'aide d'un logiciel de géométrie dynamique ou d'un logiciel métier, une pyramide à base triangulaire de hauteur 4 unités.

2 **Donner** les caractéristiques d'un triangle rectangle.

....

3 **Déplacer** les points de la base pour former un triangle rectangle.

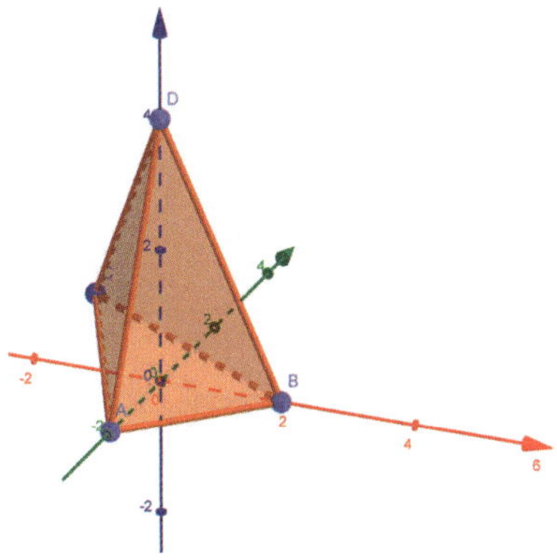

Voir corrigés p. 149

Compléter ma fiche « J'apprends de mes erreurs pour progresser » FICHE MÉTHODO 4

J'acquiers des capacités

▸ Représenter un solide usuel à l'aide d'un outil numérique

Exercice 3

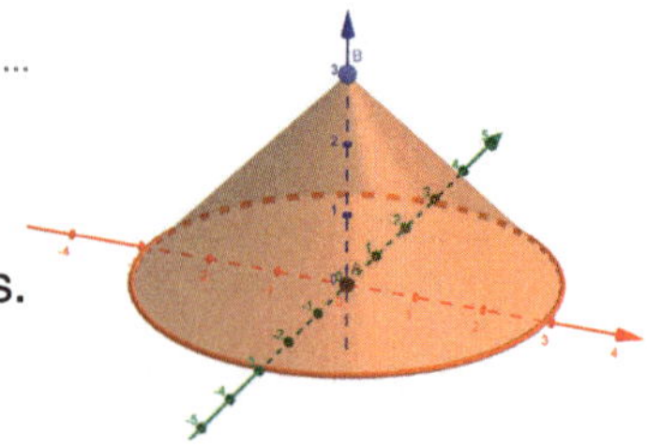

1 **Nommer** le solide représenté ci-contre. ……………………………………

2 **Ouvrir** un logiciel de géométrie dynamique ou un logiciel métier et **placer** un curseur a (min : 0, max : 5, incrément : 0.1).

3 **Représenter** le solide représenté ci-contre, de rayon a et de hauteur 3 unités.

4 **Déplacer** le curseur.

5 **Décrire** vos observations du solide. ……………………………………

▸ Exploiter une représentation d'un solide usuel

Exercice 4 Physique-Chimie

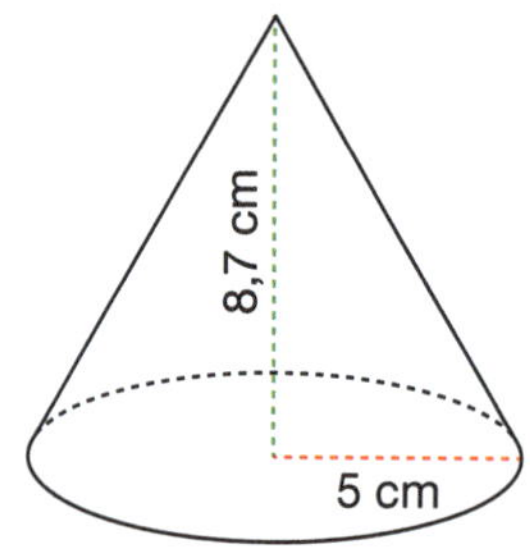

Une entreprise doit fabriquer 500 bougies comme modélisé ci-contre.
Déterminer la quantité de cire, au gramme près, à commander sachant que la masse volumique de la cire est de 0,9 g/cm^3 : ……………………………………

▸ Réaliser la section d'un solide usuel par un plan à l'aide d'un outil numérique

Exercice 5

1 **Ouvrir** un logiciel de géométrie dynamique ou d'un logiciel métier puis **saisir** les points suivants A (0,0,0), B (5,0,0), C (5,4,0) et D (0,4,0) dans la fenêtre de saisie.

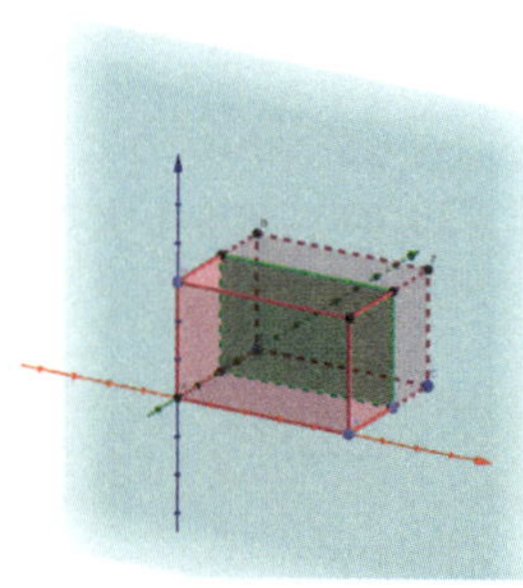

2 **Représenter** le pavé droit de base ABCD et de hauteur de longueur 3 unités (icône « Prisme »).

3 **Placer** un point I sur le segment [BC] puis **choisir** « Plan perpendiculaire » et **cliquer** sur le point I puis sur le segment [BC] : un plan apparaît.

4 **Réaliser** la section du pavé droit par ce plan (icône « Intersection de deux surfaces »).

5 **Déplacer** le point I.

6 **Décrire** vos observations de cette section. ……………………………………

▸ Construire la section plane d'un solide passant par des points donnés à l'aide d'un outil numérique

Exercice 6

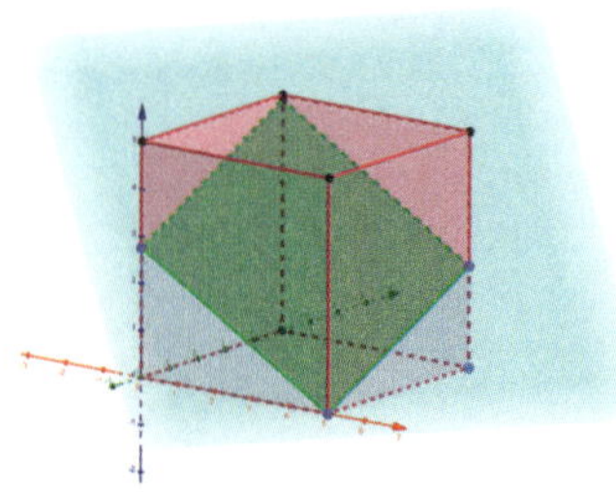

1 **Représenter**, à l'aide d'un logiciel de géométrie dynamique ou d'un logiciel métier, un cube d'arête de longueur 5 unités.

2 **Placer** trois points sur des arêtes verticales distinctes.

3 **Construire** la section plane du cube passant par ces trois points puis **créer** une vue 2D de cette section.

4 **Déplacer** ces points.

5 **Décrire** vos observations de cette section : ……………………………………

Compléter ma fiche « J'apprends de mes erreurs pour progresser » FICHE MÉTHODO 4

Je développe des compétences

Je m'entraîne

ANALYSER RAISONNER **Exercice 7 : Verre à cocktai** DIFFÉRENCIATION

Sophie est invitée à une soirée. Elle a pris un cocktail de jus de fruits dans un verre à pied identique à celui représenté sur la photo ci-contre.
Sophie se demande jusqu'où doit arriver le liquide pour qu'il soit rempli à moitié.

1 **Donner** le nom des solides constituant le verre à cocktail ci-contre :

....

2 À l'aide d'un logiciel de géométrie dynamique ou d'un logiciel métier, **représenter** la partie haute, contenant le liquide, du verre à cocktail, sachant que son diamètre mesure 13 cm et sa hauteur 7,5 cm.

Coup de pouce.ggb
liennathan.fr/7g85dq

3 **Renommer** O le sommet du cône.

4 **Faire apparaître** le volume du cône et **noter** sa valeur (en indiquant son unité) :

$V_{\text{cône}}$ = ...

5 **Afficher** la fenêtre Graphique, **placer** un curseur a (min : 0, max : 7.5, incrément : 0.1) puis dans la fenêtre de Saisie, **entrer** P=(0,0,a) pour créer le point mobile P.
Déplacer le curseur, le point P est mobile.

6 **Faire apparaître** la distance OP.

7 **Représenter** un deuxième cône dont le centre de la base est P, son sommet O, et **entrer** pour rayon la valeur *distanceOP* × 6.5/7.5 :

8 **Faire apparaître** le volume du deuxième cône puis **déplacer** le curseur.

9 **Répondre** à l'interrogation de Sophie : ....

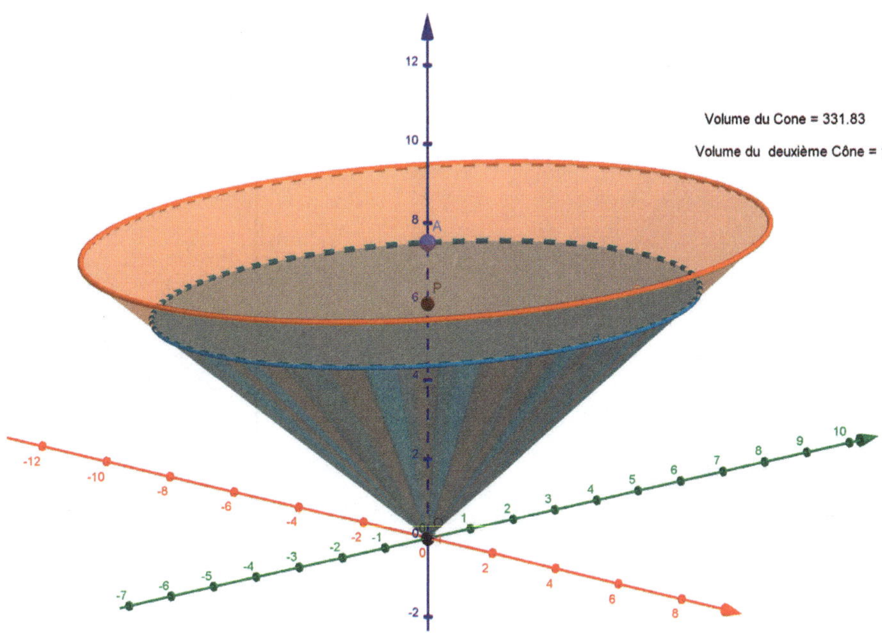

Voir corrigés p. 149

Compléter ma fiche « J'apprends de mes erreurs pour progresser » FICHE MÉTHODO 4

Je développe des compétences

Je consolide

ANALYSER RAISONNER

Exercice 8 Physique-Chimie

Pour contribuer à la préservation de la planète, Philippe a fait installer une cuve cylindrique de récupération d'eau de pluie pour son jardin et sa chasse d'eau. Elle est enterrée dans son jardin. Il a réussi à mesurer sa hauteur h mais pas son rayon. Il connait le volume V de la cuve.

1 À l'aide des données et du logiciel de géométrie dynamique ou du logiciel métier, **déterminer** le rayon de la cuve.

Coup de pouce liennathan.fr/g7j58s

2 **Déterminer,** à l'aide des fonctionnalités du logiciel de géométrie dynamique ou du logiciel métier, l'aire de la base de la cuve.

Coup de pouce liennathan.fr/0fix04

3 Philippe souhaite connaître la valeur de la pression *P* qui s'exerce au fond de la cuve, la **calculer**.

Coup de pouce liennathan.fr/5t26yl

4 **Calculer** la force pressante *F* exercée par l'eau sur le fond de la cuve.

Données :
- $h = 4$ m,
- $V = 50{,}27$ m^3.
- $P = \frac{F}{S}$,
- $P = \rho g z + P_{atm}$,
- $\rho_{eau} = 1\,000$ kg/m^3,
- $g = 9{,}81$ N/kg,
- $P_{atm} = 1\,013{,}25$ hPa.

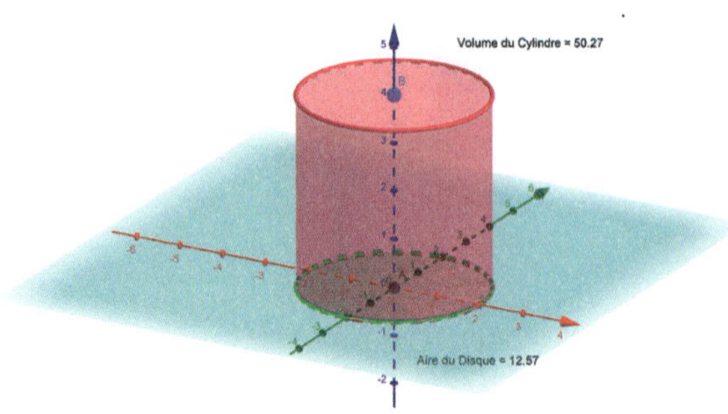

S'APPROPRIER RÉALISER

Exercice 9 Physique-Chimie

Raphaël doit participer à une exposition sur le thème du développement durable. Il a décidé d'utiliser des matériaux de récupération pour construire une représentation personnelle de l'obélisque. Il a trouvé de grandes quantités de restes métalliques en étain. La partie basse de sa pièce a une forme cubique.

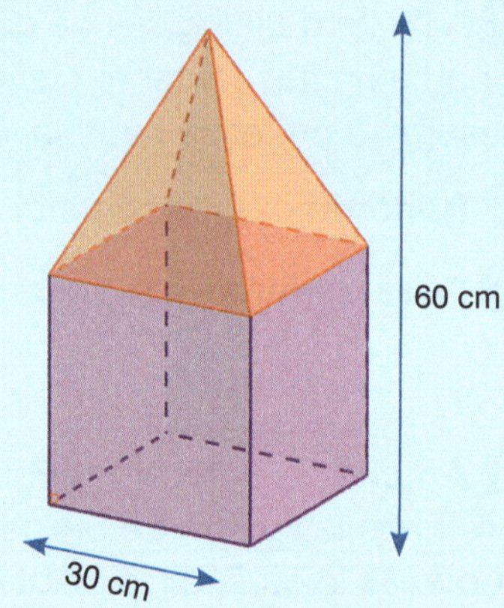

1 **Déterminer,** à l'aide d'un logiciel de géométrie dynamique ou d'un logiciel métier, le volume total de cette pièce.

2 Pour éviter un coût trop élevé, l'artiste décide de fabriquer une pièce vide avec des plaques d'étain de 0,8 cm d'épaisseur. **Déterminer** la masse de la pièce terminée, en grammes, sachant que la densité de l'étain est de 5,75. **Arrondir** à l'unité.

Données : la masse volumique de l'étain est donc de 5,75 g/cm^3.

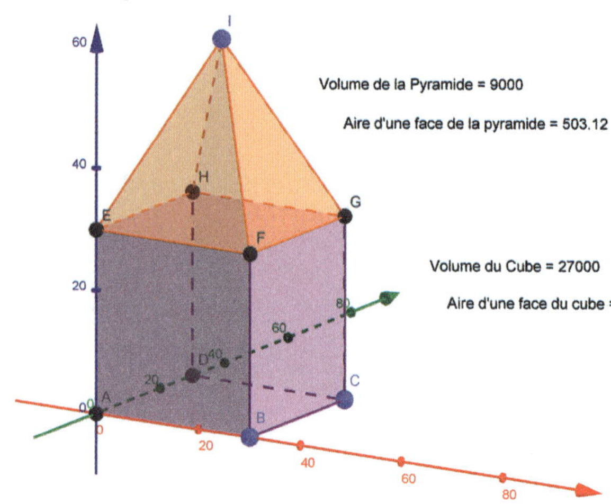

Compléter ma fiche « J'apprends de mes erreurs pour progresser » FICHE MÉTHODO 4

7 Vecteurs

Objectifs

- Identifier des translations par leur direction et leur norme, caractériser un déplacement par la composition de translations. Situation problème p. 100
- Construire un vecteur obtenu comme somme de deux vecteurs. Activité 1 p. 102
- Déterminer graphiquement des coordonnées de vecteur. Activité 2 p. 108
- Somme de vecteurs Activité 3 p. 103

Je mets en place des automatismes

RITUEL 1 Pour chaque proposition, **indiquer** la (ou les) bonne(s) réponse(s).

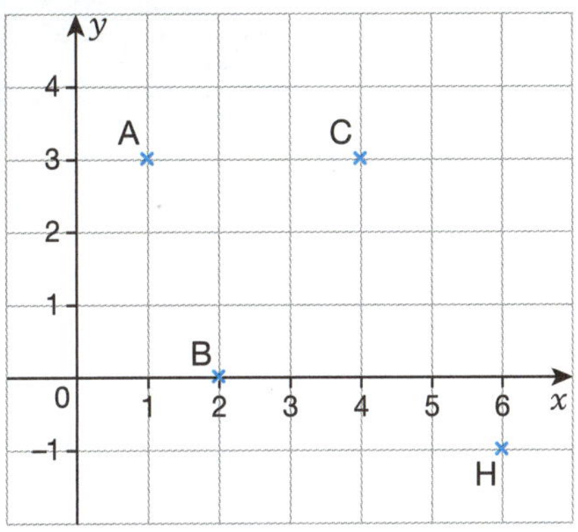

	A	B	C
1. Le repère ci-contre est :	☐ numéral	☐ orthonormal	☐ orthocentré
2. L'abscisse du point A est :	☐ 3	☐ 2	☐ 1
3. L'ordonnée du point C est :	☐ 3	☐ 2	☐ 1
4. Les coordonnées du point B sont :	☐ (0 ; 0)	☐ (0 ; 2)	☐ (2 ; 0)
5. Les coordonnées du point H sont :	☐ (6 ; 0)	☐ (–1 ; 6)	☐ (6 ; –1)

Voir corrigés p. 149

RITUEL 2 ....

RITUEL 3 ....

Je planifie mon travail en choisissant le parcours qui me correspond

FICHE MÉTHODO 3

Parcours 1 - Je gagne en confiance sur le thème

	J'acquiers des capacités								Je développe des compétences	
Exercice n°	2	3	4	5	6	7	8	9	11	12
Fait le	...	...	...	...	...	...	...	...	...	...

Parcours 2 - Je suis à l'aise sur le thème

	J'acquiers des capacités						Je développe des compétences			
Exercice n°	2	4	6	7	8	9	11	12	14	15
Fait le	...	...	...	...	...	...	...	...	...	...

Parcours 3 - Je maîtrise le thème

	J'acquiers des capacités				Je développe des compétences					
Exercice n°	4	6	7	8	10	11	12	13	14	15
Fait le	...	...	...	...	...	...	...	...	...	...

Je découvre des notions et des méthodes

Situation problème

Identifier des translations par leur direction et leur norme et caractériser un déplacement par la composition de translations

Comment sortir du labyrinthe ?

Le jeu électronique de type jeu d'arcade suivant est un jeu de labyrinthe. Le principe est simple, il consiste à déplacer un personnage à l'intérieur d'un labyrinthe en évitant ses ennemis qui veulent le détruire et l'empêcher de sortir du labyrinthe. Lors de son parcours, le personnage doit récupérer toutes les étoiles qui se trouvent sur son trajet afin d'obtenir des modalités de déplacement supplémentaires.

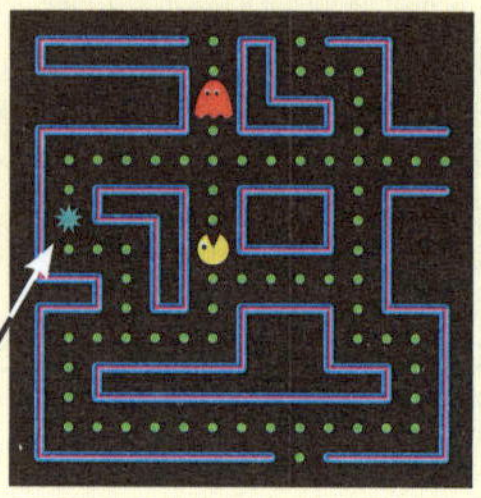

Problématique : Quel est le trajet le plus court que doit prendre le personnage pour récupérer cette étoile ? (On négligera la présence de l'ennemi en rouge)

Je note mes travaux de recherche

FICHE MÉTHODO 3

....

....

....

....

....

Je complète à l'aide des échanges avec mes camarades

FICHE MÉTHODO 3

....

....

....

....

....

Coup de pouce
liennathan.fr/b00b7z

J'utilise l'outil numérique

Vecteurs colinéaires
liennathan.fr/55je7r

Ouvrir le fichier « *vecteurs_colineaires.ggb* ».
Le vecteur $\vec{u}$ est tracé. On veut voir ce qui relie les vecteurs $\vec{u}$ et $\vec{v}$ quand $\vec{v} = a \times \vec{u}$ avec a, un nombre réel.

1) **Activer** le curseur a en cliquant sur le rond.

2) **Faire apparaître** le vecteur $\vec{v}$ en cliquant sur le rond.

3) **Déplacer** le curseur a tel que $a > 0$, **observer** puis **compléter** la proposition suivante :
Quand $\vec{v} = a \times \vec{u}$, avec $a > 0$ les vecteurs $\vec{u}$ et $\vec{v}$ ont .... ***direction*** et .... ***sens***.

4) **Déplacer** le curseur a tel que $a < 0$, **observer** puis **compléter** la proposition suivante :
Quand $\vec{v} = a \times \vec{u}$, avec $a < 0$ les vecteurs $\vec{u}$ et $\vec{v}$ ont .... ***direction*** et des ***sens*** ....

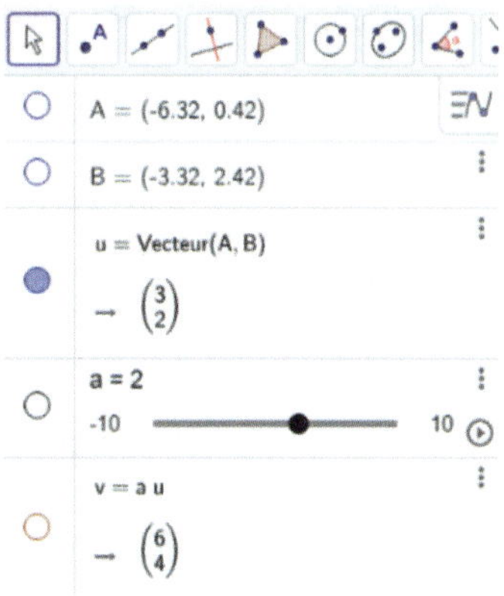

Je fais le bilan de la situation problème

Chacun des **déplacements** de notre personnage et de ses ennemis est un déplacement « **en ligne droite** ». Un tel déplacement s'appelle une **TRANSLATION**.
Le personnage a deux trajets possibles pour atteindre son étoile :

Trajet 1 : la suite des déplacements effectués par le personnage est la suivante :
Il effectue un déplacement vertical de 3 unités vers le haut puis un déplacement horizontal de 5 unités vers la gauche et enfin un déplacement vertical vers le bas de 2 unités.
Au total, il se sera déplacé d'une distance de 10 unités.
On peut écrire l'algorithme de déplacement du trajet 1 de la manière suivante :

Translation .... de 3 unités **vers** ....

Translation horizontale de .... unités **vers** ....

Translation verticale de .... unités **vers** ....

Au total, il aura parcouru une distance de .... unités.

Trajet 2 : la suite des déplacements effectués par le personnage est la suivante :
Il effectue un déplacement vertical de 3 unités vers le bas puis un déplacement horizontal de 3 unités vers la gauche, un déplacement vertical de 3 unités vers le haut, un déplacement horizontal de 2 unités vers la gauche et enfin un déplacement vertical vers le haut de 1 unité.
Au total, il se sera déplacé d'une distance de 12 unités.
On peut écrire l'algorithme de déplacement du trajet 2 de la manière suivante :

Translation ....

....

Au total, il aura parcouru une distance de ....

Je conclus

Réponse à la problématique : Quel est le trajet le plus court que doit prendre le personnage pour récupérer cette étoile ?

....

Activité 1 — Construire un vecteur obtenu comme somme de deux vecteurs

Physique-Chimie

• Réaliser • Valider

Au moment où l'archer lâche la flèche après avoir tendu la corde d'un arc, chaque moitié de celle-ci exerce sur la flèche une force telle que représentée sur le schéma ci-contre. C'est la somme de ces deux forces qui va projeter la flèche.

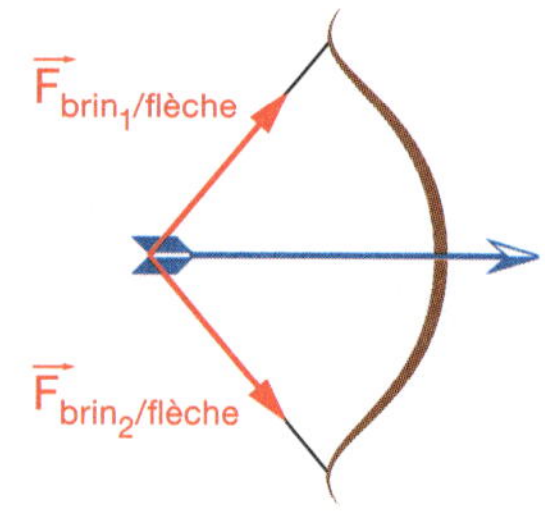

1 À partir de la représentation des deux vecteurs force mis en jeu au moment du lâcher de la flèche, **tracer** au point M (modélisation de la Main) le vecteur somme de ces deux forces. Le « vecteur somme » est le vecteur résultant de la somme des deux vecteurs mis bout à bout.

2 **Donner** les caractéristiques du vecteur résultant.

× M

....

3 **En déduire** la trajectoire de la flèche au moment où elle part.

....

Activité 2 — Déterminer graphiquement des coordonnées de vecteurs

• S'approprier • Analyser • Communiquer

Le triathlon est un sport dans lequel les participants doivent enchaîner une partie de natation, de cyclisme et de course à pied.
Dans cette activité, on ne s'intéressera qu'à **la partie du parcours de natation** d'une épreuve de triathlon. Les nageurs partent du drapeau de départ (point A) pour dépasser une bouée (point B) et continuer le reste de leur parcours pour rejoindre un point C. Les coordonnées des points B et C sont les suivantes : B(16 ; 3) et C(17,5 ; 1).
Lors de la retransmission télé, l'épreuve est filmée à l'aide d'un drone.
On peut représenter schématiquement le trajet de la natation comme ci-contre.

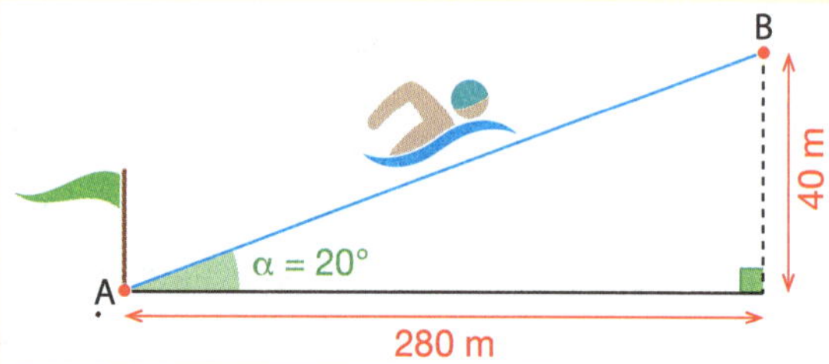

1 Au départ, le couloir de nage est orienté à 20° par rapport à la berge du bassin nautique (on admettra que cet angle est respecté par les concurrents lors de leur épreuve).
Calculer, en mètres, à l'aide du schéma ci-dessus, la distance AB parcourue sur cette portion de l'épreuve de natation. **Justifier** les calculs. **Arrondir** la valeur à l'unité.

....

2 Arrivés en B, les concurrents obliquent pour rejoindre le point C.

a) Placer le point C sur le schéma ci-contre.

....

b) Déterminer graphiquement les coordonnées du vecteur $\overrightarrow{BC}$.

....

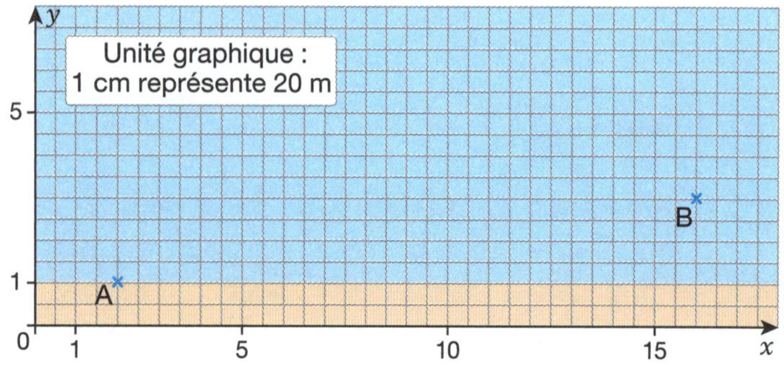

Activité 3 Somme de vecteurs

• Raisonner • Valider

Pour nourrir ses vaches, Jeanne leur apporte du foin à l'aide de son tracteur.

1 L'ensemble tracteur-remorque pèse 2 tonnes et se déplace sur une route inclinée à 30° par rapport à l'horizontale.
On admettra que le poids de l'ensemble tracteur-remorque s'exerce au point G représenté sur le schéma.

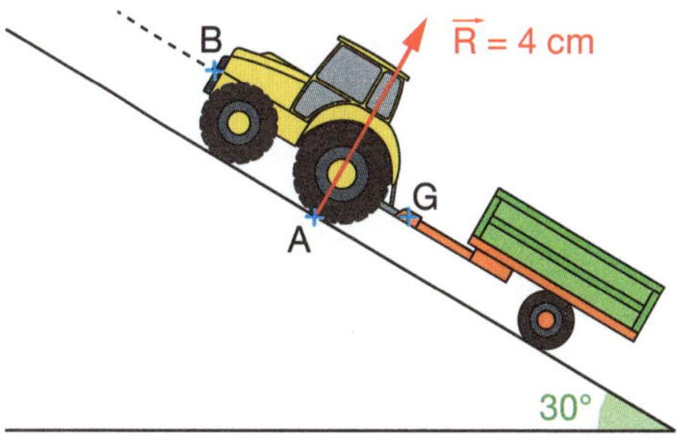

Échelle : 2 cm = 10 000 N.

a) Déterminer les caractéristiques du vecteur poids $\vec{P}$.
On prendra g = 10 N/kg.

....

....

....

b) Tracer sur le schéma ci-contre le vecteur poids à l'échelle.

2 On modélise la réaction du sol sur les roues du tracteur et celles de la remorque par un seul vecteur $\vec{R}$ représenté à l'échelle sur le schéma.

Déterminer les caractéristiques du vecteur réaction $\vec{R}$.

....

....

....

> **Info**
> Soit A et B deux points du plan ou de l'espace. La norme du vecteur, notée $\|\overrightarrow{AB}\|$, est la distance de A à B : $\|\overrightarrow{AB}\|$ = AB.
> La norme d'un vecteur est donc la longueur du vecteur.

3 Le vecteur $\vec{T}$ qui représente la traction du tracteur a comme direction la droite pointillée représentée sur le schéma et s'exerce au point B.
On considère que l'ensemble tracteur-remorque est en équilibre.
On a alors l'égalité vectorielle suivante $\vec{P} + \vec{R} + \vec{T} = \vec{0}$.
On dit que le dynamique des forces est fermée ou $\vec{P} + \vec{R} = -\vec{T}$

a) Dans le cadre ci-dessous, **tracer** la somme vectorielle $\vec{P} + \vec{R}$ à partir du point M.

b) Tracer sur le même schéma le vecteur $\vec{T}$.

c) En déduire les caractéristiques du vecteur $\vec{T}$.

....

....

d) Ajouter le vecteur $\vec{T}$ sur le schéma du tracteur.

Activité 4 Carte mentale

Dessiner une carte mentale sur la notion de vecteur.
Faire valider le contenu.

Carte mentale
liennathan.fr/1l13yv

Vecteurs

Je retiens l'essentiel

Différenciation
liennathan.fr/70c0ou

1 Définition et caractéristiques

a) Définition

b) Caractéristiques

2 Vecteurs égaux, vecteurs opposés, vecteur nul

a) Vecteurs égaux et parallélogramme

b) Vecteurs opposés

c) Vecteur nul

3 Vecteurs colinéaires, points alignés

4 Coordonnées d'un vecteur

a) Vecteurs directeurs unitaires

....

....

....

b) Coordonnées d'un vecteur quelconque

....

....

....

c) Coordonnées d'un vecteur connaissant les coordonnées des points extrêmes

....

....

....

5 Norme d'un vecteur

....

....

....

6 Somme de deux vecteurs

a) Construction graphique d'une somme de deux vecteurs

....

....

....

b) Coordonnées du vecteur somme

....

....

....

7 Produit d'un vecteur par un réel

....

....

....

8 J'étudie ma leçon FICHE MÉTHODO 5

Compléter le tableau suivant.

Questions	Indices	Mots à retenir
....	....	Un vecteur
....	....	Colinéaires
....	....	La norme

Exercice résolu

9 Je comprends une méthode – Calculer les coordonnées d'un vecteur et tracer un vecteur connaissant ses coordonnées

Taxi volant

Un avion-taxi part de l'aérodrome de Carcassonne (point C) sans connaître sa destination. Pendant le vol, on lui donne les indications suivantes que le copilote doit tracer sur la carte pour trouver la destination.

« Ici la tour de contrôle, votre destination est à l'extrémité du vecteur de coordonnées (8 ; 4).
Pour votre deuxième vol, vous calculerez les coordonnées de votre vecteur déplacement entre Clermont-L'Hérault et Béziers. » Vous êtes le copilote et vous devez :

1) Tracer le vecteur du premier déplacement afin de déterminer la destination.

2) Calculer les coordonnées du 2e vecteur déplacement.

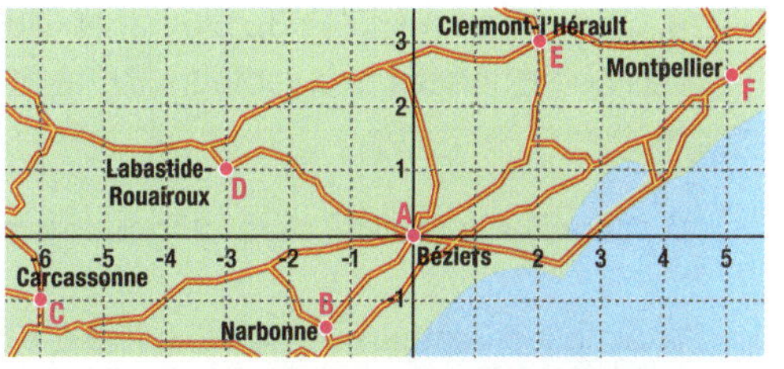

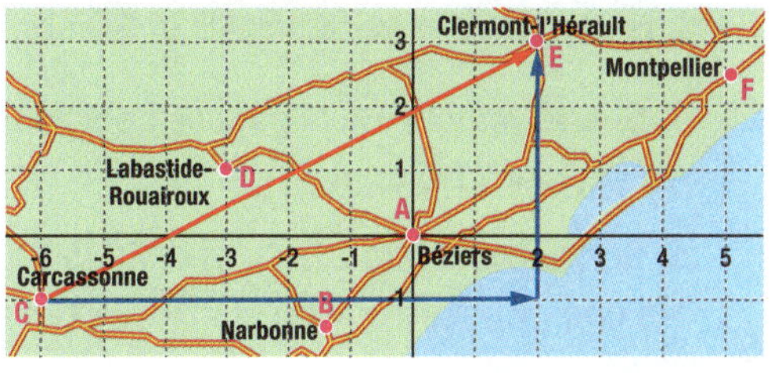

1) L'origine du premier vecteur déplacement est la ville de Carcassonne au point C(–6 ; –1).

Les coordonnées du vecteur sont (8 ; 4), à partir de la position de Carcassonne il faut :

– effectuer une translation horizontale de 8 unités vers la droite ;

– puis effectuer une translation verticale de 4 unités vers le haut.

Le vecteur déplacement sera donc celui qui part de Carcassonne pour arriver à Clermont-L'Hérault, tracé en vert sur la carte, c'est le vecteur $\overrightarrow{CE}$.

2) Le deuxième vecteur déplacement :

a) L'origine du vecteur est la ville de Clermont-L'Hérault est l'origine du repère et l'extrémité du vecteur est la ville de Béziers qui est le point A.

b) Le point E a pour coordonnées (2 ; 3) et le point A(0 ; 0).

c) On calcule les coordonnées du vecteur $\overrightarrow{EA}\begin{pmatrix} x_A - x_E \\ y_A - y_E \end{pmatrix}$

soit $\overrightarrow{EA}\begin{pmatrix} 0 ; 2 \\ 0 ; 3 \end{pmatrix}$, soit $\overrightarrow{EA}\begin{pmatrix} -2 \\ -3 \end{pmatrix}$.

Méthode

❶ **Repérer** le point O origine du vecteur et le point E de l'extrémité du vecteur.

❷ **Relever** les coordonnées de ces deux points.

$O\begin{pmatrix} x_O \\ y_O \end{pmatrix}$ ou $O(x_O ; y_O)$

$G\begin{pmatrix} x_G \\ y_G \end{pmatrix}$ ou $E(x_G ; y_G)$

❸ **Calculer** les coordonnées du vecteur en appliquant.

$\overrightarrow{OG}\begin{pmatrix} x_G - x_O \\ y_G - y_O \end{pmatrix}$

Je m'entraîne avec les exercices 7 et 8 p. 110

Je vérifie mes connaissances

QCM

Cocher la (ou les) bonne(s) réponse(s).

	A	B	C
1. Les vecteurs ci-dessous sont : 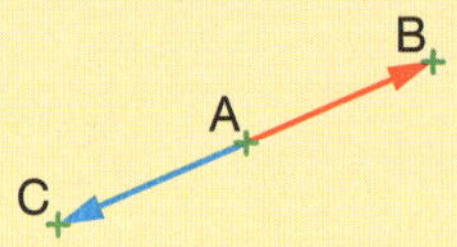	☐ égaux	☐ colinéaires	☐ opposés
2. Pour les vecteurs ci-dessus, on peut écrire :	☐ $\overrightarrow{AB} = -\overrightarrow{AC}$	☐ $\overrightarrow{BC} = -2\overrightarrow{AB}$	☐ $\overrightarrow{AB} = \overrightarrow{AC}$
3. Les coordonnées des vecteurs $\vec{u}$ et $\vec{v}$ sont : 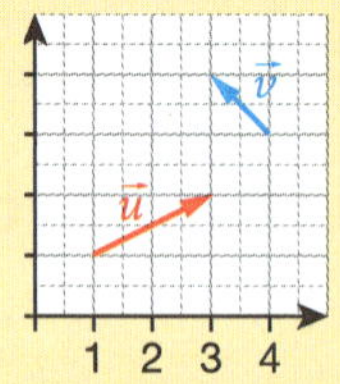	☐ $\vec{u}(2 ; 1)$ et $\vec{v}(1 ; -1)$	☐ $\vec{u}(-2 ; 1)$ et $\vec{v}(-1 ; 1)$	☐ $\vec{u}(2 ; 1)$ et $\vec{v}(-1 ; 1)$
4. On a les points D(1 ; 3), E(5 ; 2) et C(0 ; 3). Les coordonnées des vecteurs $\overrightarrow{DE}$ et $\overrightarrow{EC}$ sont :	☐ $\overrightarrow{EC}(5 ; 1)$	☐ $\overrightarrow{DE}(4 ; -1)$	☐ $\overrightarrow{EC}(-5 ; 1)$
5. Identifier le (ou les) parallélogramme(s).	☐ 	☐ 	☐ 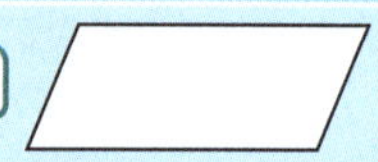
6. On a les vecteurs $\overrightarrow{AB}(4 ; 3)$ et $\overrightarrow{BC}(-6 ; 2)$. Les normes des vecteurs $\overrightarrow{AB}$ et $\overrightarrow{BC}$ sont :	☐ $\lVert\overrightarrow{AB}\rVert = 5$	☐ $\lVert\overrightarrow{AB}\rVert = \sqrt{25}$	☐ $\lVert\overrightarrow{BC}\rVert = \sqrt{32}$
7. Soit le vecteur $\overrightarrow{DE}(4 ; 1)$, les coordonnées du vecteur $3\overrightarrow{DE}$ sont :	☐ $\overrightarrow{DE}(7 ; 4)$	☐ $\overrightarrow{DE}(12 ; 3)$	☐ $\overrightarrow{DE}(12 ; -3)$
8. Soit les vecteurs $\overrightarrow{DE}(4 ; 1)$ et $\overrightarrow{EC}(5 ; 1)$, les coordonnées du vecteur $\overrightarrow{DE} + \overrightarrow{EC}$ sont :	☐ $\overrightarrow{DC}(5 ; 6)$	☐ $\overrightarrow{DC}(9 ; 1)$	☐ $\overrightarrow{DC}(9 ; 2)$

Exercice 1

Cocher la case correspondante à la bonne réponse pour chacune des propositions suivantes :

1 B est le milieu de [AC], alors :	☐ $\overrightarrow{AB} = \overrightarrow{CB}$	☐ $\overrightarrow{BA} = \overrightarrow{BC}$	☐ $\overrightarrow{CB} = \overrightarrow{BA}$
2 EFGH est un parallélogramme, alors :	☐ $\overrightarrow{GF} = \overrightarrow{HE}$	☐ $\overrightarrow{EH} = \overrightarrow{GF}$	☐ $\overrightarrow{EF} = \overrightarrow{GH}$
3 EFGH est un parallélogramme, alors :	☐ $\overrightarrow{HE} + \overrightarrow{EF} = \overrightarrow{EG}$	☐ $\overrightarrow{EH} + \overrightarrow{EG} = \overrightarrow{EF}$	☐ $\overrightarrow{HE} + \overrightarrow{HG} = \overrightarrow{HF}$
4 B est le milieu de [AC], alors :	☐ $\overrightarrow{CB} = -\frac{1}{2}\overrightarrow{AC}$	☐ $\overrightarrow{AC} = -2\overrightarrow{AB}$	☐ $\overrightarrow{BA} = \frac{1}{2}\overrightarrow{AC}$

Voir corrigés p. 149

Compléter ma fiche « J'apprends de mes erreurs pour progresser » FICHE MÉTHODO 4

J'acquiers des capacités

▸ Je représente le même vecteur en différents points du plan

Exercice 2

Tracer ci-dessous le vecteur $\vec{u}$ en partant successivement des points E, F et G.

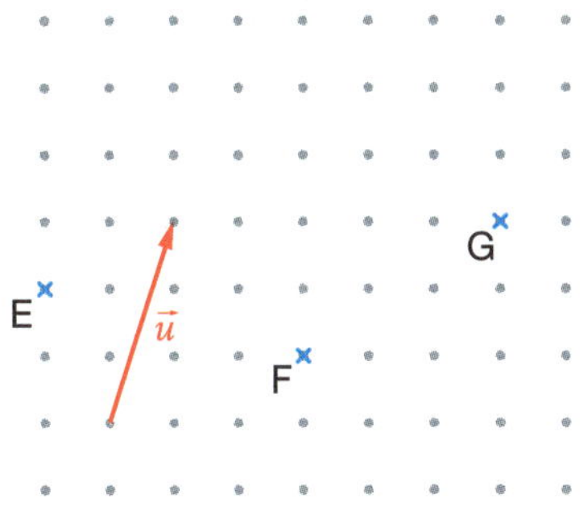

▸ J'identifie graphiquement des vecteurs égaux

Exercice 3

Parmi les vecteurs ci-dessous, **surligner** ceux qui sont égaux. On utilisera une couleur ou une forme différente pour chaque famille de vecteurs égaux.

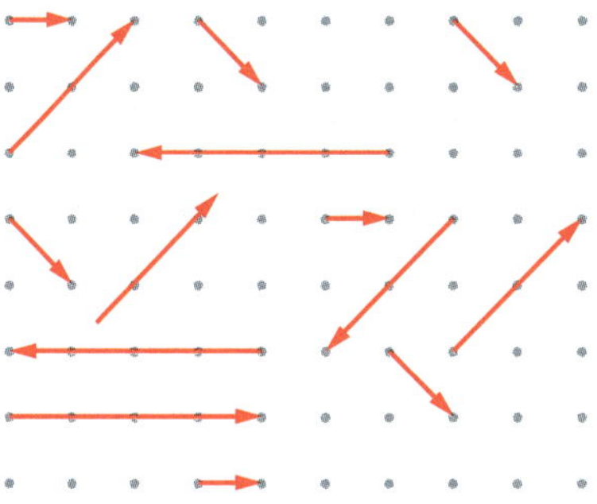

▸ Je donne les caractéristiques d'un vecteur

Exercice 4 Physique-Chimie

Donner les caractéristiques du vecteur champ magnétique en différents points des lignes de champ à l'intérieur et à l'extérieur d'un aimant en U (échelle 1 cm = 0,5 T) :

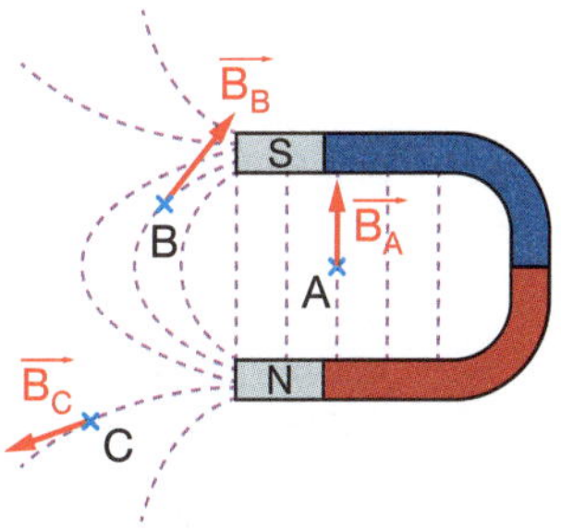

Champ magnétique au point A :

$\vec{B}_A$
- direction : ....
- sens : ....
- norme : ....

Champ magnétique au point B :

$\vec{B}_B$
- direction : ....
- sens : ....
- norme : ....

Champ magnétique au point C :

$\vec{B}_C$
- direction : ....
- sens : ....
- norme : ....

Exercice 5 Physique-Chimie

En vous appuyant sur les caractéristiques d'un champ magnétique au centre d'une bobine, **expliquer** si l'affirmation suivante est exacte :

« … au centre d'une bobine, le champ magnétique est perpendiculaire aux faces de la bobine. »

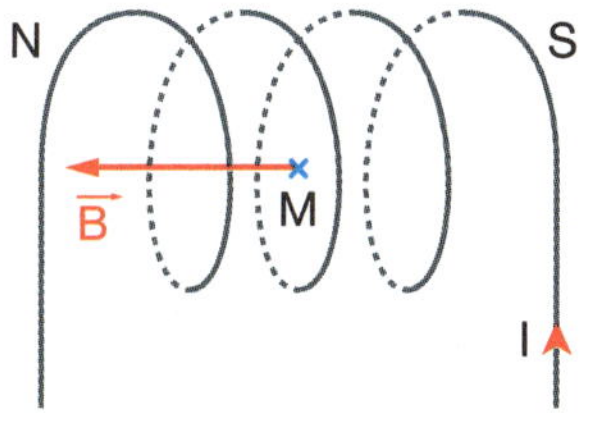

....

....

....

....

Compléter ma fiche « J'apprends de mes erreurs pour progresser » FICHE MÉTHODO 4

J'acquiers des capacités

FICHE AUTOMATISME 16

▸ Je représente un vecteur à partir de ses coordonnées

Exercice 6

1 Construire une représentation de chaque vecteur à partir du point indiqué :

- $\vec{v}_1(4\ ;-3)$ à partir de A.
- $\vec{v}_2(2\ ;-5)$ à partir de B.
- $\vec{v}_3(-6\ ;1)$ à partir de C.

2 Représenter le vecteur $\vec{v}_1+\vec{v}_2$.

3 Représenter le vecteur $\vec{v}_1-\vec{v}_3$.

4 Représenter le vecteur $2\,\vec{v}_1$.

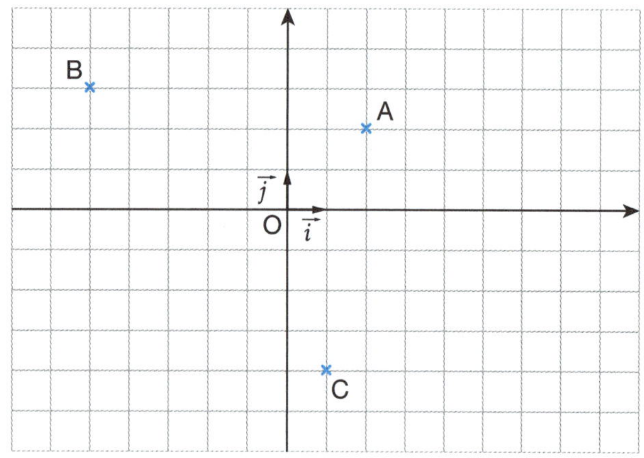

▸ Je calcule les coordonnées et la norme d'un vecteur connaissant les coordonnées de ses extrémités

Exercice 7

Le plan est rapporté à un repère $(O, \vec{i}, \vec{j})$.

1 Donner les coordonnées des vecteurs $\vec{a}$, $\vec{u}$, $\vec{v}$, $\vec{w}$, $\vec{t}$.

....

2 Calculer les normes $\|\vec{a}\|$, $\|\vec{u}\|$, $\|\vec{v}\|$, $\|\vec{w}\|$, $\|\vec{t}\|$.

....

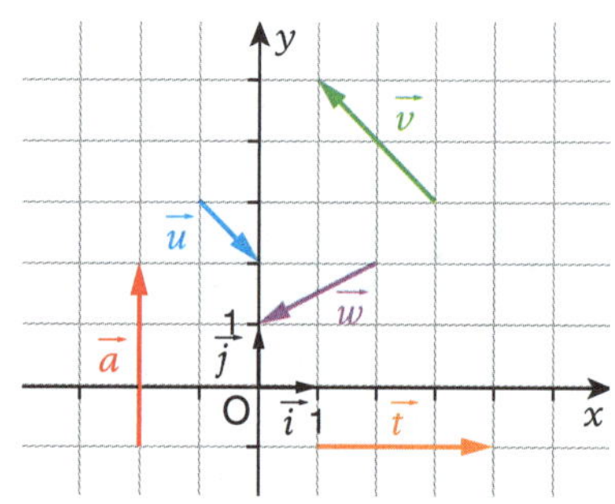

Exercice 8

Le plan est rapporté à un repère $(O, \vec{i}, \vec{j})$. On donne A(1 ; –2), B(5 ; 0) et C(–3 ; –2).

1 Calculer les coordonnées des vecteurs $\overrightarrow{AB}$, $\overrightarrow{AC}$, $\overrightarrow{BC}$. ....

....

2 Calculer les coordonnées de $\vec{u}=-2\overrightarrow{AB}$. ....

3 Calculer les coordonnées de $\vec{v}=\overrightarrow{AB}+\overrightarrow{AC}$. ....

....

4 Calculer les longueurs AB, AC et BC. ....

Voir corrigés p. 149

▸ J'utilise les propriétés du parallélogramme

Exercice 9

ABCD est un parallélogramme et O le milieu de ses diagonales. **Compléter** les égalités suivantes :

$\overrightarrow{AB}+\overrightarrow{AD}=$ ...., $\overrightarrow{BA}+\overrightarrow{BC}=$ ...., $\overrightarrow{BO}+\overrightarrow{DO}=$ ....,

$\overrightarrow{AD}+\overrightarrow{DO}=$ ...., $-\overrightarrow{AD}+2\overrightarrow{AO}=$ ...., $\overrightarrow{CD}+\overrightarrow{DO}=$ ....,

$\overrightarrow{OB}+\overrightarrow{AD}=$ ...., $\overrightarrow{AB}+\overrightarrow{CD}=$ ...., $\overrightarrow{DA}+\overrightarrow{DC}=$ ....

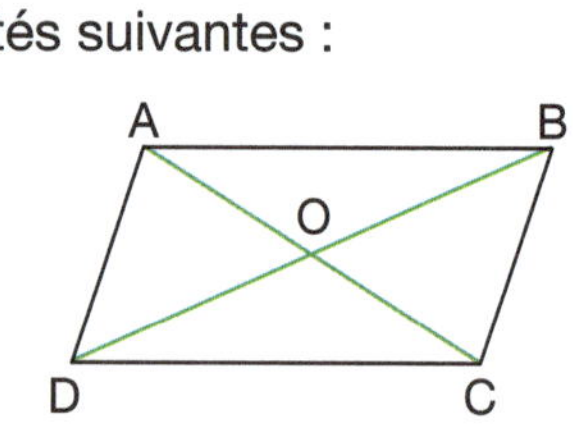

Compléter ma fiche « J'apprends de mes erreurs pour progresser » FICHE MÉTHODO 4

Je développe des compétences

Je m'entraîne

RÉALISER
RAISONNER

Exercice 10 : Équilibre

FICHE MÉTHODO 2

À un moment de sa chorégraphie de danse, Lola reste en équilibre sur un pied dans la position de la photo.
Son poids $\vec{P}$ est représenté au centre de gravité G.
Elle subit une force de réaction $\vec{R}$ qui agit au point S telle que $\vec{R} = -\vec{P}$.

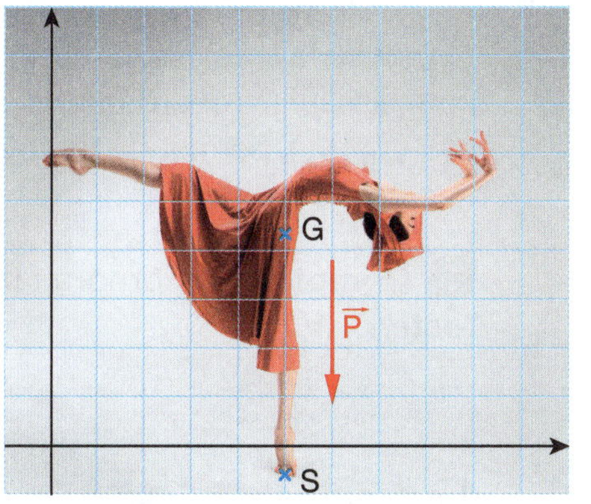

1 **Représenter** le vecteur force $\vec{R}$ au point S.

2 **Déterminer** les caractéristiques du vecteur $\vec{R}$.

....

....

....

3 **Entourer** la (ou les) bonne(s) réponse(s) parmi les propositions suivantes :

Les vecteurs $\vec{P}$ et R sont : Égaux – Opposés – Colinéaires.

4 **Calculer** la masse de Lola, sachant qu'un carreau représente 120 N (g = 10 N/kg).

....

....

S'APPROPRIER
ANALYSER

Exercice 11 : Carter de moteur

FICHE MÉTHODO 2 Physique-Chimie

Pour peindre, Jacky suspend, comme représenté ci-contre, un carter de moteur (modélisé par un carré sur le schéma) à l'aide de deux cordes accrochées sur une poutre.
Le carter est donc soumis à l'action de trois forces : $\vec{F_1}$ et $\vec{F_2}$ tensions des cordes et le poids $\vec{P}$.

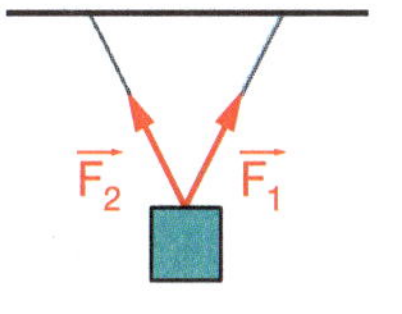

1 **Représenter** ci-contre le poids $\vec{P}$ en prenant pour origine le point A, sachant que $\vec{P} = -(\vec{F_1} + \vec{F_2})$.

2 **Déterminer** la norme du vecteur $\vec{P}$ à l'aide du schéma, sachant que 1 carreau représente 150 N.

....

....

....

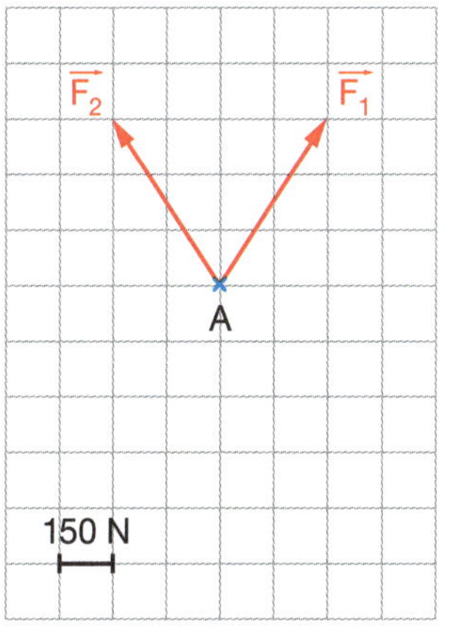

3 **En déduire** la masse en kg du carter suspendu. (g = 10 N/kg)

....

....

....

Compléter ma fiche « J'apprends de mes erreurs pour progresser » FICHE MÉTHODO 4

Je développe des compétences

Je consolide

S'APPROPRIER ANALYSER

Exercice 12

On souhaite créer un script en langage Python qui, connaissant les coordonnées des points $A(x_A\,;y_A)$ et $B(x_B\,;y_B)$, permet de renvoyer les coordonnées du vecteur $\overrightarrow{AB}$.

1 Compléter le programme suivant puis le **tester**.

```
def coordonnees (.....,.....,.....,.....):
    return ............,............
```

2 Concevoir un autre programme qui permet de renvoyer la norme du vecteur $\overrightarrow{AB}$. Puis le **tester**.

RAISONNER RÉALISER

Exercice 13 Physique-Chimie

La chronophotographie est la décomposition d'un mouvement sur un même cliché à des intervalles de temps égaux rapprochés. Cela permet de comparer les espaces parcourus pendant ces intervalles de temps et donc de comparer les vitesses.
L'image ci-dessous représente la chronophotographie simplifiée de la course de Sacha lors d'une épreuve de sprint.

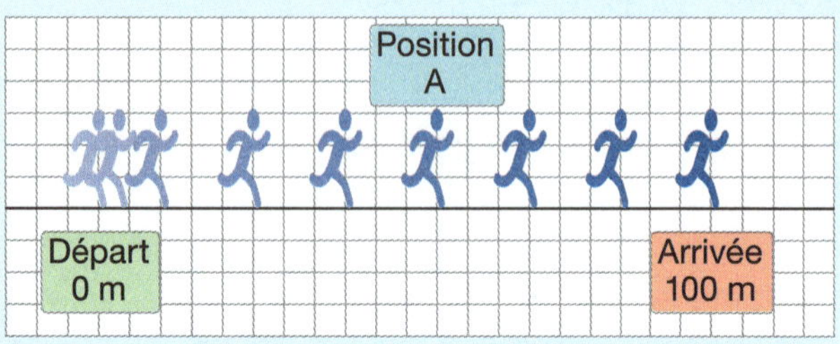

Échelle : 1 carreau pour 5 m
Intervalle de temps entre deux positions : 2 secondes

1 Calculer la vitesse moyenne de Sacha sur son sprint.

2 Déterminer les caractéristiques du vecteur vitesse instantanée de Sacha à la position A, sachant qu'il court alors à 30 m/s.

3 Tracer sur ce graphique ce vecteur vitesse instantanée à la position A, sachant qu'1 cm représente 6 m/s.

RAISONNER RÉALISER

Exercice 14 Physique-Chimie

Sur un canot, Louis rame pour rejoindre la rive de la rivière.
Il rame avec une vitesse de 5 km/h sur une rivière dont la vitesse du courant est de 7 km/h.

1 Calculer les coordonnées du vecteur vitesse $\vec{v}_L$ de Louis et du vecteur $\vec{v}_C$ vitesse du courant.

2 Le mouvement de Louis est en fait dû à la fois au mouvement qu'il donne en ramant mais également au mouvement du courant.

a) Tracer le vecteur vitesse $\vec{v}_R$ résultant de la somme des deux vecteurs vitesses $\vec{v}_L$ et $\vec{v}_C$.

b) Déterminer les caractéristiques du vecteur $\vec{v}_R$.

c) Calculer ses coordonnées.

3 Déterminer la zone de la rivière où Louis va arriver.

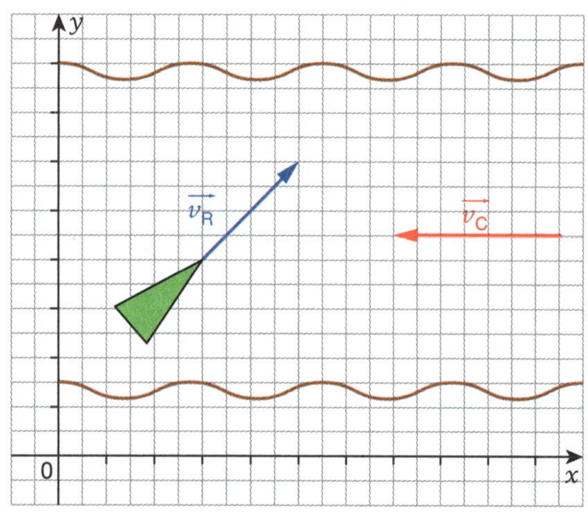

RÉALISER VALIDER

Exercice 15

Pour dégager correctement son ballon, Agathe, gardienne de but doit effectuer un tir avec une force dont la direction est 25°.
Elle le dégage en fait avec une force $\vec{D}$ dont le vecteur la représentant a pour coordonnées $\vec{D}(8\,;17{,}1)$.

1 Calculer la norme de la force $\vec{D}$.

2 Indiquer si Agathe respecte la condition précédente.

Compléter ma fiche « J'apprends de mes erreurs pour progresser » FICHE MÉTHODO 4

Trigonométrie 8

Objectifs

- Placer, sur le cercle trigonométrique, le point M image d'un nombre réel x donné par enroulement de la droite des réels sur le cercle trigonométrique. Situation problème p. 114
- Placer sur le cercle trigonométrique les points images des réels $-x$, $\pi - x$, $\pi + x$, $\frac{\pi}{2} - x$, $\frac{\pi}{2} + x$ connaissant le point image du réel x. Situation problème p. 114
- Effectuer des conversions de degrés en radians, et réciproquement. Situation problème p. 114
- Déterminer graphiquement, à l'aide du cercle trigonométrique, le cosinus et le sinus d'un nombre réel donné. Activité 1 p. 117
- Utiliser le cercle trigonométrique pour écrire les cosinus et sinus des réels $-x$, $\pi - x$, $\pi + x$, $\frac{\pi}{2} - x$, $\frac{\pi}{2} + x$ en fonction des cosinus et sinus du réel x. Activité 1 p. 117
- Construire point par point, à partir de l'enroulement de la droite des réels sur le cercle trigonométrique, la représentation graphique de la fonction sinus. Activité 2 p. 119
- Exploiter la représentation graphique de la fonction sinus. Activité 2 p. 119
- Construire la courbe représentative de la fonction cosinus par translation à partir de celle de la fonction sinus en utilisant l'identité $\cos x = \sin\left(x + \frac{\pi}{2}\right)$. Activité 2 p. 119

Je mets en place des automatismes

RITUEL 1

1. **Arrondir** à 10^{-2} : 0,3652 : .... 18,6449 : .... 201,09741 : .... π : ....
2. **Calculer** le périmètre d'un cercle de rayon 2 cm (**arrondir** à 10^{-1}) : ....
3. À l'aide de la calculatrice, **cocher** la bonne réponse :

☐ $\sin(\pi) = 1$ ☐ $\sin(\pi) = 0$ ☐ $\sin(\pi) = -1$

Voir corrigés p. 149

RITUEL 2 ....

RITUEL 3 ....

Je planifie mon travail en choisissant le parcours qui me correspond

FICHE METHODO 3

Parcours 1 - Je gagne en confiance sur le thème

	J'acquiers des capacités			Je développe des compétences			
Exercice n°	3	4	5	6	7	8	9
Fait le	...	...	...	...	...	...	...

Parcours 2 - Je suis à l'aise sur le thème

	J'acquiers des capacités		Je développe des compétences				
Exercice n°	4	5	6	7	8	9	10
Fait le	...	...	...	...	...	...	...

Parcours 3 - Je maîtrise le thème

	J'acquiers des capacités	Je développe des compétences					
Exercice n°	4	6	7	8	9	10	11
Fait le	...	...	...	...	...	...	...

Je découvre des notions et des méthodes

Situation problème

Placer, sur le cercle trigonométrique, les points images des nombres réels donnés par enroulement de la droite des réels

DIFFÉRENCIATION

Le temps qui passe

Daniel souhaite fabriquer une horloge géante de rayon 1 m à partir d'un tube droit sur lequel seront positionnées des goupilles repérant les heures.
La précision du forgeron se fait au millimètre.

Problématique : Quelle sera la distance, en mètre, entre deux goupilles ?

Je note mes travaux de recherche

FICHE METHODO 3

....

....

....

Je complète à l'aide des échanges avec mes camarades

FICHE METHODO 3

....

....

....

Coup de pouce
liennathan.fr/u0w28p

J'utilise l'outil numérique

A Organiser les informations utiles

1) Nommer la forme du tube : ....

2) Nommer la forme de l'horloge : ....

3) Donner la mesure du rayon de l'horloge : ....

4) Donner le nombre de goupilles à placer : ....

5) Indiquer l'arrondi attendu : 10........

B Visualiser l'enroulement

Enroulement.ggb
liennathan.fr/01i7ws

1) Ouvrir le fichier « *enroulement.ggb* » à l'aide du logiciel GeoGebra.
La droite d est d'origine I et de point unité U.
Le cercle $\mathscr{C}$ est de centre O et de rayon 1 orienté dans le sens inverse des aiguilles d'une montre (appelé sens positif, sens direct ou sens trigonométrique) et est appelé **cercle trigonométrique**.
À tout réel l, on associe le point N de la droite d d'ordonnée l puis le point M obtenu en « enroulant » la droite d sur le cercle $\mathscr{C}$.

2) Déplacer le curseur l et **observer** l'enroulement de la droite sur le cercle.

3) Placer le point N sur le point U. **Relever** la longueur IN : IN = ...

4) En déduire la longueur de l'arc $\overset{\frown}{IM}$: $\overset{\frown}{IM}$ = ...

5) Par définition, on dit que l'angle $\widehat{IOM}$ mesure **1 radian.**
Compléter l'unité de mesure de la question précédente.

6) Donner la longueur du demi-cercle $\overset{\frown}{ID}$: $\overset{\frown}{ID}$ = ...

7) Donner la mesure en radians de l'angle $\widehat{IOD}$ en fonction de π :

$\widehat{IOD}$ = ...

8) Donner la mesure en degrés de l'angle $\widehat{IOD}$: $\widehat{IOD}$ = ...

9) En déduire, à l'aide des deux réponses précédentes, la relation entre la mesure en degrés de l'angle $\widehat{IOD}$ et sa mesure en radians : ....

Info
Un radian est la mesure de l'angle au centre qui intercepte sur $\mathscr{C}$ un arc de longueur 1.
Les mesures en degrés et en radians d'un angle sont proportionnelles.

10) Compléter le tableau suivant :

Angle en radian	π	$\frac{\pi}{2}$	....	$\frac{\pi}{3}$	....	....	$\frac{3\pi}{2}$	....
Angle en degré	180	....	360	....	30	45	....	0

Ce tableau est un tableau de ....

11) Placer, sur le cercle trigonométrique ci-dessous, les points associés aux nombres suivants : en noir : $\frac{\pi}{2}, -\frac{\pi}{2}$; en vert : $\frac{\pi}{4}, -\frac{\pi}{4}$; en bleu : $\frac{\pi}{3}, -\frac{\pi}{3}$; en rouge : $\frac{\pi}{6}, -\frac{\pi}{6}$.

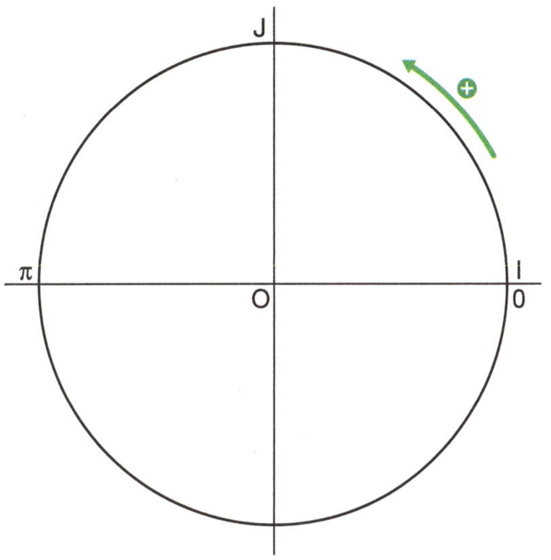

Je conclus

Répondre à la problématique :
Quelle sera la distance, en mètre, entre deux goupilles ?

....

....

....

....

....

....

Je fais le bilan de la situation problème

1 Le tube va changer de forme et devenir un .... de périmètre .... puisque son rayon est de ....

2 Comme il faut .... goupilles placées à égale distance les unes des autres, on effectue une .... : .... = ... car on doit arrondir à ....

3 Pour aller plus loin

- **Convertir** en mm la distance entre deux goupilles : ....
- **Déterminer**, en mètre, la longueur du tube. ....
- **Placer**, sur le cercle trigonométrique ci-dessous, les points A, B, C, D, E respectivement associés aux réels $-x$ en vert, $\pi - x$ et $\pi + x$ en bleu, $\frac{\pi}{2} - x$ et $\frac{\pi}{2} + x$ en rouge, connaissant le point M associé au réel x.

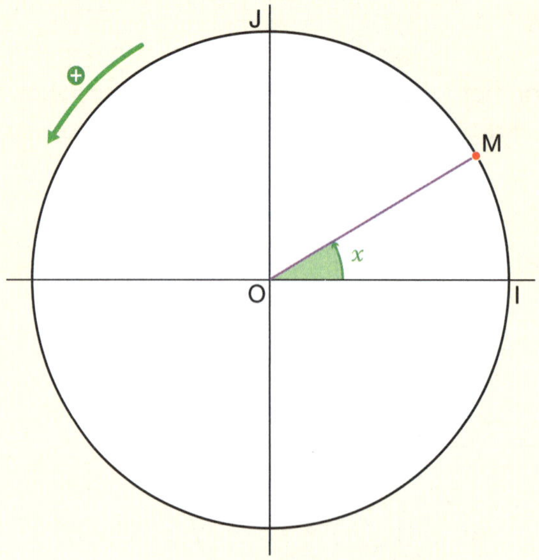

- **Donner** un intérêt de récupérer des matériaux pour fabriquer son horloge :

....

Activité 1 Lecture et écriture, à l'aide du cercle trigonométrique, de cosinus et sinus

• S'approprier • Réaliser

Cosinus et Sinus d'un nombre
Le cercle $\mathscr{C}$ est de centre O et de rayon 1 **orienté** dans le sens inverse des aiguilles d'une montre (appelé sens positif, sens direct ou sens trigonométrique), appelé **cercle trigonométrique**.
Le repère (O ; I ; J) est un repère orthonormal du plan : les vecteurs $\overrightarrow{OI}$ et $\overrightarrow{OJ}$ sont les **vecteurs unitaires** des axes.

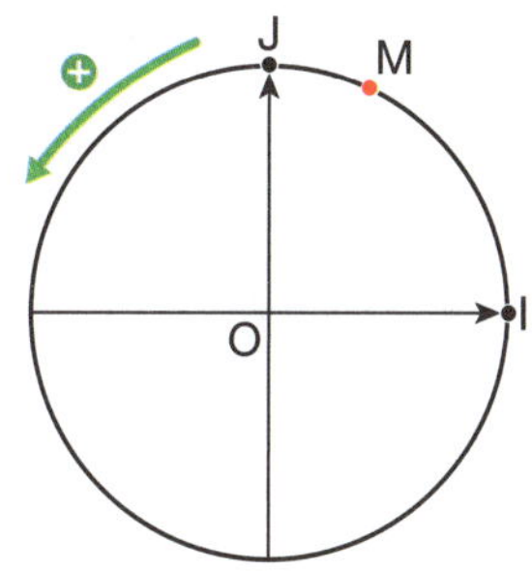

A Nombre positif

On a placé le point M associé au nombre $\frac{\pi}{3}$.

1) Donner la mesure de l'angle $\widehat{IOM}$ en radians puis en degrés : $\widehat{IOM}$ = ... = ...

2) Ouvrir le fichier « *Lecture_Cos_et_Sin.ggb* » à l'aide du logiciel GeoGebra ou **utiliser** le schéma ci-contre.

Lecture Cos et Sin.ggb
liennathan.fr/2m4kw2

3) Lire graphiquement les coordonnées du point M :

x_M = ... et y_M = ...

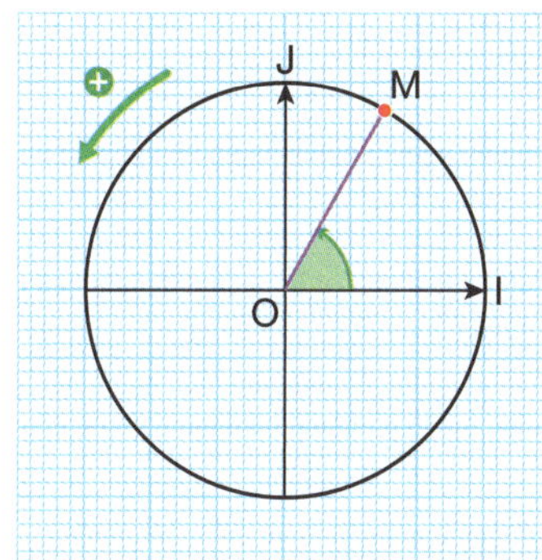

4) À l'aide de la calculatrice utilisée en mode radian, **calculer** $\cos\frac{\pi}{3}$ et $\sin\frac{\pi}{3}$ (**arrondir** si besoin à 10^{-2}) : $\cos\frac{\pi}{3}$ = ... et $\sin\frac{\pi}{3}$ = ...

5) À l'aide de la calculatrice utilisée en mode degré, **calculer** $\cos 60°$ et $\sin 60°$ (**arrondir** si besoin à 10^{-2}) : $\cos 60°$ = ... et $\sin 60°$ = ...

6) Comparer les valeurs des trois questions précédentes :

....

....

Coup de pouce
liennathan.fr/mu1x52

B Nombre négatif

On a placé le point N associé au nombre $-\frac{\pi}{6}$.

1) Donner la mesure de l'angle $\widehat{ION}$ en radians puis en degrés : $\widehat{ION}$ = ... = ...

2) Ouvrir le fichier « *Lecture_Cos_et_Sin.ggb* » à l'aide du logiciel GeoGebra ou **utiliser** le schéma ci-contre.

Lecture Cos et Sin.ggb
liennathan.fr/2m4kw2

3) Lire graphiquement les coordonnées du point N :

x_N = ... et y_N = ...

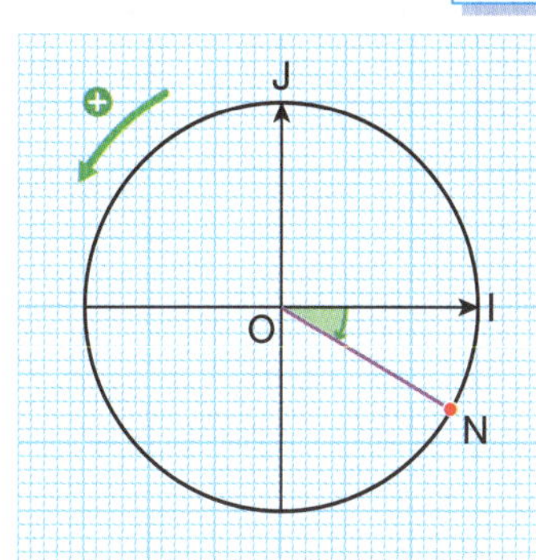

4) À l'aide de la calculatrice utilisée en mode radian, **calculer** $\cos\left(-\frac{\pi}{6}\right)$ et $\sin\left(-\frac{\pi}{6}\right)$ (**arrondir** si besoin à 10^{-2}) : $\cos\left(-\frac{\pi}{6}\right)$ = ... et $\sin\left(-\frac{\pi}{6}\right)$ = ...

5) À l'aide de la calculatrice utilisée en mode degré, **calculer** $\cos(-30°)$ et $\sin(-30°)$ (**arrondir** si besoin à 10^{-2}) : $\cos(-30°)$ = ... et $\sin(-30°)$ = ...

6) Comparer les valeurs des trois questions précédentes :

....

....

C Propriétés du cosinus et du sinus et valeurs particulières

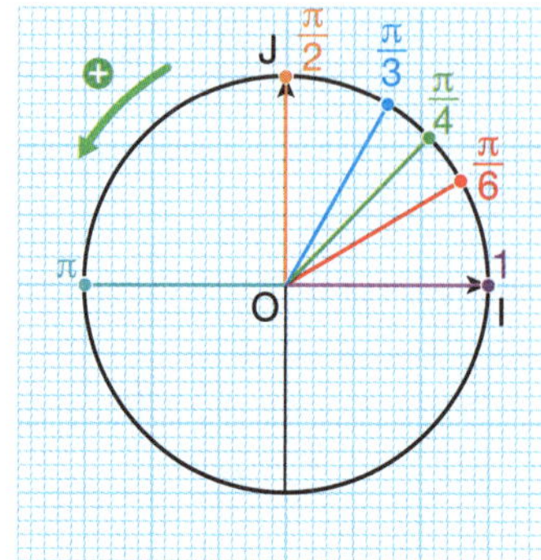

1) a) Calculer les valeurs suivantes à l'aide de la calculatrice, **arrondir** à 10^{-2} :

$\frac{\sqrt{2}}{2}$ = ... ; $\frac{\sqrt{3}}{2}$ = ...

b) Compléter le tableau ci-dessous, à l'aide de la figure ci-contre et des valeurs trouvées précédemment. **Ne pas arrondir** les valeurs.

x	0	$\frac{\pi}{6}$	$\frac{\pi}{4}$	$\frac{\pi}{3}$	$\frac{\pi}{2}$	π
$\cos x$	....	....	....	....	....	....
$\sin x$	....	....	....	....	....	....

2) À l'aide de la figure ci-contre, **déterminer** en fonction des cosinus et sinus du réel x :

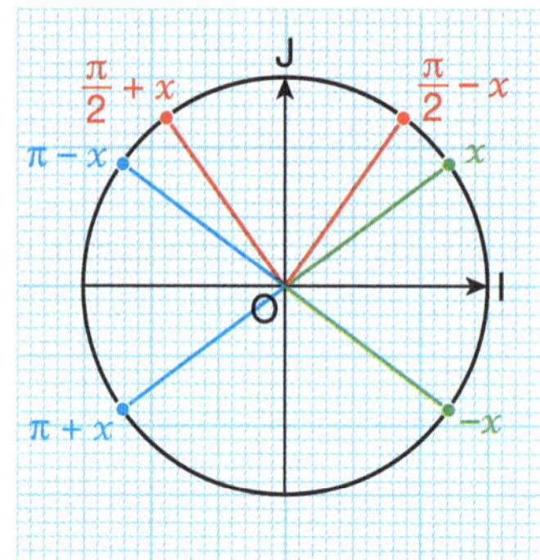

a) $\cos(-x)$ = ... et $\sin(-x)$ = ...

b) $\cos(\pi - x)$ = ... et $\sin(\pi - x)$ = ...

c) $\cos(\pi + x)$ = ... et $\sin(\pi + x)$ = ...

d) $\cos\left(\frac{\pi}{2} - x\right)$ = ... et $\sin\left(\frac{\pi}{2} - x\right)$ = ...

e) $\cos\left(\frac{\pi}{2} + x\right)$ = ... et $\sin\left(\frac{\pi}{2} + x\right)$ = ...

3) Le point P est associé au nombre x. Lorsque x varie, le point P décrit le cercle trigonométrique $\mathscr{C}$.

Coup de pouce
liennathan.fr/aj688i

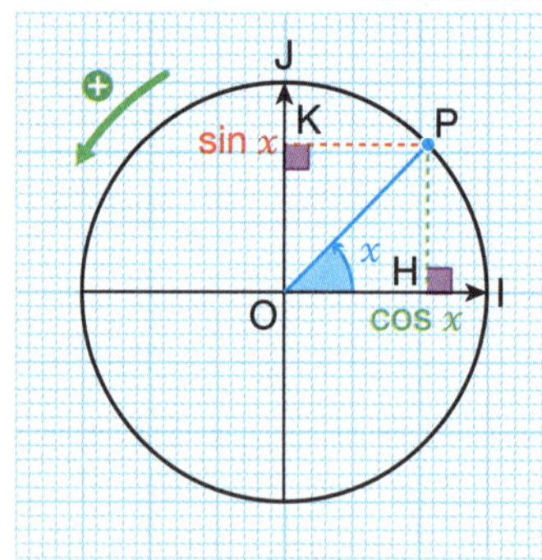

a) Encadrer l'abscisse x_p du point P : .... $\leqslant \cos x \leqslant$ ....

b) Encadrer l'ordonnée y_p du point P : .... $\leqslant \sin x \leqslant$ ....

c) Appliquer le théorème de Pythagore au triangle OHP rectangle en H.

....

d) Déduire la relation $(\cos x)^2 + (\sin x)^2 = 1$. ....

....

e) Compléter les phrases suivantes : Vocabulaire Ensembliste et Logique

On se limite dans cette question à un nombre réel $x \in \left]0;\frac{\pi}{2}\right[$, c'est-à-dire, en degrés : .... ° $\leqslant \widehat{IOP} \leqslant$ .... ° .

Le triangle rectangle OHP rectangle en H a pour hypoténuse le côté .... de longueur ....

On en conclut que $\sin x = \frac{\text{.........}}{\text{.........}} = \frac{\text{..................}}{\text{..................}} =$ ....

et $\cos x = \frac{\text{.........}}{\text{.........}} = \frac{\text{..................}}{\text{..................}} =$ ....

On rappelle que : $\tan x = \frac{\text{.........}}{\text{.........}} = \frac{\text{..................}}{\text{..................}}$.

Activité 2 Construction des représentations graphiques des fonctions sinus et cosinus

Physique-Chimie

• S'approprier • Réaliser

Dynamo de vélo

La première utilisation d'une « dynamo » de vélo est de produire de l'électricité grâce à la rotation de l'une des roues du vélo pour mettre en marche une lampe permettant d'éclairer la route.

Le fonctionnement de cette « dynamo » est le suivant : on pédale, la roue tourne entraînant le galet et l'aimant situé au centre de la bobine. Il y a alors création d'un courant.

La rotation de l'aimant à l'intérieur de la bobine crée donc un courant. L'intensité de ce courant correspond au sinus de l'angle α formé par la position du pôle Nord de l'aimant par rapport au cercle trigonométrique décrit par la bobine.

On souhaite représenter l'intensité du courant en fonction de l'angle α.

Pour cela on va utiliser le logiciel « GeoGebra ».

Info On parle souvent de dynamo alors qu'il s'agit du point de vue physique d'un alternateur.

A Construction de la figure représentative de la fonction sinus

1) Ouvrir le fichier « *Fonction_Sinus.ggb* » à l'aide du logiciel GeoGebra.
Déplacer le point C et **construire** point par point la représentation graphique de la fonction sinus sur l'intervalle $[-2\pi ; 2\pi]$.
Vous pouvez animer le point C en cliquant droit dessus et en choisissant « Animer » puis laisser tourner et visualiser la courbe obtenue.

Fonction Sinus.ggb liennathan.fr/icn114

2) Exploitation de la représentation graphique de la fonction sinus.

a) Indiquer le type de courbe obtenue sur $[-2\pi ; 2\pi]$.

....

b) Entrer dans la zone de saisie : $f(x) = \sin(x)$.

Comparer la représentation graphique de la fonction sinus et les traces des points D et E obtenues en déplaçant le point C à la question 1.

....

c) Conclure sur la fonction que représentent les traces des points D et E.

....

d) À l'aide de la trace obtenue sur l'intervalle $[-2\pi ; 2\pi]$, **indiquer** une propriété de la fonction sinus.

....

B Fonction cosinus

1) On rappelle que $\cos(x) = \sin\left(x + \frac{\pi}{2}\right)$, **en déduire** le vecteur translation à appliquer pour construire la représentation graphique de la fonction cosinus :

....

2) Ouvrir le fichier « *Fonction_Cosinus.ggb* » à l'aide du logiciel GeoGebra.

Déplacer le point C et **construire** point par point la représentation graphique de la fonction cosinus par translation à partir de celle de la fonction sinus.

Fonction Sinus.ggb liennathan.fr/icn114

Activité 3 Apprendre avec une carte mentale

DIFFÉRENCIATION

• Analyser / Raisonner • Réaliser

Dessiner une carte mentale sur la notion de cercle trigonométrique. RABATS
Faire valider le contenu par le professeur.

Trigonométrie

Je retiens l'essentiel

Différenciation
liennathan.fr/0f38qa

1 Cercle trigonométrique

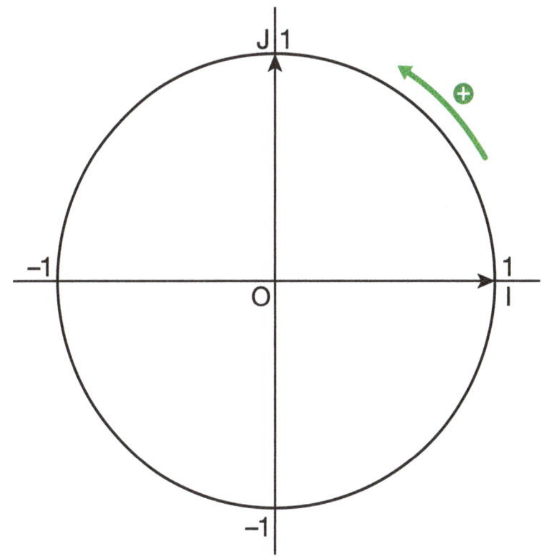

2 Mesure en radians d'un angle orienté

a) Définition

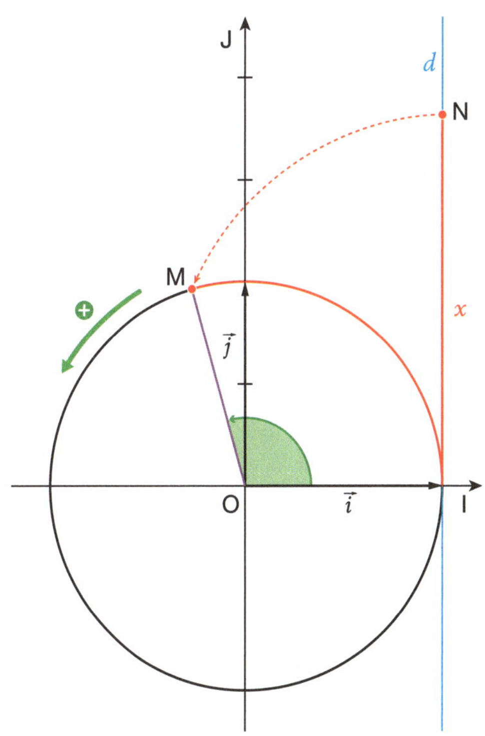

Remarque :

b) Mesure principale

Remarque :

c) Angles associés

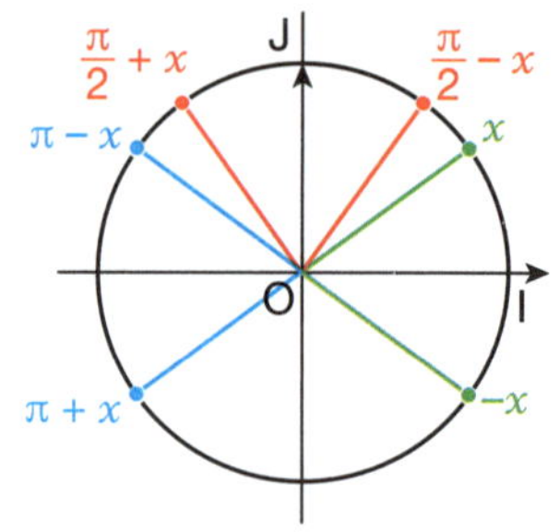

d) Valeurs particulières

On retiendra la figure suivante ainsi que le tableau ci-dessous.

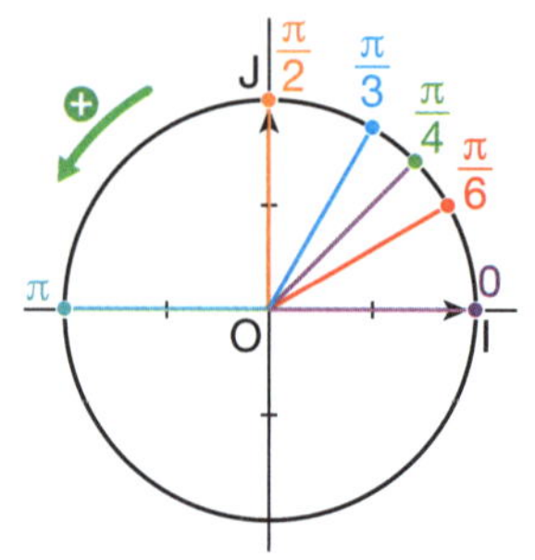

Angle en radians						
Angle en degrés						

3 Cosinus et sinus d'un nombre

a) Définition

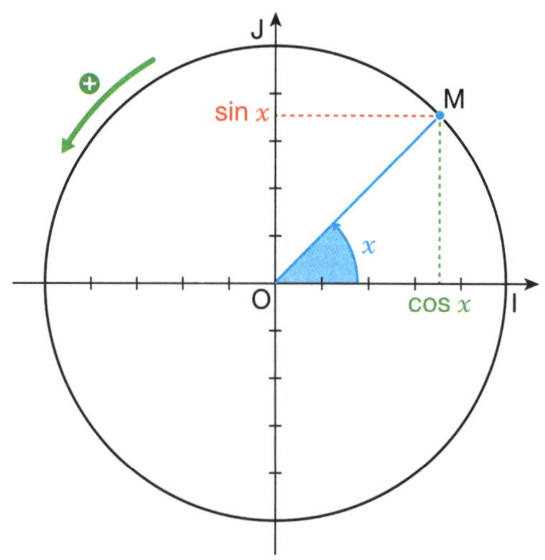

On retiendra le schéma ci-contre et :

•

•

•

Remarque :

b) Valeurs particulières

On retiendra la figure ci-contre ainsi que le tableau ci-dessous.

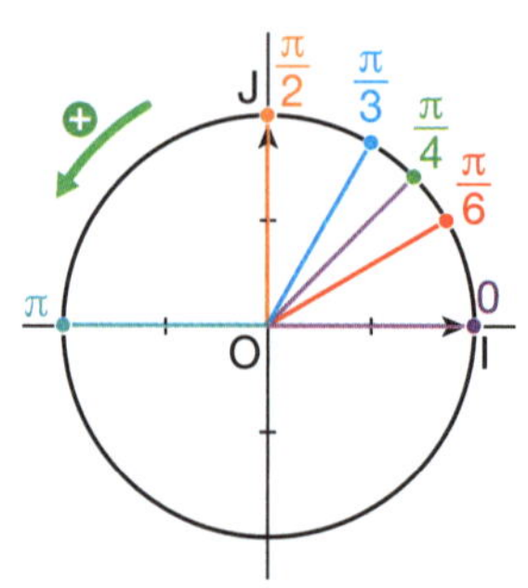

x						
$\cos x$						
$\sin x$						

4 Fonctions sinus et cosinus

Définition

Représentation graphique de la fonction sinus

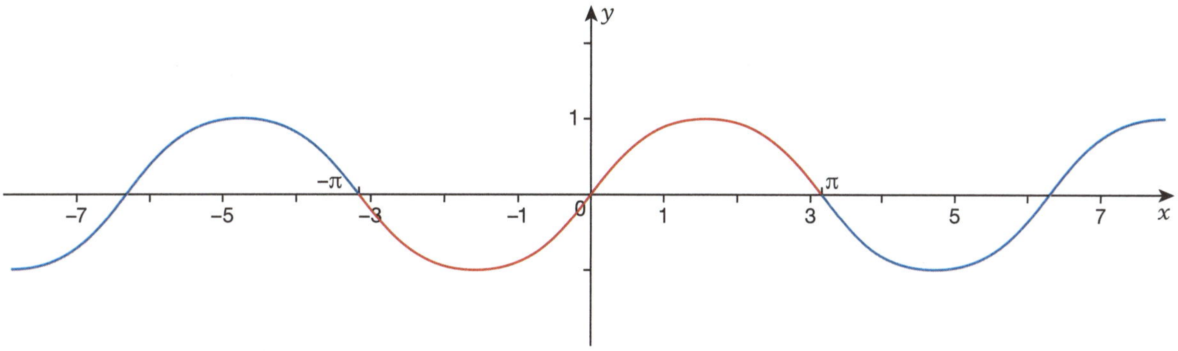

Représentation graphique de la fonction cosinus

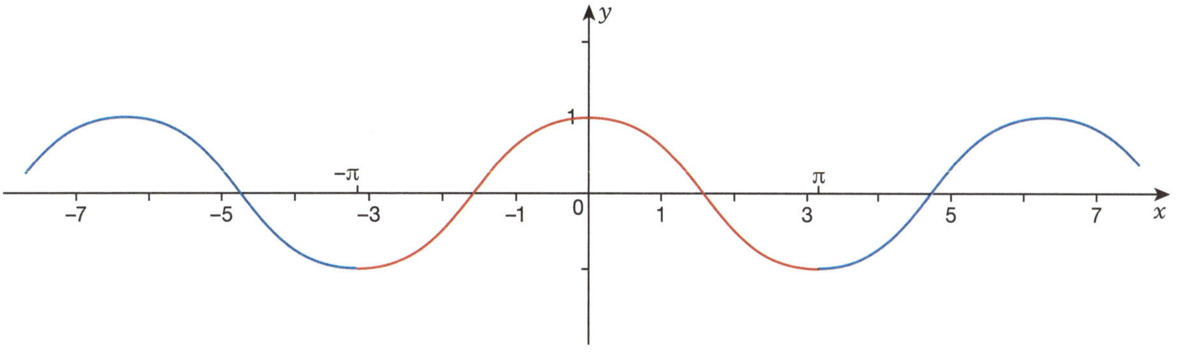

5 J'étudie ma leçon FICHE MÉTHODO 5

Compléter le tableau suivant.

Questions	Indices	Mots à retenir
....	....	Cercle trigonométrique
....	....	Radian
....	....	Périodique

Exercice résolu

6 Je comprends une méthode – Lire le cosinus et le sinus d'un nombre donné sur le cercle trigonométrique

Le point P, associé au nombre x, est placé sur le cercle trigonométrique ci-dessous.

Donner les valeurs de $\cos x$ et de $\sin x$.

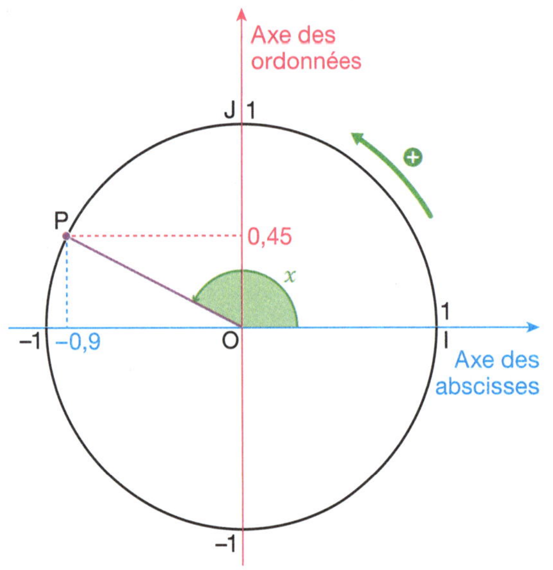

Méthode :

1. **Tracer** en pointillé, au crayon à papier, les projetés du point P sur chacun des axes.
2. **Lire,** à l'aide de la graduation de l'axe (ou des valeurs particulières à connaître), la valeur demandée.
3. **Identifier** l'axe :
   – axe des abscisses : valeur de $\cos x$;
   – axe des ordonnées : valeur de $\sin x$.
4. **Conclure** en indiquant les valeurs réponses sur sa feuille.

1) On **trace** les projetés du point P sur les deux axes en pointillés.

2) On **indique** si besoin la valeur sur les axes de la figure
(**à éviter** s'il y a trop de valeurs demandées car on n'y verrait plus rien).

3) On **indique** si besoin le nom des axes sur la figure.

4) On en **conclut** : $\cos x = -0{,}9$ et $\sin x = 0{,}45$.

Je m'entraîne avec l'exercice 1 p 125

Je vérifie mes connaissances

QCM

Répondre à l'oral ou à l'écrit en cochant la (ou les) bonne(s) réponse(s).

	A	B	C
1. Le rayon du cercle trigonométrique vaut :	☐ 1	☐ 2π	☐ ça dépend
2. Le sens trigonométrique ou sens direct correspond au :	☐ sens que l'on veut	☐ sens des aiguilles d'une montre	☐ sens inverse des aiguilles d'une montre
3. Un angle orienté peut s'écrire :	☐ $(\overrightarrow{OI}\,;\overrightarrow{OM})$	☐ $(\vec{u}\,;\vec{v})$	☐ $\widehat{IOM}$
4. $\frac{\pi}{3}$ rad équivaut à :	☐ 30°	☐ 45°	☐ 60°
5. Le cosinus du nombre x correspond à .... de son point associé.	☐ l'abscisse	☐ l'ordonnée	☐ ni l'un ni l'autre
6. Le sinus du nombre x correspond à .... de son point associé.	☐ l'abscisse	☐ l'ordonnée	☐ ni l'un ni l'autre
7. $\cos\frac{\pi}{6}$ vaut :	☐ $\frac{\sqrt{3}}{2}$	☐ $\frac{\sqrt{2}}{2}$	☐ $\frac{1}{2}$
8. $\cos\frac{\pi}{4} = \sin\frac{\pi}{4}$:	☐ vrai	☐ faux	☐ ça dépend

Exercice 1

À l'aide de la figure ci-contre, **donner** les valeurs suivantes :

a. $\cos\frac{5\pi}{6} =$ ....

et $\sin\frac{5\pi}{6} =$ ....

b. $\cos\left(-\frac{2\pi}{3}\right) =$ ....

et $\sin\left(-\frac{2\pi}{3}\right) =$ ....

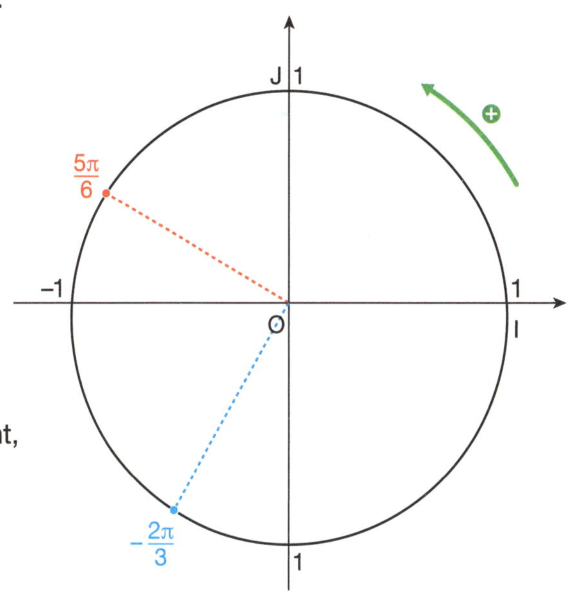

Exercice 2

Placer, sur le cercle trigonométrique de l'exercice précédent, les points associés aux nombres :

$$-\frac{4\pi}{6}\,;\ \frac{4\pi}{3}\,;\ \frac{4\pi}{6}\,;\ \frac{2\pi}{3}\,;\ -\frac{\pi}{2}\,;\ -\frac{5\pi}{2}\,;\ \frac{7\pi}{2}.$$

Voir corrigés p. 149

Compléter ma fiche « J'apprends de mes erreurs pour progresser » FICHE MÉTHODO 4

J'acquiers des capacités

FICHE AUTOMATISME 17

▸ Conversion degrés-radians

Exercice 3

Compléter le tableau :

Angle en degrés	360	....	....	90	....	135	....
Angle en radians	....	$\frac{5\pi}{6}$	$\frac{2\pi}{3}$	....	$\frac{4\pi}{6}$	....	0

▸ Placer des points sur le cercle trigonométrique

Exercice 4

Sur le cercle trigonométrique ci-dessous, on a placé le point associé au nombre x.

Placer, sans rapporteur, les points associés aux nombres suivants :

a) $-x$ **b)** $\pi - x$ **c)** $\pi + x$ **d)** $\frac{\pi}{2} - x$ **e)** $\frac{\pi}{2} + x$

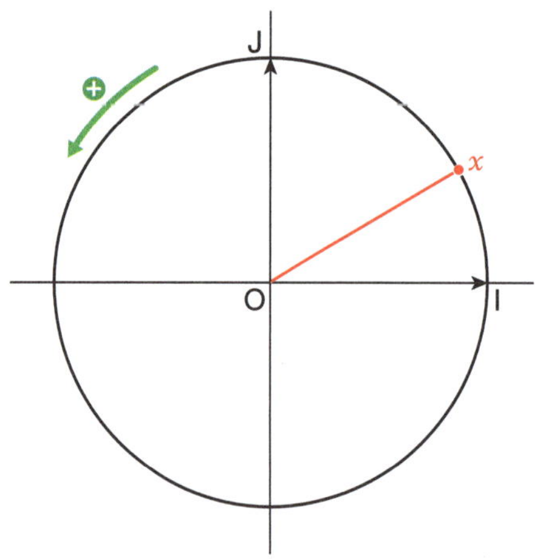

▸ Déterminer les cosinus et sinus de nombres réels

Exercice 5

À l'aide du cercle trigonométrique ci-contre, **donner** les valeurs des cosinus et sinus demandés.
On donne : $\cos x = -0{,}8$ et $\sin x = 0{,}6$.

a) $\cos(-x) =$ .... et $\sin(-x) =$ ....

b) $\cos(\pi - x) =$ .... et $\sin(\pi - x) =$ ....

c) $\cos(\pi + x) =$ .... et $\sin(\pi + x) =$ ....

d) $\cos\left(\frac{\pi}{2} - x\right) =$ .... et $\sin\left(\frac{\pi}{2} - x\right) =$ ....

e) $\cos\left(\frac{\pi}{2} + x\right) =$ .... et $\sin\left(\frac{\pi}{2} + x\right) =$ ....

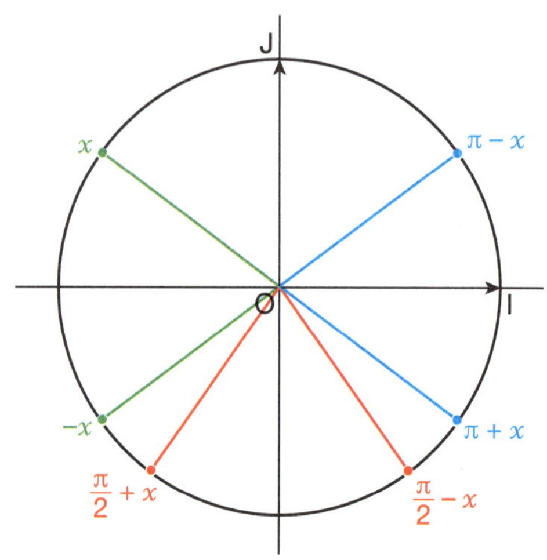

Compléter ma fiche « J'apprends de mes erreurs pour progresser » FICHE MÉTHODO 4

Je m'entraîne

S'APPROPRIER COMMUNIQUER

Exercice 6 : Lecture graphique et angles associés

Sur le cercle trigonométrique ci-contre, **déterminer** la mesure principale de l'angle orienté $(\overrightarrow{OI}, \overrightarrow{OA})$ puis **continuer** avec les autres points proposés.

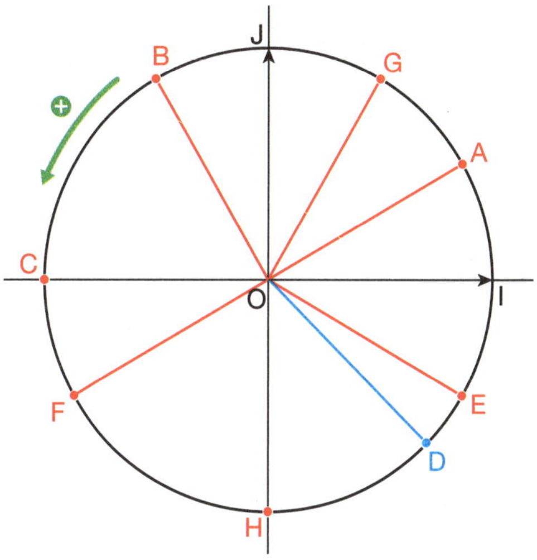

....

....

....

....

....

....

S'APPROPRIER ANALYSER

Exercice 7 : Fonction sinus

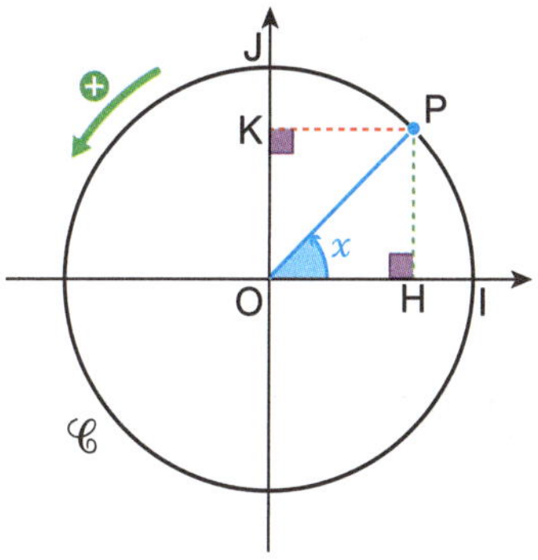

1 **Indiquer** le segment ayant pour longueur $\sin x$, sur la figure ci-contre.

2 **Indiquer** le segment ayant pour longueur $\sin(x + 2\pi)$, sur la figure ci-contre.

3 **En déduire** une propriété graphique de la courbe représentative de la fonction sinus. ....

4 **Compléter** le graphique ci-dessous grâce à la propriété trouvée précédemment :

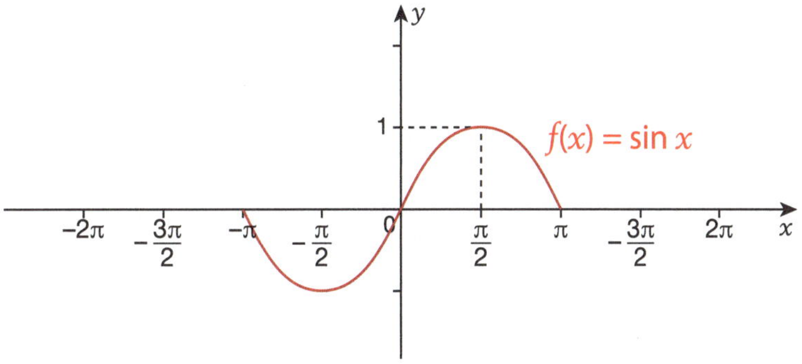

Voir corrigés p. 149

S'APPROPRIER RÉALISER

Exercice 8 : Placement de points et lecture graphique

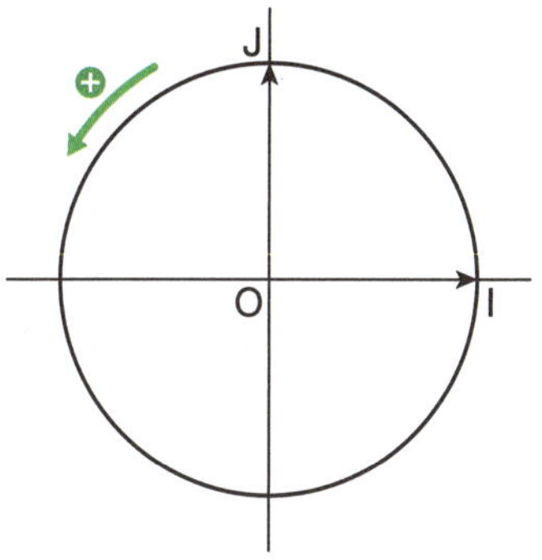

1 **Placer,** sur le cercle trigonométrique ci-contre, les points P et Q, associés respectivement aux nombres $\frac{5\pi}{6}$ et $-\frac{\pi}{3}$.

2 **Déterminer**, à l'aide du cercle trigonométrique, les valeurs suivantes :

$\cos\frac{5\pi}{6} =$ .... ; $\sin\frac{5\pi}{6} =$ ....

$\cos\left(-\frac{\pi}{3}\right) =$ .... ; $\sin\left(-\frac{\pi}{3}\right) =$ ....

Compléter ma fiche « J'apprends de mes erreurs pour progresser » FICHE MÉTHODO 4

Je développe des compétences

Je consolide

S'APPROPRIER ANALYSER

Exercice 9 Algo

Voici un algorithme de la fonction **mesure –R** en langage naturel (pseudo code).

définir **mesure –R** (alpha)
    renvoyer alpha × π / 180

1 **Indiquer** ce que renvoie cette fonction si on affecte la valeur 60 à la variable alpha.

2 **Expliquer** ce que fait cette fonction.

3 **Écrire** un algorithme qui convertit en degré la mesure d'un angle alpha exprimé en radian.

4 **Compléter** le programme en langage Python ci-dessous puis le **tester**.

```
from math import pi
def mesure_R(alpha):
    return ..........................
def mesure_D(alpha):
    return ..........................
```

S'APPROPRIER RÉALISER

Exercice 10 Physique-Chimie

Rachel observe une éolienne au loin et se rend compte, en regardant l'une des pâles plus précisément, qu'elle fait sept tours en trente secondes.

1 **Déterminer** l'angle entre deux pâles, en degré puis en radian.

2 **Calculer** la fréquence de rotation d'une pâle, en tours par minute puis en radian par seconde, **arrondir** si besoin à 10^{-3}.

3 Sachant que les pâles mesurent 50 m de long, **calculer** la vitesse linéaire, en m/s, au bout d'une pâle. Puis l'exprimer en km/h. **Arrondir** à 10^0.

S'APPROPRIER RÉALISER

Exercice 11 Physique-Chimie

FICHE MÉTHODO 2

Dans un alternateur, le rotor crée un champ magnétique, noté $\vec{B}$, tournant autour du point O. Le rotor induit une tension alternative U, exprimée en Volt, telle que $U = 34 \sin \alpha$, où α est l'angle, en radians, formé entre [Ox) et $\vec{B}$.

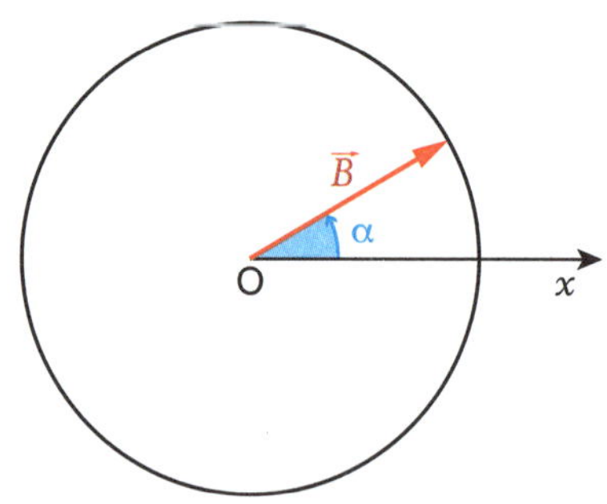

1 **Compléter** le tableau, **arrondir** si besoin à 10^{-1} :

α (en rad)	0	$\frac{\pi}{4}$	$\frac{5\pi}{6}$	π	$\frac{4\pi}{3}$	$\frac{3\pi}{2}$	2π
U (en volt)	....	....	....	....	....	....	....

2 **Représenter,** à l'aide de votre calculatrice ou d'un outil numérique, la courbe représentative de la fonction U.

3 **Donner** le nom de cette courbe.

4 **Déterminer** graphiquement les valeurs de α pour lesquelles $U = 20$ V.

Compléter ma fiche « J'apprends de mes erreurs pour progresser » FICHE MÉTHODO 4

Automatismes

Sommaire

Automatismes

1 Raisonnement logique – Algorithmes

Fiche 1 Raisonnement logique

Vocabulaire

A et B sont deux propositions.
A implique B signifie que : si A est vraie alors B est vraie.
On note A ⇒ B.

La réciproque de cette implication est :
si B est vraie alors A est vraie.
On note B ⇒ A.

Méthode	Exemples
Pour valider ou invalider une hypothèse, une implication : – soit elle est vraie et il faut justifier sa réponse en utilisant des règles de calcul, des propriétés ou des théorèmes mathématiques ; – soit elle est fausse et on peut donner un exemple qui montre qu'elle est fausse (cela s'appelle un **contre-exemple**) pour justifier notre réponse.	**Valider** ou **invalider** les implications suivantes et **écrire** leur réciproque lorsqu'elle est vraie. a) Si $x = 4$ alors $3x = 12$. ➝ L'implication est vraie d'après la règle de calcul suivante : ***On ne change pas les solutions d'une équation si on multiplie (ou divise) par un même nombre (non nul) ses deux membres.*** La réciproque est : si $3x = 12$ alors $x = 4$. b) Si le prix de 2 tickets est 7 € et celui de 5 tickets est 16 €, alors le prix est proportionnel au nombre de tickets. ➝ L'implication est fausse. Il est possible de le prouver de différentes façons (les justifications ne sont pas uniques). Le prix d'un ticket est 3,50 € donc $5 \times 3{,}50 = 17{,}50$ €, ce qui est différent de 16 €.

Ai-je bien compris ?

Valider ou **invalider** les implications suivantes :

- **Implication 1 :** si les points A, B et C sont alignés alors B appartient au segment [AC].

....

....

- **Implication 2 :** si dans un jeu de carte j'ai tiré un trèfle alors c'est une dame.

....

....

- **Implication 3 :** si quand je lance un dé j'obtiens un chiffre supérieur à 4 alors il est supérieur à 2.

....

....

- **Implication 4 :** si $a = b$ et $b = c$ alors $a = c$.

....

....

- **Implication 5 :** si $a < b$ et $b < c$ alors $a < c$.

....

....

- **Implication 6 :** si dans une urne contenant des boules vertes, bleues et jaunes, je ne tire pas une boule verte alors elle est jaune.

....

....

Les autres fiches d'automatismes sur cette notion »»
Automatisme 1
liennathan.fr/e7n90l

Automatismes 2 Conversions

Fiche 1 Conversions degrés-radians et inversement

Méthode	Exemples
Les mesures en degrés et en radians d'un angle sont **proportionnelles.** Mesure en radians: π, r Mesure en degrés: 180, d **• Convertir un angle en radians en degrés** Pour obtenir un angle en degrés : Il faut multiplier la valeur en radians par 180 et diviser par π. **• Convertir un angle en degrés en radians** Pour obtenir un angle en radians il faut multiplier la valeur en degrés par π et diviser par 180. L'angle s'exprime en fonction de π.	**• Convertir $\frac{2\pi}{7}$** en degrés à l'unité près : $\frac{2\pi}{7} \times \frac{180}{\pi} = 51°$ **• Convertir 120°** en radians : $120 \times \frac{\pi}{180} = \frac{2\pi}{3}$

Mesure en radians	π	r
Mesure en degrés	180	d

Ai-je bien compris ?

1 **Associer** le programme à l'objectif.

Programmes :

a)
```
from math import*
def prog1(a):
      b=a*pi/180
      return b
```

b)
```
def prog2(a):
      b=a*60
      return b
```

c)
```
def prog3(a):
      b=a/3600
      return b
```

d)
```
from math import*
def prog4(a):
      b=a*180/pi
      return b
```

Objectifs :

Convertir un angle en degrés en radians : programme ....

Convertir un angle en radians en degrés : programme ....

Convertir des heures en minutes : programme ....

Convertir des secondes en heures : programme ....

2 **Compléter** le tableau suivant :

Angle en radians	....	....	2π	....	$\frac{\pi}{6}$	$\frac{\pi}{4}$	....	0
Angle en degrés	180	90	....	60	....	....	270	....

3 **Compléter** le tableau suivant :

Angle en radians	360	....	....	240	....	225	....
Angle en degrés	....	$\frac{7\pi}{6}$	$\frac{2\pi}{3}$	....	$\frac{3\pi}{4}$	....	270

Les autres fiches d'automatismes sur cette notion »»

Automatisme 2
liennathan.fr/g123jk

Fiche 1 Reconnaître une situation de proportionnalité

À l'aide d'un tableau

Méthode

Pour savoir si un tableau est un tableau de proportionnalité, on calcule pour chaque colonne le quotient du nombre de la ligne du bas par le nombre de la ligne du haut correspondant.
Si tous les quotients sont égaux, le tableau est un tableau de proportionnalité. Sinon, ce n'en est pas un.

Lorsque l'on trouve un quotient différent, il est inutile de calculer les autres.

Exemples

• **Dire** si le tableau ci-dessous est un tableau de proportionnalité.

8	15	19
5,6	10,5	13,3

$\frac{5,6}{8} = 0,7$ $\frac{10,5}{15} = 0,7$ $\frac{13,3}{19} = 0,7$

Tous les quotients sont égaux donc ce tableau est un tableau de proportionnalité et le coefficient de proportionnalité est 0,7.

• **Dire** si le tableau ci-dessous est un tableau de proportionnalité.

4	5	7
16	25	49

$\frac{16}{4} = 4$ $\frac{25}{5} = 5 \neq 4$

Tous les quotients ne sont pas égaux donc ce tableau n'est pas un tableau de proportionnalité.

Ai-je bien compris ?

Parmi les tableaux ci-dessous, **identifier** les tableaux de proportionnalité et **préciser** leur coefficient de proportionnalité, s'il existe.

❶

3	5,2	7,6
24	41,6	60,8

❷

3	5	7
13	20	21

❸

5	8	11
2	3,2	4,4

❹

13	16	24
6,5	8	12

❺

27	31	40	56
21,6	24,8	36	44,8

❻

20	30	50	70
420	630	1050	1470

❼

90	110	150	210
585	715	975	1 155

....

....

....

....

....

....

....

....

Les autres fiches d'automatismes sur cette notion »» Automatisme 3 liennathan.fr/9v9ik6

4 Applications de la proportionnalité

Fiche 1 Pourcentages

Exprimer un nombre décimal sous la forme d'un pourcentage

Méthode	Exemple
Pour **exprimer** un nombre décimal sous la forme d'un pourcentage : **1) Écrire** sous la forme d'une fraction de dénominateur **100**. **2) Recopier** le numérateur avec le **signe %**.	**Exprimer** 0,23 sous la forme d'un pourcentage. $0{,}23 = \frac{0{,}23 \times 100}{100} = \frac{23}{100} = 23\ \%$.

Ai-je bien compris ?

1 Exprimer les nombres décimaux ci-dessous sous la forme d'un pourcentage.

a) 0,65 .... **b)** 0,8 ....

c) 0,31 .... **d)** 0,165 ....

2 Exprimer les nombres décimaux ci-dessous sous la forme d'un pourcentage.

a) 0,025 .... **b)** 2 ....

c) 1,45 .... **d)** 0,055 ....

Calculer un taux de pourcentage

Méthode	Exemple
Pour **exprimer** une proportion sous la forme d'un pourcentage : **1) Calculer** le quotient. **2) Écrire** sous la forme d'une fraction de dénominateur **100**. **3) Recopier** le numérateur avec le signe **%**.	**Exprimer** la proportion $\frac{18}{30}$ sous la forme d'un pourcentage. $\frac{18}{30} = 18 \div 30 = 0{,}6$ soit $\frac{0{,}6 \times 100}{100} = 60\ \%$.

Ai-je bien compris ?

1 Exprimer les proportions suivantes sous forme d'un pourcentage.

a) $\frac{13}{20}$ .... **b)** $\frac{27}{60}$ .... **c)** $\frac{3}{10}$ .... **d)** $\frac{42}{75}$ ....

2 Exprimer les proportions suivantes sous forme d'un pourcentage.

a) $\frac{37}{40}$ .... **b)** $\frac{27}{36}$ .... **c)** $\frac{93}{60}$ .... **d)** $\frac{44}{96}$ ....

Les autres fiches d'automatismes sur cette notion »»

Automatisme 4
liennathan.fr/k3v6k0

5 Calcul numérique : puissances de 10 – fractions – racine carrée

Fiche 1 Puissance de 10

Définition

Méthode	Exemples
Pour $a > 0$, 10^a se lit 10 puissance a. $10^a = \underbrace{10 \times ... \times 10 \times 10}_{a}$ 10 est multiplié a fois par lui-même.	$10^4 = 10 \times 10 \times 10 \times 10 = 10\ 000$ et $1\ 000 = 10 \times 10 \times 10 = 10^3$.

Ai-je bien compris ?

Écrire les puissances de 10 sous forme décimale et inversement.

10^6 = ... 100 000 = ...

10^7 = ... 10 = ...

10^1 = ... 1 000 000 = ...

10^5 = ... 1 000 000 000 000 = ...

10^8 = ... 100 = ...

10^2 = ... 10 000 000 000 000 000 = ...

10^0 = ... 1 = ...

Propriété

Méthode	Exemples
Pour $a > 0$, $10^{-a} = \frac{1}{10^a}$.	$10^{-4} = \frac{1}{10^4} = \frac{1}{10\ 000} = 0{,}000\ 1$ et $0{,}001 = \frac{1}{1\ 000} = \frac{1}{10^3} = 10^{-3}$.

Ai-je bien compris ?

Écrire les puissances de 10 sous forme décimale et inversement.

10^{-7} = ... 0,1 = ...

10^{-5} = ... 0,000 001 = ...

10^{-8} = ... 0,000 1 = ...

10^{-2} = ... 0,000 000 000 1 = ...

Les autres fiches d'automatismes sur cette notion »»

Automatisme 5
liennathan.fr/0bay58

6 Calcul littéral

Fiche 1 — Développer et réduire une expression de la forme $a(x+b)$, où a et b sont des entiers relatifs donnés

Méthode	Exemples
Soient a et b deux entiers relatifs donnés. $a(x+b) = a\times x + a\times b$ Pour déterminer le signe de chaque terme, on utilise la règle des signes de la multiplication. Remarque : $a(x+b) = a(b+x)$	1) **Développer** et **réduire** $8(5-2x)$ $A = 8(5-2x) = 8\times 5 - 8\times 2x = 40 - 16x$ 2) **Développer** et **réduire** $-7(x-2)$ $B = -7(x-2) = -7\times x + (-7)\times(-2)$ $B = -7x + 14$

Ai-je bien compris ?

1 **Développer** et **réduire** les expressions suivantes.

a) $5(x+3)$ **b)** $3(3x-4)$ **c)** $6(3+5x)$

2 **Développer** et **réduire** les expressions suivantes.

a) $-2(3x+4)$ **b)** $-4(6x-5)$ **c)** $-3(7+3x)$

3 **Développer** et **réduire** les expressions suivantes.

a) $-8(2x-4)$ **b)** $2(7x-9)$ **c)** $6(1+x)$

4 **Développer** et **réduire** les expressions suivantes.

a) $7(9-x)$ **b)** $-6(8-x)$ **c)** $-4(3-9x)$

Les autres fiches d'automatismes sur cette notion »»
Automatisme 6
liennathan.fr/0cv98j

7 Résolution d'équations et d'inéquations

Fiche 1 — Résoudre une équation à une inconnue du type $ax + b = c$ où a, b et c sont des entiers relatifs

Règle de calcul	Exemples
Règle 1. On **ne change pas** les solutions d'une équation si on **ajoute** (ou **soustrait**) un même nombre à ses deux membres. **Règle 2.** On **ne change pas** les solutions d'une équation si on **multiplie** (ou **divise**) par un même nombre (non nul) ses deux membres. Pour **résoudre** une équation du type $x + a = b$: **1)** On **ajoute** l'opposé de b aux deux membres de l'équation pour isoler les termes en x. **2)** On **réduit** le second membre. **3)** On **divise** les deux membres de l'équation par a.	**1)** Résoudre l'équation $3x + 5 = 2$. $3x + 5 - 5 = 2 - 5$ ① $3x = -3$ ② $\frac{3x}{3} = \frac{-3}{3}$ ③ $x = -1$ L'équation $3x + 5 = 2$ a pour solution -1. **2)** Résoudre l'équation $2x - 4 = 6$. $2x - 4 + 4 = 6 + 4$ ① $-2x = 10$ ② $\frac{-2x}{-2} = \frac{10}{-2}$ ③ $x = -5$ L'équation $2x - 4 = 6$ a pour solution -5.

Ai-je bien compris ?

Résoudre les équations suivantes.

1 **a)** $5x + 4 = 19$ **b)** $-3x + 7 = 16$ **c)** $-2x + 5 = -5$

2 **a)** $3x - 6 = -9$ **b)** $6x - 8 = 4$ **c)** $-5x - 12 = 13$

3 **a)** $2x + 8 = 5$ **b)** $-6x - 4 = -10$ **c)** $4x - 3 = -5$

Les autres fiches d'automatismes sur cette notion »»

Automatisme 7
liennathan.fr/o6rb23

Fiche 1 — Identifier les fonctions linéaires et les fonctions affines – Identifier le coefficient directeur et l'ordonnée à l'origine d'une fonction affine

Identifier les fonctions linéaires et les fonctions affines

Méthode	Exemples
Les fonctions de la forme $f(x) = ax + b$ (avec a et b des nombres réels) sont appelées **fonctions affines**. Lorsque $b = 0$, $f(x) = ax$. Les fonctions de la forme $f(x) = ax$ sont appelées **fonctions linéaires**.	1) La fonction définie par $f(x) = 2x - 3$ est une fonction affine. Elle est de la forme $f(x) = ax + b$ avec $a = 2$ et $b = -3$. 2) La fonction définie par $g(x) = -5x$ est une fonction linéaire. Elle est de la forme $f(x) = ax$ avec $a = 2$. 3) La fonction définie par $h(x) = x^2 + 5$ n'est ni affine, ni linéaire.

Ai-je bien compris ?

1 **Souligner** en vert les fonctions affines et en rouge les fonctions linéaires.

a) $f_1(x) = 3x + 7$ **b)** $f_2(x) = -3x^2$ **c)** $f_3(x) = -5x$ **d)** $f_4(x) = 6 - 2x$

e) $f_5(x) = -3{,}7x + 4$ **f)** $f_6(x) = 9 - x^2$ **g)** $f_7(x) = -x$ **h)** $f_8(x) = \frac{-5}{3}x - 7$

2 **Souligner** en vert les fonctions affines et en rouge les fonctions linéaires.

i) $f_9(x) = \frac{2}{x} + 1$ **j)** $f_{10}(x) = \frac{7}{8}x$ **k)** $f_{11}(x) = 5x^3 - 1$ **l)** $f_{12}(x) = 6 - \frac{5}{2}x$

m) $f_{13}(x) = \frac{-3}{x}$ **n)** $f_{14}(x) = 8x$ **p)** $f_{15}(x) = 16 + x^2$ **q)** $f_{16}(x) = \frac{-x}{4}$

Identifier le coefficient directeur et l'ordonnée à l'origine d'une fonction affine

Méthode	Exemple
On considère la fonction affine f définie par $f(x) = ax + b$, où a et b sont des nombres réels. a est appelé le **coefficient directeur** et b est appelé l'**ordonnée à l'origine**.	**Indiquer** le coefficient directeur et l'ordonnée à l'origine de la fonction f définie par $f(x) = 3x - 5$. $f(x) = 3x - 5$ donc $a = 3$ et $b = -5$. Le **coefficient directeur** est donc **3** et l'**ordonnée à l'origine** est -5.

Ai-je bien compris ?

Indiquer le coefficient directeur et l'ordonnée à l'origine des fonctions ci-dessous.

1 **a)** $f_1(x) = -2x + 3$ **b)** $f_2(x) = 8x$ **c)** $f_3(x) = 7x - 4$ **d)** $f_4(x) = 4 + x$

....

....

2 **a)** $f_5(x) = 5 - 6{,}9x$ **b)** $f_6(x) = x + \frac{9}{2}$ **c)** $f_7(x) = \frac{-2}{3}x - 1$ **d)** $f_8(x) = -\frac{7}{5}x$

....

....

Les autres fiches d'automatismes sur cette notion »» Automatisme 8 liennathan.fr/41i6yc

Fiche 1 Associer une parabole à une expression algébrique de degré 2 donnée – Déterminer le sommet d'une parabole

Associer une parabole à une expression algébrique $ax^2 + bx + c$

Méthode

1) **Identifier** a, b et c.
2) **Observer** l'allure de la courbe.
3) **Calculer** l'abscisse du sommet (extremum) :
$x_S = \dfrac{-b}{2a}$
4) **Comparer** avec la lecture graphique.
5) **Conclure.**

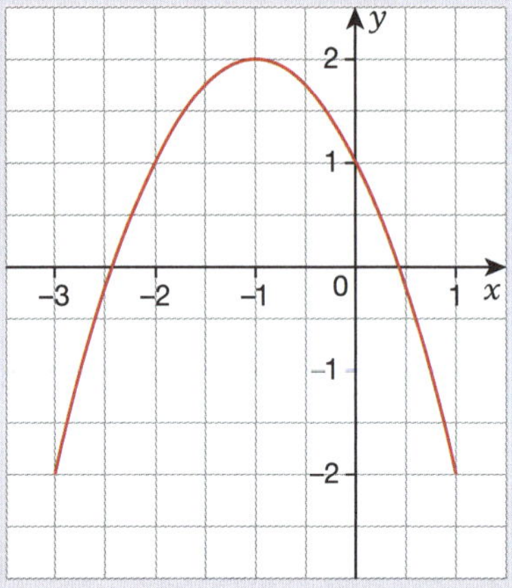

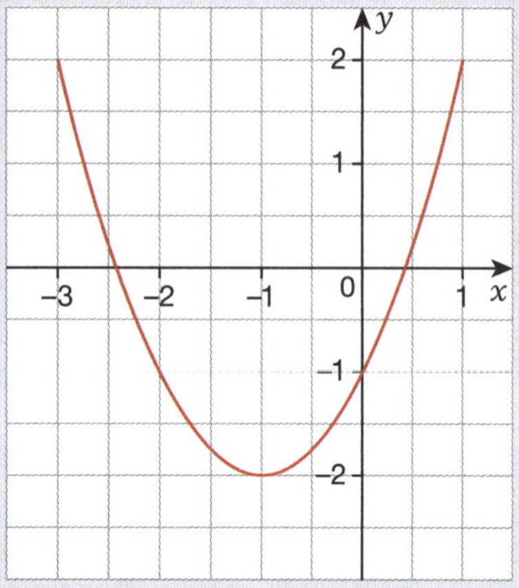

Exemple

Associer $f(x) = x^2 - 2x - 3$ à sa courbe représentative.

1) $a = 1$; $b = -2$; $c = -3$.

3) $x_S = \dfrac{-b}{2a} = \dfrac{-(-2)}{2\times1} = 1$.

5) Il s'agit de la courbe 2.

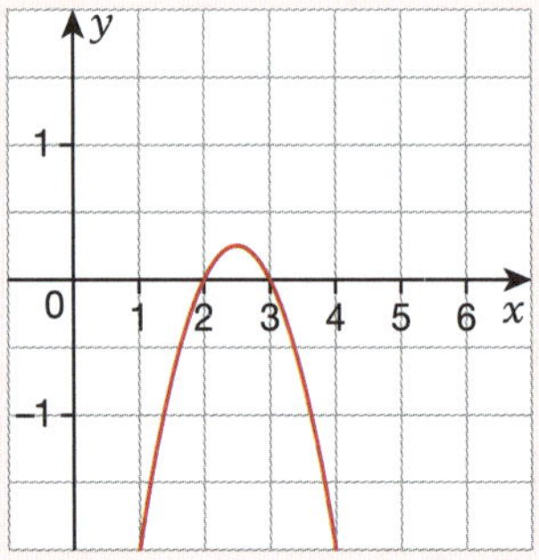

A.

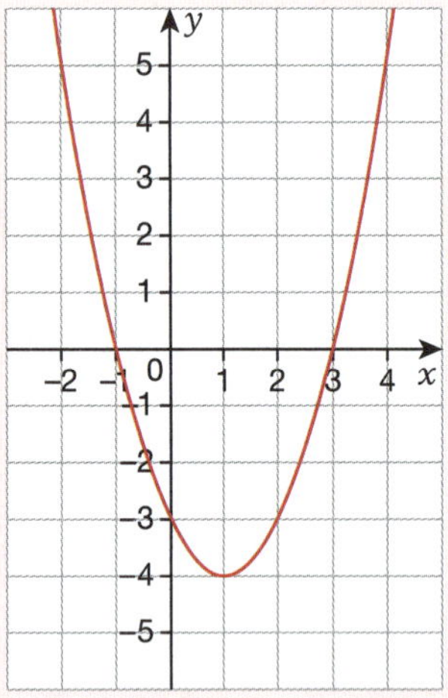

B.

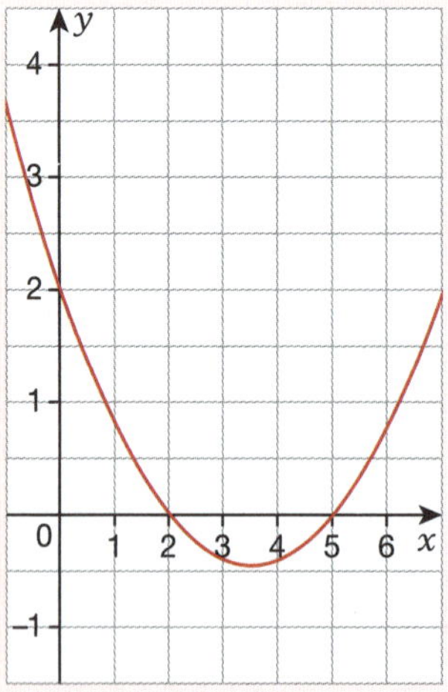

C.

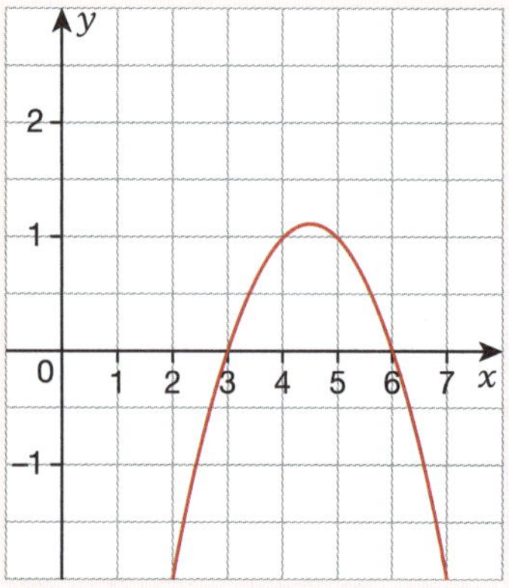

D.

Ai-je bien compris ?

Les courbes sont celles de l'exemple et sont numérotées de 1 à 4.

Associer chaque expression à sa courbe représentative en précisant l'abscisse du sommet de la parabole.

$f(x) = 0{,}2x^2 - 1{,}4x + 2$
courbe n° .... x_S = ...

$g(x) = -x^2 + 5x - 6$
courbe n° .... x_S = ...

$h(x) = -2x^2 + 9x - 9$
courbe n° .... x_S = ...

Les autres fiches d'automatismes sur cette notion »» Automatisme 9 liennathan.fr/9d97bs

Fiche 1 Reconnaître l'allure d'une représentation graphique à partir d'un tableau de variations donné

Méthode	Exemple
Pour **reconnaître** l'allure de la représentation graphique d'une fonction à partir de son tableau de variations : **1)** On **détermine** l'intervalle de définition ainsi que les valeurs de la fonction aux bornes de l'intervalle de définition. **2)** On **détermine** les extrema de la fonction. **3)** On **identifie** les variations de la fonction.	• On **donne** le tableau de variations suivant. (voir ci-dessous) **1)** L'intervalle de définition de la fonction f est $[-2 ; 2]$. $f(-2) = 3$ et $f(2) = 3$. **2)** f admet un minimum égal à **−1** pour $x = 0$. **3)** f est décroissante sur $[-2 ; 0]$ puis croissante sur $[0 ; 2]$. La courbe ci-contre correspondant au tableau.

x	−2		0		−2
Variations de f	3	↘	−1	↗	3

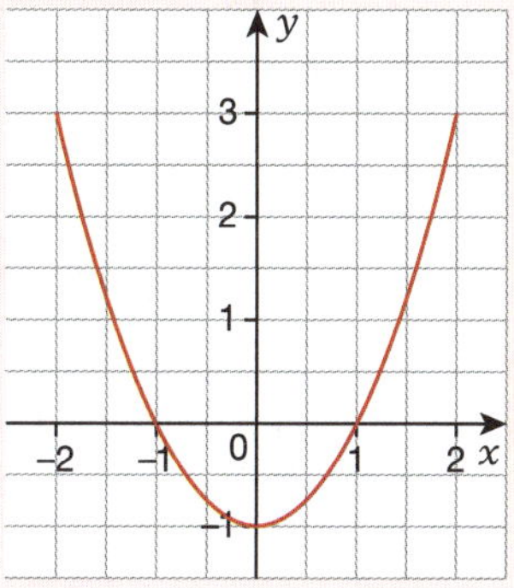

Ai-je bien compris ?

Associer chacun des tableaux de variations à sa courbe représentative.

1.
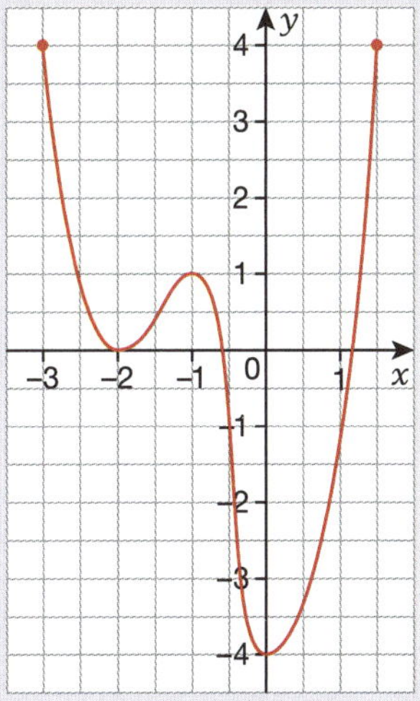

2.
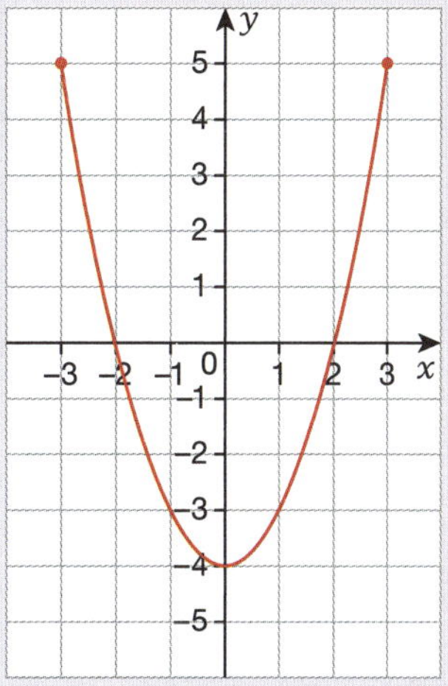

3.
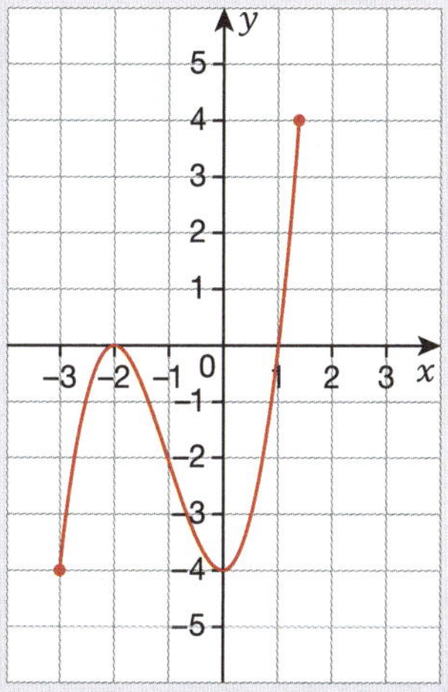

x	−3		−2		−1		0		3
Variations de g	7	↘	0	↗	1	↘	−4	↗	4

courbe n° ....

x	−3		−2		0		1,5
Variations de f	−4	↗	0	↘	−4	↗	4

courbe n° ....

x	−3		0		3
Variations de h	5	↘	−4	↗	5

courbe n° ....

Les autres fiches d'automatismes sur cette notion »» Automatisme 10 liennathan.fr/pxi427

Fiche 1 Calculer la dérivée d'une fonction

Fonctions dérivées associées aux fonctions de référence :

$f(x)$	$f'(x)$
k nombre réel	0
x	1
x^2	$2x$
$\frac{1}{x}$ $(x \neq 0)$	$\frac{-1}{x^2}$

$f(x)$	$f'(x)$
$u(x) + v(x)$	$u'(x) + v'(x)$
$ku(x)$ (k nombre réel)	$k \times u'(x)$

Méthode	Exemple
On **identifie** les différentes fonctions de référence qui composent la fonction ainsi que la forme de la fonction (somme ou produit d'une fonction de référence par un réel).	$f(x) = 4x^2 - 3x + \frac{1}{x}$ $u(x) = 4x^2$ — $u'(x) = 4 \times 2x = 8x$ $v(x) = -3x$ — $v'(x) = -3 \times 1 = -3$ $w(x) = \frac{1}{x}$ — $w'(x) = -\frac{1}{x^2}$ $f'(x) = u'(x) + v'(x) + w'(x)$ Donc : $f'(x) = 8x - 3 - \frac{1}{x^2}$

Ai-je bien compris ?

1 **Calculer** la dérivée de chacune des fonctions ci-dessous.

a) $f(x) = 3$ **b)** $g(x) = x^2$ **c)** $h(x) = \frac{1}{x}$

2 **Calculer** la dérivée de chacune des fonctions ci-dessous.

a) $f_1(x) = -5x$ **b)** $g_1(x) = 3x^2$ **c)** $h_1(x) = \frac{-7}{x}$

3 **Calculer** la dérivée de chacune des fonctions ci-dessous.

a) $f_2(x) = 2x + 1$ **b)** $g_2(x) = -5x + 2$ **c)** $h_2(x) = -3x - 4$

Les autres fiches d'automatismes sur cette notion »»

Automatisme 11
liennathan.fr/pfc426

12 Suites numériques et programmation

Fiche 1 Calculer les termes d'une suite numérique

n est un entier positif ou nul.

Méthode	Exemple
Pour générer une suite numérique il faut : **1) Identifier** ou **calculer** le premier terme et le noter U_0. **2) Identifier** le rang jusqu'auquel on souhaite déterminer les termes. **3) Utiliser** l'expression qui permet d'obtenir la suite et **nommer** chaque terme en fonction de son rang.	**Déterminer** les 4 premiers termes de la suite $U_n = f(n)$ tel que $f(n) = -3n + 4$. **1)** $U_0 = f(0) = -3 \times 0 + 4 = 4$. **2)** On cherche les termes de U_0 à U_3. **3)** $U_1 = f(1) = -3 \times 1 + 4 = 1$. $U_2 = f(2) = -3 \times 2 + 4 = -2$. $U_3 = f(3) = -3 \times 3 + 4 = -5$.

Ai-je bien compris ?

1 Dans les listes suivantes : **identifier** le premier terme, le nombre de termes, le rang du dernier terme.

```
L1=[2,5,6,-3,8]
L2=[-5,22.4,9,1.8]
L3=[1.6,7.3,-9,4,0.6,-3]
```

....

....

....

2 À partir des listes ci-contre :

```
L1=[7*n+4 for n in range(25)]
L2=[3*n**2-5*n+1 for n in range(100)]
L3=[n*2-8/n for n in range(50)]
```

a) Identifier la fonction qui génère la suite.

....

b) Identifier le nombre de termes.

....

c) Calculer le premier terme.

....

3 À partir des scripts suivants :

```
def suite1(n):
    L=[]
    for i in range(0,n):
        L.append(5*i-4)
    return L
```

```
def suite2(n):
    L=[]
    for i in range(0,n):
        L.append(-7*i*i+3*i+2)
    return L
```

```
def suite3(n):
    L=[]
    for i in range(0,n):
        L.append(-7/i+i-5)
    return L
```

a) Déterminer la fonction qui génère les suites numériques.

....

b) Calculer le premier terme de chaque suite.

....

c) Calculer les termes de rang 3, 5 et 9 de chaque suite.

....

Les autres fiches d'automatismes sur cette notion »

Automatisme 12
liennathan.fr/cb99g3

13 Probabilité et programmation

Fiche 1 — Calcul de la probabilité d'un événement dans le cas d'une situation aléatoire simple

Méthode
Calculer des probabilités simples : 1) **Identifier** l'expérience aléatoire. 2) **Déterminer** l'univers Ω. 3) **Déterminer** le nombre d'issues possible de l'univers. 4) **Identifier** l'évènement considéré. 5) **Déterminer** le nombre d'issues de cet évènement. 6) **Calculer** la probabilité de l'évènement : $P = \frac{\text{nombre d'issues de l'événement}}{\text{nombre d'issues possibles d'}\Omega}$ 7) **Appliquer** les formules : $P(\overline{A}) = 1 - P(A)$ $P(A \cup B) = P(A) - P(B) - P(A \cap B)$ 8) **Utiliser** un diagramme de Venn, un arbre ou un tableau.

Ai-je bien compris ?

1 **Compléter** les programmes qui simulent des expériences aléatoires.

a) Simulation d'un dé à 6 faces.

```
from .............. import*
def lancer_un_de():
    de=randint(1,....)
    return "la face obtenue est",.....
```

b) Simulation d'une pièce.

```
from random import*
def piece():
    r=randint(0,...)
    .... r<=0.5:
        return("On obtient pile")
    ....:
        return("On obtient face")
```

c) Simulation d'une urne contenant des boules bleues, des boules rouges et des boules jaunes.

```
from .............. import*
def prog 1 (B,R,V):
    u=...+...+...
    r=randint(1,...)
    if r<=...:
        return("La boule tiree est bleue.")
    elif r>...+...:
        return("La boule tiree est verte.")
    else:
        return("La boule tiree est rouge.")
```

2 Un questionnaire est envoyé auprès des élèves d'un lycée sur la pratique d'une activité sportive en Club en dehors de celles pratiquées au lycée. On interroge au hasard un de ces lycéens. On note C l'événement « pratiquer un sport en Club » et G l'événement « être un garçon ». **Relier** à la bonne notation, les probabilités suivantes :

Probabilité d'interroger un élève qui pratique un sport en club. •	• $p_C(\overline{G})$
Probabilité d'interroger un garçon. •	• $p_{\overline{G}}(C)$
Probabilité d'interroger une fille ou un élève qui pratique un sport en club. •	• $p(G)$
Probabilité d'interroger une fille parmi ceux qui pratiquent un sport en club. •	• $p(\overline{G} \cup C)$
Probabilité d'interroger une personne qui pratique un sport en club parmi les filles. •	• $p(C)$

Les autres fiches d'automatismes sur cette notion »»
Automatisme 13
liennathan.fr/1gd01o

14 Statistiques et programmation

Fiche 1 Statistique à deux variables : nuage de points

Méthode 1	Méthode 2
À l'aide du tableur. Voir rabat de couverture.	**À l'aide d'un script.** (voir script ci-dessous)

```
import matplotlib.pyplot as plt
def nuage_de_points(n):
    liste1=[]
    liste2=[]
    for k in range(0,n):
        x=int(input ('donner un element de la premiere serie')
         =int(input ('donner un element de la seconde serie')
        liste1.append(x)
        liste2.append(y)
    plt.plot(liste1,liste2)
    plt.show()
```

Méthode 3
À l'aide d'une calculatrice. Exercice résolu de l'essentiel du chapitre Statistique à deux variables.

Ai-je bien compris ?

À l'aide de l'outil numérique de votre choix, **tracer** le nuage de points des séries suivantes.

x_i	y_i
4,8	98
6,1	123
3,8	66
5,5	111
5,7	130
4,2	85

①

Rang du jour de la semaine	Nombre de pièces
1	1 150
2	1 216
3	1 258
4	1 302
5	1 347
6	1 399
7	1 423

②

Montant des achats	Nombre de pièces
10 €	92
15 €	87
20 €	83
30 €	78
50 €	66
100 €	61
150 €	43

③

Les autres fiches d'automatismes sur cette notion »»

Automatisme 14
liennathan.fr/g41ym9

Fiche 1

Distinction entre : cercle, disque, sphère et boule – Reconnaissance du cube, du pavé droit, de la pyramide, du cylindre droit, du cône et de la boule

Distinction entre cercle, disque, sphère et boule

Le **cercle** de centre O et de rayon R est l'ensemble des points du plan situés à une distance R de O.	La **sphère** de centre O et de rayon R est l'ensemble des points de l'espace situés à une distance R de O.
Le **disque** de centre O et de rayon R est l'ensemble des points du plan situés à une distance inférieure ou égale à R de O.	La **boule** de centre O et de rayon R est l'ensemble des points de l'espace situés à une distance inférieure ou égale à R de O.

Ai-je bien compris ?

1 Vrai ou faux. **Justifier.**

a) Un cercle est une figure plane ....

b) Un disque est un solide ....

c) Une boule est un solide ....

2 **Compléter** en indiquant où se situe le point A.

a) $\mathscr{C}$ est un cercle de centre 0 est de rayon 5 si AO = 3 alors A est ....

b) $\mathscr{D}$ est un disque de centre 0 est de rayon 5 si AO = 3 alors A est ....

c) $\mathscr{S}$ est une sphère de centre 0 est de rayon 5 si AO = 3 alors A est ....

d) $\mathscr{B}$ est une boule de centre 0 est de rayon 5 si AO = 3 alors A est ....

Reconnaissance du cube, du pavé droit, de la pyramide, du cylindre droit, du cône et de la boule

Ai-je bien compris ?

1 **Nommer** les solides ci-dessous.

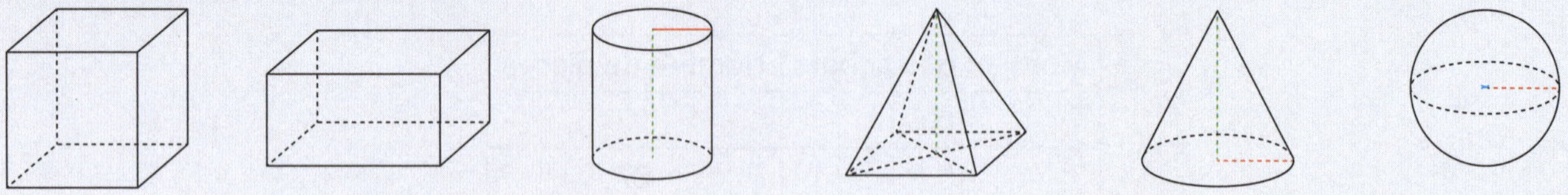

....

2 **Nommer** des objets ayant la forme des solides suivants.

Cube ....

Pavé droit ....

Cylindre droit ....

Boule ....

Pyramide ....

Cône ....

Les autres fiches d'automatismes sur cette notion »»

Automatisme 15
liennathan.fr/17kaa9

Fiche 1 Représentation de vecteurs

Construire le vecteur obtenu comme somme de deux vecteurs

Méthode	**Construire** le vecteur $\overrightarrow{AB} = \vec{u} + \vec{v}$ obtenu comme somme des vecteurs $\vec{u}$ et $\vec{v}$ donnés à partir d'un point du plan.	❶ On **trace** un représentant du vecteur $\vec{u}$ à partir du point A.	❷ À partir de l'extrémité de ce représentant, on **trace** un représentant du vecteur $\vec{v}$.	❸ On **trace** le vecteur d'origine le point de départ A et d'extrémité le dernier point construit, B. Il est égal au vecteur somme des deux vecteurs $\vec{u}$ et $\vec{v}$ donnés.
Exemples	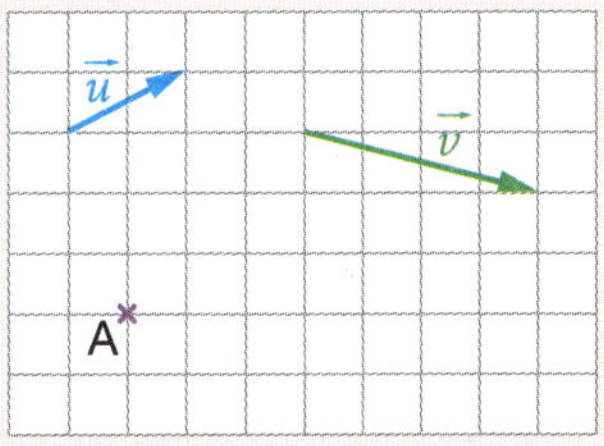	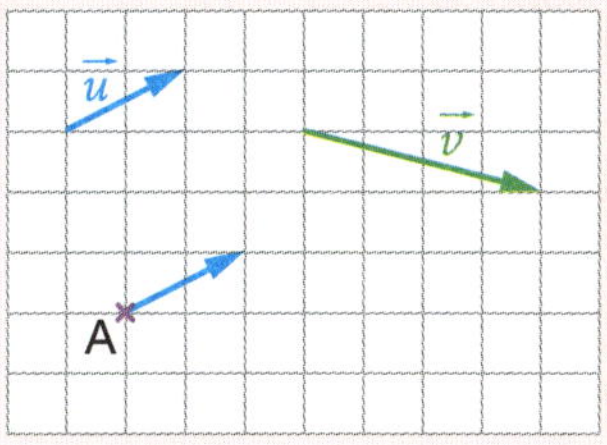	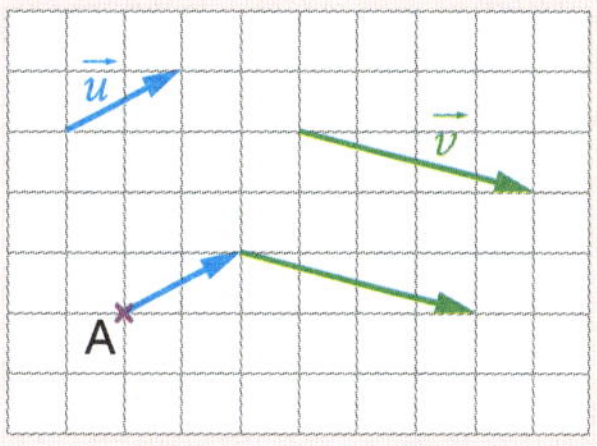	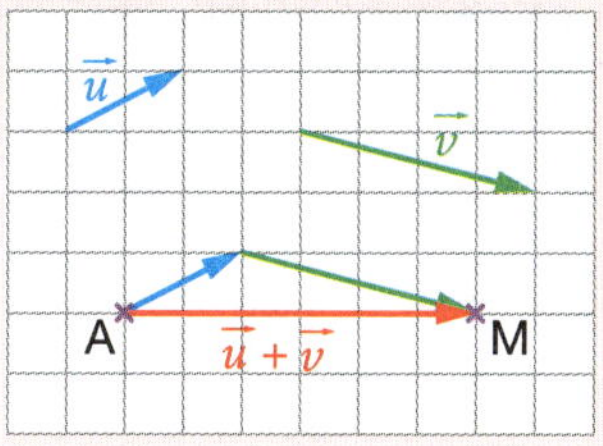

Ai-je bien compris ?

1) Construire en rouge le vecteur :

a) $\overrightarrow{AB}$ tel que : $\overrightarrow{AB} = \vec{u} + \vec{v}$

b) $\overrightarrow{CD}$ tel que : $\overrightarrow{CD} = \vec{u_1} + \vec{v_1}$

c) $\overrightarrow{EF}$ tel que : $\overrightarrow{EF} = \vec{u_2} + \vec{v_2}$

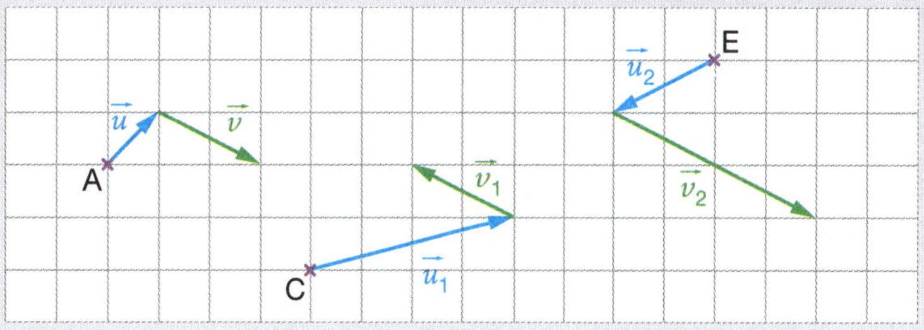

2) Construire en rouge le vecteur :

a) $\overrightarrow{AM}$ tel que : $\overrightarrow{AM} = \vec{u_3} + \vec{v_3}$

b) $\overrightarrow{KL}$ tel que : $\overrightarrow{KL} = \vec{u_4} + \vec{v_4}$

c) $\overrightarrow{NP}$ tel que : $\overrightarrow{NP} = \vec{u_5} + \vec{v_5}$

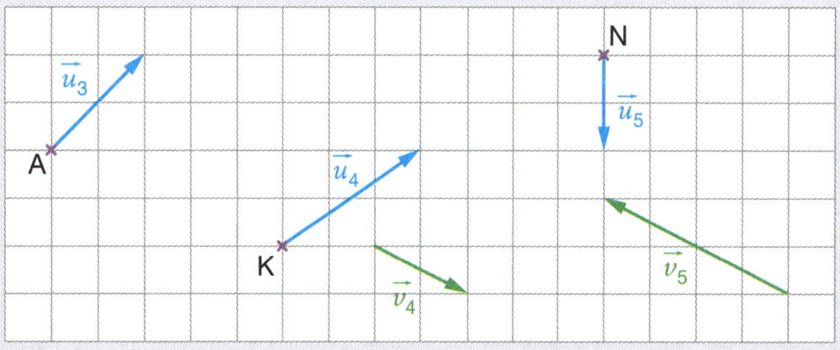

3) Construire en rouge le vecteur :

a) $\overrightarrow{AC}$ tel que : $\overrightarrow{AC} = \vec{u_6} + \vec{v_6}$

b) $\overrightarrow{OP}$ tel que : $\overrightarrow{OP} = \vec{u_7} + \vec{v_7}$

c) $\overrightarrow{GS}$ tel que : $\overrightarrow{GS} = \vec{u_8} + \vec{v_8}$

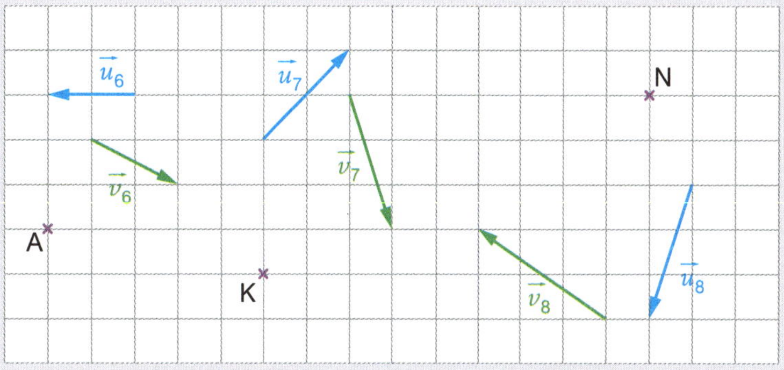

Les autres fiches d'automatismes sur cette notion »»
Automatisme 16
liennathan.fr/oh35v2

Fiche 1

Placer sur le cercle trigonométrique les points associés aux réels $-x$, $\pi - x$, $\pi + x$, $\frac{\pi}{2} - x$, $\frac{\pi}{2} + x$ connaissant le point associé au réel x

Méthode	Exemple
À partir du point M associé au réel x : **1)** Placer le point associé au réel $-x$ symétrique de x par rapport à l'axe des abscisses. **2)** Placer le point associé au réel $\pi - x$ symétrique de x par rapport à l'axe des ordonnées. **3)** Placer le point associé au réel $\pi + x$ symétrique de x par rapport à O. **4)** Placer le point associé au réel $\frac{\pi}{2} + x$ en ajoutant 90° à x. **5)** Placer le point associé au réel $\frac{\pi}{2} - x$ symétrique du point associé au réel $\frac{\pi}{2} + x$ par rapport à l'axe des ordonnées.	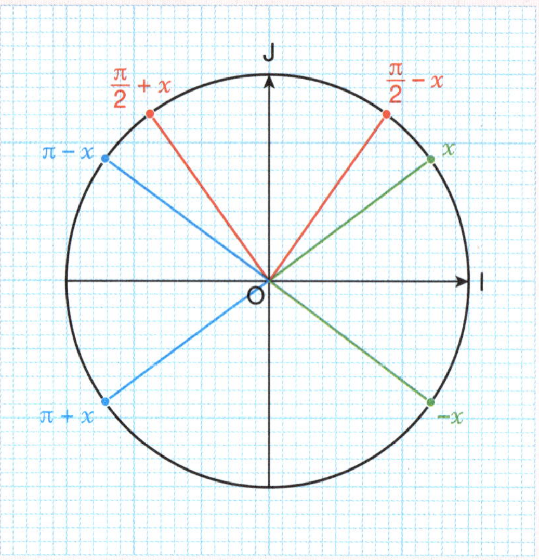

Ai-je bien compris ?

1 **Placer** sur le cercle trigonométrique les points associés aux réels $-x$, $\pi - x$, $\pi + x$, $\frac{\pi}{2} - x$, $\frac{\pi}{2} + x$ connaissant le point associé au réel x dans chaque cercle.

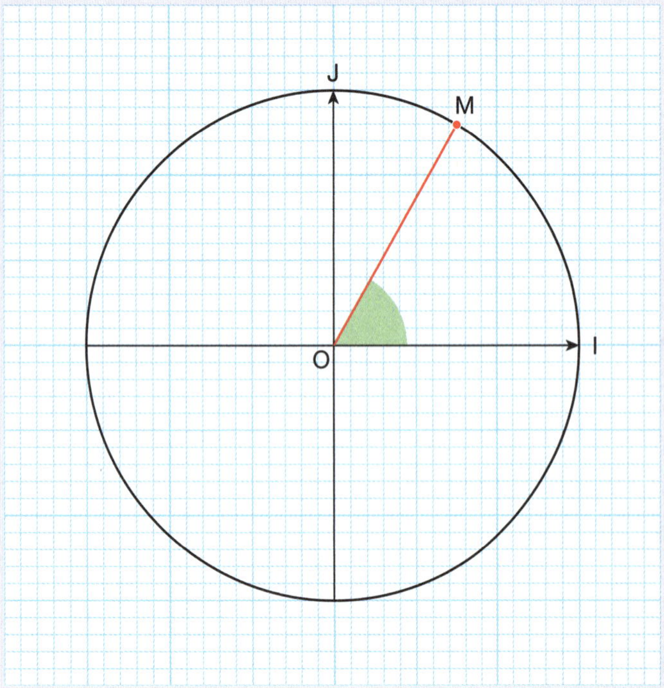

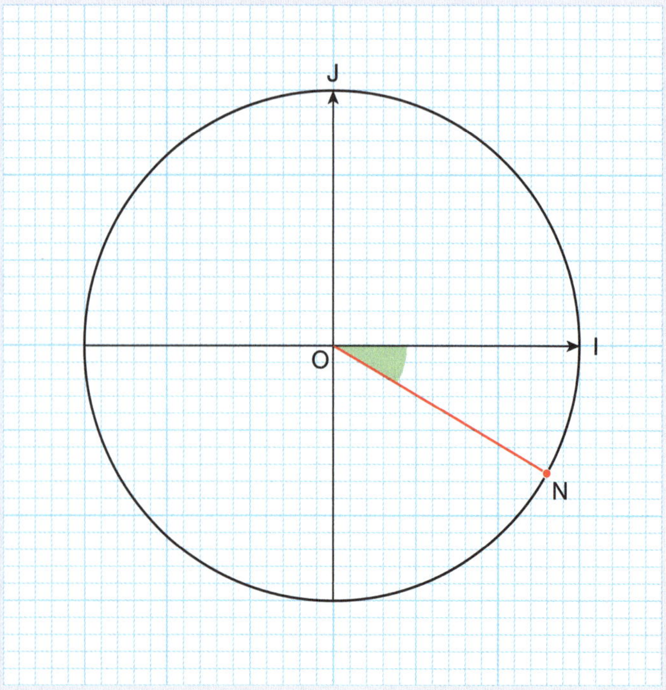

Les autres fiches d'automatismes sur cette notion »»

Automatisme 17
liennathan.fr/t4r81u/

Glossaire du vocabulaire ensembliste et logique

D'après le lexique de la ressource d'accompagnement « vocabulaire ensembliste et logique », éduscol 2019.

A

Axiome : un axiome désigne une proposition considérée comme évidente qui n'admet pas de démonstration dans une théorie.

L'ensemble des axiomes d'une théorie est appelé axiomatique.

C

Conjecture : proposition (assertion) pour laquelle une démonstration n'est pas établie, mais que l'on pense être vraie.

Conjonction de deux propositions : la proposition « P et Q » est appelée conjonction de P et Q ; elle est vraie si les propositions P et Q sont toutes les deux vraies.

Contraposée d'une implication (ne figure pas dans les programmes du baccalauréat professionnel) **:** la contraposée de l'implication « $P \Rightarrow Q$ » est « (non Q) $\Rightarrow$ (non P) ». Une implication est toujours équivalente à sa contraposée.

Contre-exemple : la recherche d'un contre-exemple est utilisée pour prouver qu'une proposition est fausse. Pour montrer qu'un énoncé qui commence par « quel que soit » ou « pour tout… » est faux, il suffit de trouver un élément (« il existe… ») qui réalise les conditions imposées dans l'hypothèse sans que soit vérifiée la conclusion.

Couple : un couple de deux nombres est la donnée de ces deux nombres dans un ordre déterminé.
Le couple des deux nombres a et b pris dans cet ordre est noté (a, b). Deux couples (a, b) et (a', b') sont égaux si et seulement si $a = a'$ et $b = b'$.

D

Disjonction de deux propositions : la proposition « P ou Q » est appelée disjonction de P et Q ; elle est vraie si l'une au moins des propositions P ou Q est vraie ; elle est fausse uniquement quand P et Q sont toutes les deux fausses.

E

Égalité : une égalité est une expression mathématique comportant le signe « = » et deux membres situés chacun de part et d'autre de ce signe.

Une égalité peut être vraie ou fausse ; par exemple, $2 = 3$ est une égalité fausse.

Égalité d'ensembles : deux ensembles E et F sont égaux s'ils ont les mêmes éléments.

Pour montrer que $E = F$, il est équivalent de montrer les deux inclusions : $E \subset F$ et $F \subset E$.

Équation (à une inconnue dans les programmes du baccalauréat professionnel) : une équation est une égalité qui comporte une inconnue.

Résoudre l'équation c'est trouver les valeurs de l'inconnue pour lesquelles l'égalité est vraie. Une équation peut avoir 0, 1, 2 ou plusieurs solutions, voire une infinité.

I

Identité : une identité est une égalité toujours vraie.

Implication : l'implication de la proposition Q par la proposition P, notée $P \Rightarrow Q$ est une proposition qui est fausse si (P est vraie et Q fausse) et qui est vraie dans tous les autres cas.

Par exemple : soit ABCD un quadrilatère ; on considère les propositions « P : ABCD est un carré » et « Q : ABCD est un rectangle ». Alors $P \Rightarrow Q$.

L

Logique : la logique est une discipline qui étudie les mathématiques en tant que langage ; elle s'intéresse aux démonstrations et aux raisonnements.

N

«*non*» : la proposition « *non* P » est appelée négation de P. La proposition « *non* P » est fausse si P est vraie, et vraie si P est fausse.

P

Proposition : une proposition est un énoncé mathématique qui est soit vrai soit faux. Cet énoncé ne contient pas d'éléments variables.

Par exemple : « 2 est un nombre pair » est une proposition vraie.

Principe de non-contradiction : une proposition est vraie ou fausse, jamais les deux en même temps.

Propositions équivalentes : on dit que les propositions P et Q sont équivalentes si ($P \Rightarrow Q$) et ($Q \Rightarrow P$).

R

Réciproque d'une implication : la réciproque de « $P \Rightarrow Q$ » est « $Q \Rightarrow P$ ».

Ce n'est pas parce que $P \Rightarrow Q$ que l'on a $Q \Rightarrow P$. Par exemple, l'implication « $x = 2 \Rightarrow x^2 = 4$ » est vraie alors que « $x^2 = 4 \Rightarrow x = 2$ » est fausse.

S

Sous-ensemble : on dit qu'un ensemble E est inclus dans un ensemble F, si tout élément de E est élément de F. On dit dans ce cas que E est un sous-ensemble, ou une partie, de F et on note $E \subset F$.

Corrigés

ANALYSE – ALGÈBRE

Je me positionne

1. B ; 2. C ; 3. A ; 4. C ; 5. C ; 6. B ; 7. A ; 8. B ; 9. A/B ; 10. B ; 11. B ; 12. A.

Chapitre 1 : Résolution graphique d'équations et d'inéquations – Fonction polynôme de degré 2

Rituel 1

a. $f(1) = -3$.
b. $f(2) = 0$.
c. $f(x) = x^2 - 4$.

Je vérifie mes connaissances : QCM

1. A ;
2. B ;
3. C.

Exercice 1

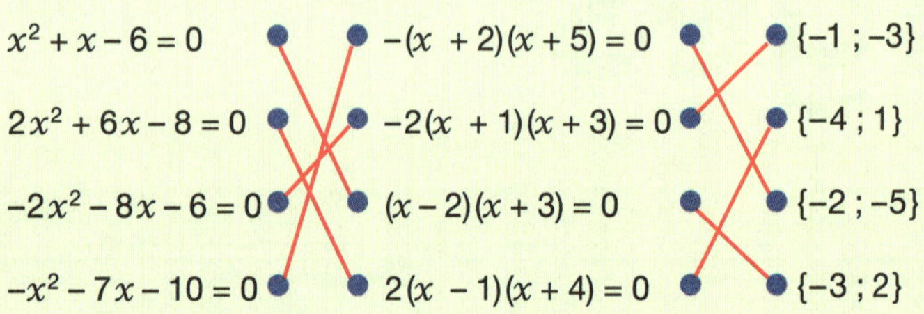

Exercice 2

1. $a = x$; $b = 1$.
2. $f(x) = (x + 1)^2$.
3. $x = -1$.
4. C'est la représentation graphique 1. $x_1 = -1$.

Exercice 6 - Terrasse de piscine

1 $S_{bassin} = 4 \times 8 = 32$ m².

$f(x) = (8 + 2x)(4 + 2x) - 32 = 32 + 16x + 8x + 4x^2 - 32 = 4x^2 + 24x$.

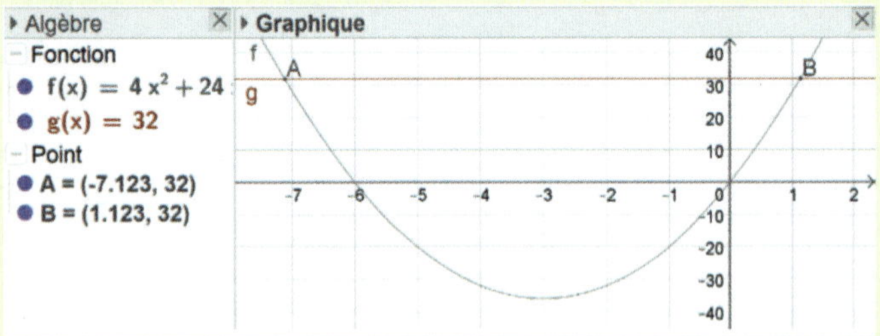

La largeur de la terrasse est de 1,123 m.

Chapitre 2 : Nombre et fonction dérivée

Rituel 1

a. 2.
b. 2.
c. $f(x) = 0,5x + 1$.

Je vérifie mes connaissances : QCM

1. A ;
2. A ;
3. C.

Exercice 1

- $f'(x) = 4x$
- $g'(x) = 3$
- $h'(x) = -10x + 7$
- $k'(x) = 2x - \dfrac{2}{x^2}$

Exercice 2

$f'(x) = 2x + 4$ $f'(x) = -2x - 4$ $f'(x) = 2x - 2$

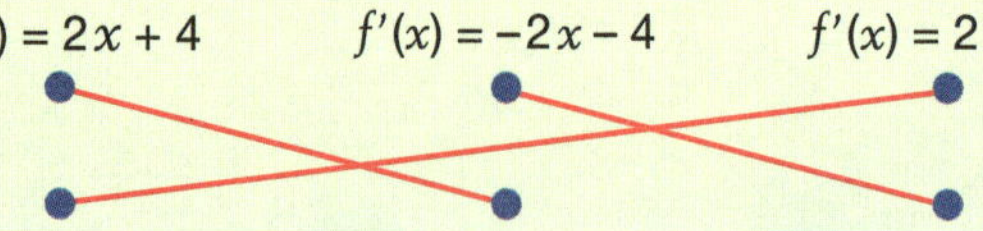

x		1	
$f'(x)$	−	0	+

x		−2	
$f'(x)$	−	0	+

x		−2	
$f'(x)$	+	0	−

Exercice 3

1 $f'(2) = 2$

2 $x = -3$ ou $x = 4$.

3

x	−2		0		4		6
$f'(x)$		−	0	+	0	−	
f	−1	↘	−3	↗	1	↘	−3

Exercice 11 - Coût unitaire

1 $C(10) = 105$.

2 $C'(x) = 2 - \dfrac{450}{x^2}$

$C'(x) = 2 - \dfrac{450}{x^2} = \dfrac{2x^2}{x^2} - \dfrac{450}{x^2} = \dfrac{2x^2 - 450}{x^2}$.

3 $C(15) = 2 \times 15^2 - 450 = 2 \times 225 - 450 = 450 - 450 = 0$

4

x	52		15		30
Signe de $C'(x)$		−	0	+	
C	−140	↘	100	↗	115

5

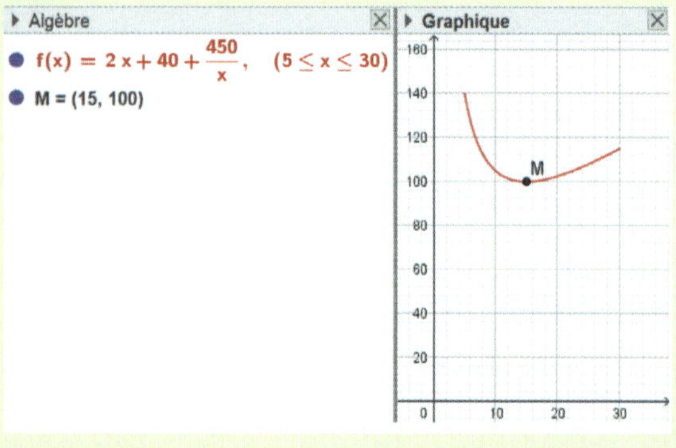

6 Il faut effectuer 15 commandes. Le montant correspondant à ce nombre de commandes est de 100 €.

Chapitre 3 : Suites numériques – Suites arithmétiques

Rituel 1

1. **B.**

2. **A/C.**

3. **C.**

Je vérifie mes connaissances : QCM

1. A ; 2. C ; 3. A ; 4. C.

Exercice 1

- 12 ; 18 ; 24 ; 30 ; 36 ; 42 ; 48 ; 54
- 6,1 ; 4,7 ; 3,3 ; 1,9 ; 0,5 ; –1,4 ; –2,8
- 1 ; 3 ; 7 ; 15 ; 31 ; 63 ; 127
- 2 ; 10 ; 34 ; 106 ; 322 ; 970 ; 2 914

Exercice 2

- $u_0 = 3$; $u_1 = -1$; $u_2 = -5$.
- $u_5 = 83$; $u_6 = 116$; $u_7 = 155$.

Exercice 3

1. et **2.**

Exercice 8 - Baisse de production à l'usine

1 $r = 18\,160 - 19\,216 = 19\,216 - 20\,272 = 20\,272 - 21\,328 = 21\,328 - 22\,384 = -1\,056$

2 Décembre : rang 11. $u_{11} = 22\,384 + 11 \times (-1\,056) = 10\,768$.

3 $S_{11} = \frac{12}{2} \times (22\,384 + 10768) = 198\,912$.

4 Le nombre de pièces produites sur l'année est inférieur à 200 000, le directeur va arrêter la production de cette pièce.

STATISTIQUE – PROBABILITÉS

Je me positionne

1. B ; **2.** C ; **3.** A ; **4.** A/B ; **5.** C ; **6.** B ; **7.** B ; **8.** A ; **9.** C ; **10.** A/B/C ; **11.** B.

Chapitre 4 : Statistique à deux variables

Rituel 1

1. **A.**

2. **B/C.**

3. **A/C.**

Je vérifie mes connaissances : QCM

1. A ; 2. C ; 3. B ; 4. A ; 5. B.

Exercice 1

1 $y = 73{,}5 \times 0{,}4 + 4{,}7 = 34{,}1$

$y = 73{,}5 \times 1{,}2 + 4{,}7 = 92{,}9$

2 $25 = 73{,}5x + 4{,}7$

$25 - 4{,}7 = 73{,}5x$

$x = \frac{20{,}3}{73{,}5} = 0{,}28$

Exercice 2

1 Le nombre de pièces est quantitatif mais le jour de la semaine est qualitatif.

2 Pour pouvoir faire une représentation graphique d'une série statistique à 2 variables, elles doivent être quantitatives. Ici ne n'est pas le cas donc la représentation est impossible.

Exercice 3

2. et **3.**

Exercice 8 - Location de vélos électriques

1

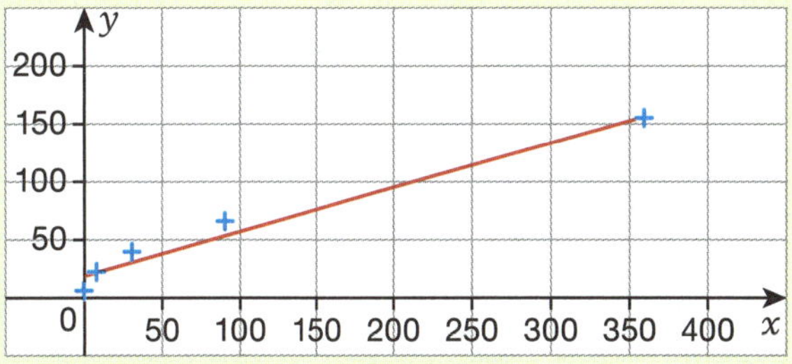

2 $y = 0{,}4656x + 26{,}16$.

3 8 mois = 240 jours ; $y = 0{,}4656 \times 240 + 26{,}16 = 138$ €.

4 $100 = 0{,}4656x + 26{,}16$; $x = \frac{100 - 26{,}16}{0{,}4656} = 159$ jours.

Chapitre 5 : Probabilités

Rituel 1

1. A. **2. B.** **3. C.**

Je vérifie mes connaissances : Vrai / Faux

1. Vrai ;

2. Faux ;

3. Faux ;

4. Vrai ;

5. Vrai.

Exercice 1

$\bar{A}$: ne pas étudier l'anglais

$\bar{E}$: ne pas étudier l'espagnol

Effectifs	E	$\bar{E}$	TOTAL
A	8	14	22
$\bar{A}$	2	6	8
TOTAL	10	20	30

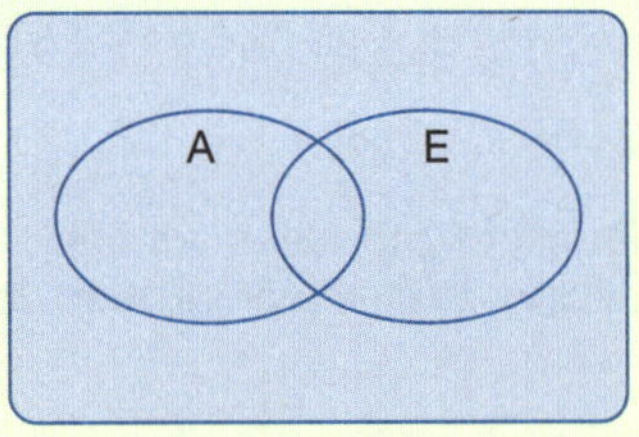

Exercice 2

1 Le groupe compte 100 garçons.

2 Le groupe compte 120 personnes qui jouent en ligne.

3 L'événement noté G ∩ V est : « je suis un garçon et je joue en ligne à des jeux vidéo ».

4 $p(G) = \frac{100}{180} = 0{,}56$;

$p(V) = \frac{120}{180} = 0{,}67$;

$p(G \cap V) = \frac{85}{180} = 0{,}47$.

Exercice 6

Fréquences	B	$\bar{B}$	TOTAL
A	0,22	0,30	0,52
$\bar{A}$	0,02	0,46	0,48
TOTAL	0,24	0,76	1

Fréquences	B	$\bar{B}$	TOTAL
A	0,22	0,23	0,45
$\bar{A}$	0,08	0,47	0,55
TOTAL	0,30	0,70	1

Fréquences	B	$\bar{B}$	TOTAL
A	0,40	0,20	0,60
$\bar{A}$	0,16	0,24	0,40
TOTAL	0,56	0,44	1

GÉOMÉTRIE

Je me positionne

1. B ; 2. A ; 3. C ; 4. B ; 5. C ; 6. B ; 7. B ; 8. A/B ; 9. B ; 10. B ; 11. C 12. B ; 13. B ; 14. C.

Chapitre 6 : Géométrie dans l'espace

Rituel 1

1. Cône, pavé droit, cube, cylindre, pyramide, boule.

2. Triangle, carré, rectangle, cercle, disque...

Je vérifie mes connaissances : QCM

1. A ; 2. C ; 3. A et **C ;**

4. B ; 5. B ; 6. C ; 7. B.

Exercice 1

1 Le plan doit être parallèle à l'axe du cylindre droit ;

2 Le plan doit passer par le centre de la boule ;

3 La pyramide doit avoir une base hexagonale.

Exercice 2

2 Un triangle rectangle possède un angle droit.

Exercice 7 - Verre à cocktail

1 Cône (partie haute), cylindre (partie intermédiaire), cône (partie basse).

4 $V_{Cône} = 331{,}83\ cm^3$.

9 Le verre sera rempli à moitié lorsque le liquide arrivera à une hauteur d'environ 6 cm du fond du verre (on trouve 5,95 sur le logiciel).

Chapitre 7 : Les vecteurs

Rituel 1

1. B. 2. C. 3. A. 4. C. 5. C.

Je vérifie mes connaissances : Vrai / Faux

1. B/C ; 2. A/B ; 3. C ; 4. B/C ; 5. A/C 6. A/B ; 7. B 8. C.

Exercice 1

1 B est le milieu de [AC], alors $\overrightarrow{CB} = \overrightarrow{BA}$.

2 EFGH est un parallélogramme, alors : $\overrightarrow{GF} = \overrightarrow{HE}$.

3 EFGH est un parallélogramme, alors : HE + EF = EG et $\overrightarrow{HE} = \overrightarrow{HG} + \overrightarrow{HF}$.

4 B est le milieu de [AC], alors : $\overrightarrow{CB} = -\frac{1}{2}\overrightarrow{AC}$.

Exercice 8

1 $\overrightarrow{AB} = \begin{pmatrix} 5-1 \\ 0-(-2) \end{pmatrix} = \begin{pmatrix} 4 \\ +2 \end{pmatrix}$

$\overrightarrow{AC} = \begin{pmatrix} -3-1 \\ -2-(-2) \end{pmatrix} = \begin{pmatrix} -4 \\ 0 \end{pmatrix}$

$\overrightarrow{BC} = \begin{pmatrix} -3-5 \\ -2-0 \end{pmatrix} = \begin{pmatrix} -8 \\ -2 \end{pmatrix}$

2 $\vec{u} = -2\overrightarrow{AB} \begin{pmatrix} -2 \times 4 \\ -2 \times 2 \end{pmatrix} = \begin{pmatrix} -8 \\ -4 \end{pmatrix}$.

3 $\vec{v} = \overrightarrow{AB} + \overrightarrow{AC} \begin{pmatrix} 4+(-4) \\ 2+0 \end{pmatrix} = \begin{pmatrix} 0 \\ 2 \end{pmatrix}$.

4 $AB = \sqrt{4^2 + 2^2} = \sqrt{16+4} = \sqrt{20} = 2\sqrt{5}$.

$AC = \sqrt{(-4)^2 + 0^2} = 4.$

$BC = \sqrt{(-8)^2 + (-2)^2} = \sqrt{64+4} = \sqrt{68} = 2\sqrt{17}.$

Chapitre 8 : Trigonométrie

Rituel 1

1. $0{,}3652 \approx 0{,}37$; $18{,}6449 \approx 18{,}64$; $201{,}09741 \approx 201{,}10$; $\pi \approx 3{,}14$

2. $p = 2\pi R = 2\pi \times 2 = 12{,}6$ cm.

3. $\sin\pi = -1.$

Je vérifie mes connaissances : QCM

1. A ; 2. C ; 3. A et **B ; 4. C ; 5. A ; 6. B ; 7. A ; 8. A.**

Exercice 1

a. $\cos \frac{5\pi}{6} = \frac{\sqrt{3}}{2}$ et $\sin \frac{5\pi}{6} = -\frac{1}{2}.$

b. $\cos -\frac{2\pi}{3} = -\frac{1}{2}$ et $\sin -\frac{2\pi}{3} = -\frac{\sqrt{3}}{2}.$

Exercice 2

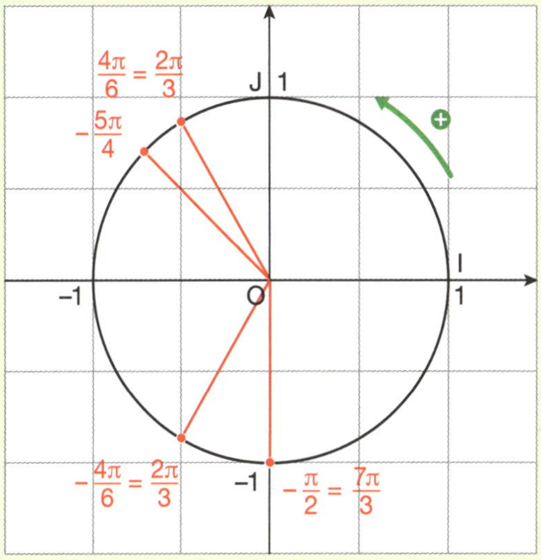

Exercice 7 - Fonction sinus

1

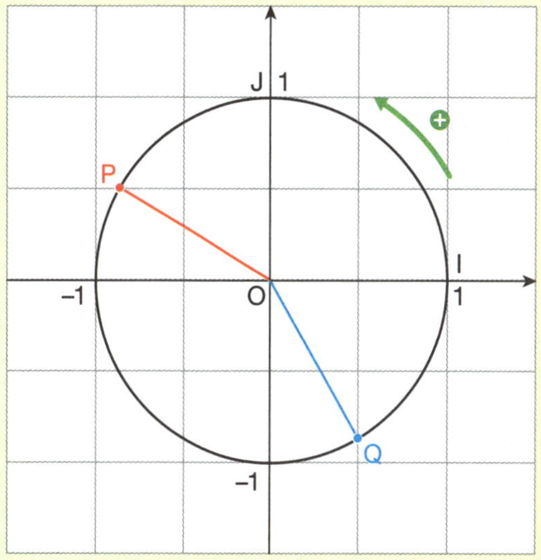

2 $\cos \frac{5\pi}{6} = -\frac{\sqrt{3}}{2}$;

$\sin \frac{5\pi}{6} = \frac{1}{2}$;

$\cos -\frac{\pi}{3} = \frac{1}{2}$;

$\sin -\frac{\pi}{3} = -\frac{\sqrt{3}}{2}.$

Crédits photographiques

p. 22 et 23 : Joseph Sohm/Adobestock ; **p. 36 et 37 :** varfolomeija/Adobestock ; **p. 48 (d.) :** Chelsea Heath/Shutterstock ; **p. 48 (g.) :** Aof Foszill/Shutterstock ; **p. 50 :** Evgeniya Mokeeva/Shutterstock ; **p. 54 :** Eakrin Rasadonyindee/Shutterstock ; **p. 64 :** Mark Rademaker/Shutterstock ; **p. 90 :** Eli Orr/Shutterstock ; **p. 94 et 97 :** Scrudje/Shutterstock ; **p. 111 :** Eugene Mynzul/Shutterstock ; **p. 114 :** Meranda19/ Shutterstock ; **p. 119 :** Peteri/Shutterstock ; **p. 128 :** Aleksandar Ilic/Adobestock.

Édition : Aliénor Benzékri, Nathanaël Deniau
Coordination artistique : Vincent Rioult
Conception maquette intérieure : David Bart
Couverture : Lucas Cholewa
Composition : Fabienne Le Bihan
Schémas et illustrations : Hervé Prévost
Fabrication : Christine Aubert

Forme factorisée

$f(x) = 2(x + 2)(x + 3)$

Représentation graphique

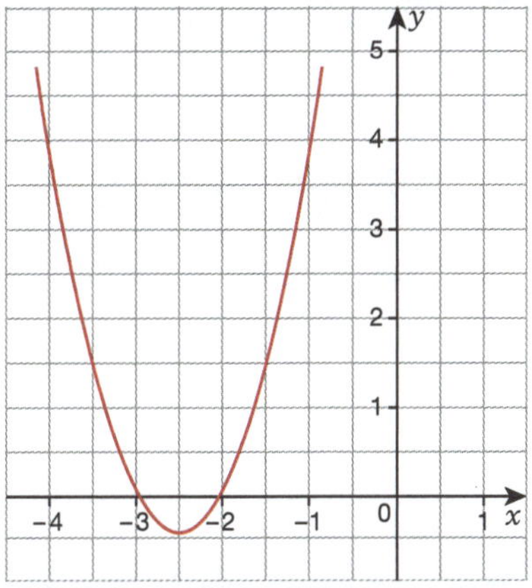

Forme développée

$f(x) = 2x^2 + 10x + 12$

Solution(s)

$S = \{-3 ; -2\}$

Forme factorisée

$f(x) = (x - 1)(x + 2)$

Représentation graphique

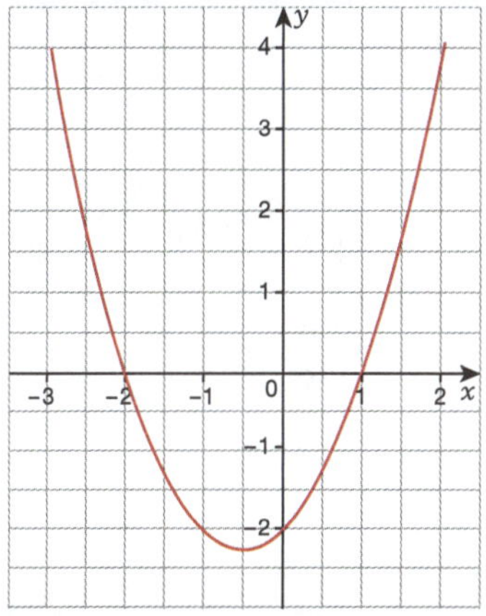

Forme développée

$f(x) = x^2 + x - 2$

Solution(s)

$S = \{-2 ; 1\}$

Forme factorisée

$f(x) = -(x + 1)(x - 2)$

Représentation graphique

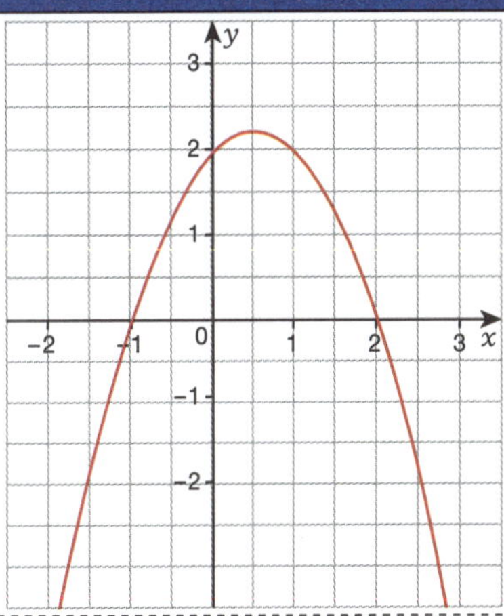

Forme développée

$f(x) = -x^2 + x + 2$

Solution(s)

$S = \{-3 ; -2\}$

Nathan TECHNIQUE

Nathan TECHNIQUE
Nathan TECHNIQUE
Nathan TECHNIQUE
Nathan TECHNIQUE
Nathan TECHNIQUE
Nathan TECHNIQUE
Nathan TECHNIQUE
Nathan TECHNIQUE
Nathan TECHNIQUE
Nathan TECHNIQUE
Nathan TECHNIQUE

Forme factorisée

$f(x) = 2(x+2)(x+3)$

Représentation graphique

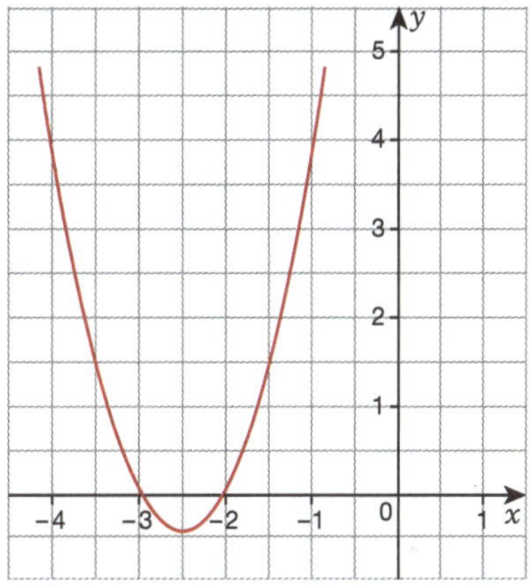

Forme développée

$f(x) = 2x^2 + 10x + 12$

Solution(s)

$S = \{-3\ ;\ -2\}$

Forme factorisée

$f(x) = (x-1)(x+2)$

Représentation graphique

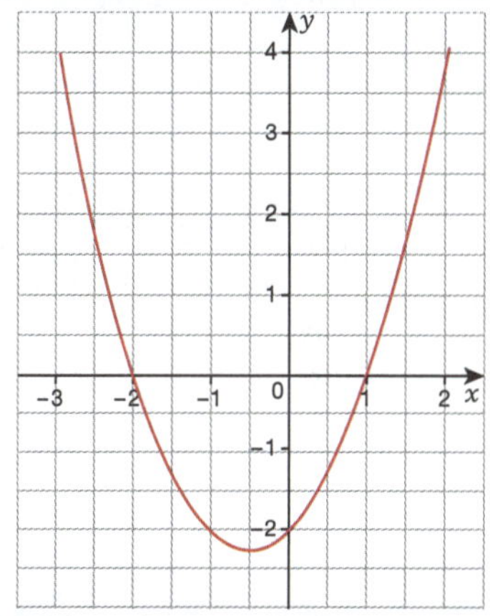

Forme développée

$f(x) = x^2 + x - 2$

Solution(s)

$S = \{-2\ ;\ 1\}$

Forme factorisée

$f(x) = -(x+1)(x-2)$

Représentation graphique

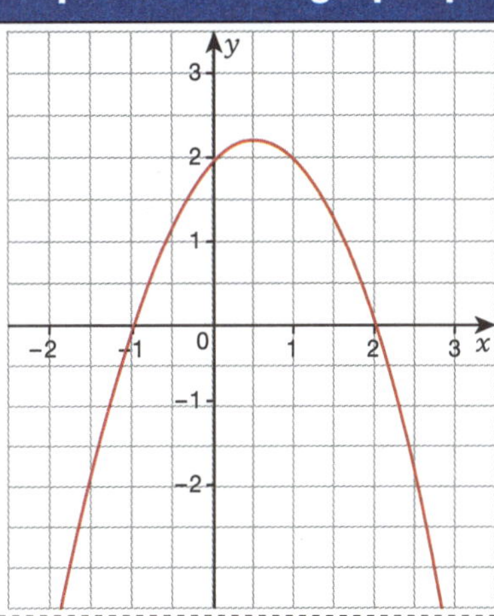

Forme développée

$f(x) = -x^2 + x + 2$

Solution(s)

$S = \{-3\ ;\ -2\}$

Nathan TECHNIQUE

Nathan TECHNIQUE
Nathan TECHNIQUE
Nathan TECHNIQUE
Nathan TECHNIQUE
Nathan TECHNIQUE
Nathan TECHNIQUE
Nathan TECHNIQUE
Nathan TECHNIQUE
Nathan TECHNIQUE
Nathan TECHNIQUE
Nathan TECHNIQUE

Forme factorisée

$f(x) = -3(x - 3)(x - 1)$

Représentation graphique

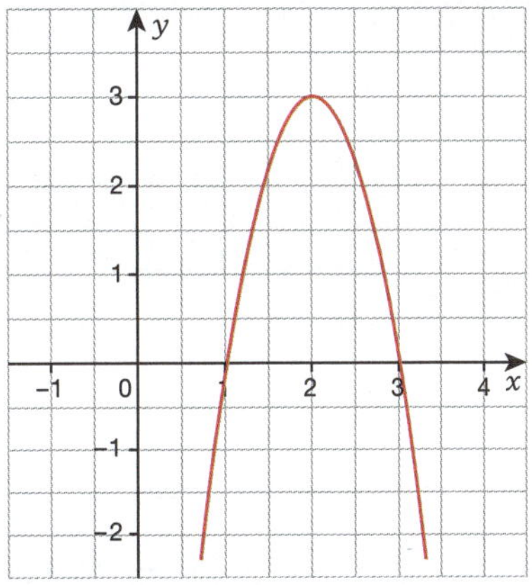

Forme développée

$f(x) = -x^2 + 12x - 9$

Solution(s)

$S = \{1 ; 3\}$

Forme factorisée

$f(x) = 2x(x - 2)$

Représentation graphique

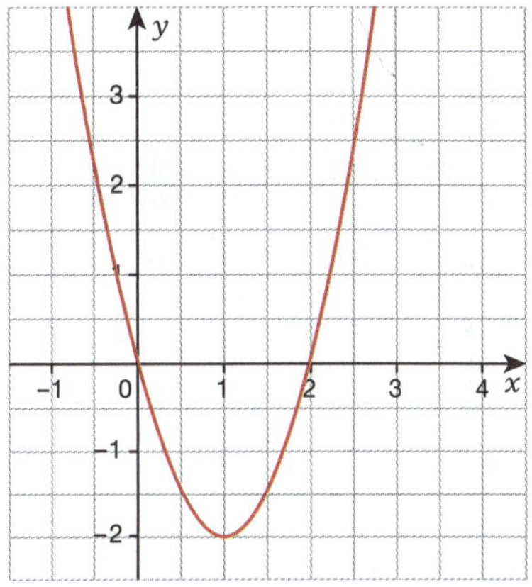

Forme développée

$f(x) = 2x^2 - 4x$

Solution(s)

$S = \{0 ; 2\}$

Forme factorisée

$f(x) = (x - 1)^2$

Représentation graphique

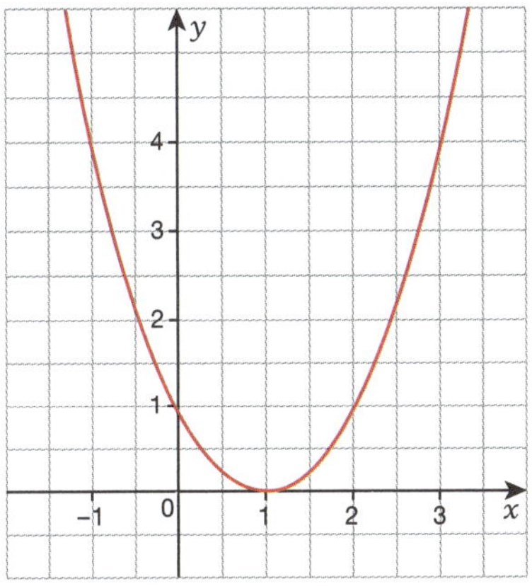

Forme développée

$f(x) = x^2 - 2x + 1$

Solution(s)

$S = \{1\}$

Nathan TECHNIQUE

Nathan TECHNIQUE

Nathan TECHNIQUE

Nathan TECHNIQUE

Nathan TECHNIQUE

Nathan TECHNIQUE

Nathan TECHNIQUE

Nathan TECHNIQUE

Nathan TECHNIQUE

Nathan TECHNIQUE

Nathan TECHNIQUE

Nathan TECHNIQUE

COACH

EXPERT

PORTE-PAROLE

ARCHIVISTE

CAPITAINE

▶ Responsable de l'avancement du groupe, du respect des délais et du niveau sonore.

Nathan TECHNIQUE

▶ Responsable du matériel et de l'utilisation des outils numériques.

Nathan TECHNIQUE

▶ Responsable de la communication au sein du groupe et au nom du groupe.

Nathan TECHNIQUE

▶ Responsable de toute trace écrite produite par le groupe.

Nathan TECHNIQUE

▶ Responsable de la cohésion du groupe.

▶ Est capable de remplacer n'importe quel membre du groupe.

Nathan TECHNIQUE